Tíz kulcs
a teljes
szabadsághoz

GARY M. DOUGLAS ÉS DR. DAIN C. HEER
BESZÉLGETÉSE

ACCESS
CONSCIOUSNESS®
PUBLISHING

Tíz kulcs a teljes szabadsághoz
Beszélgetés Gary M. Douglasszel és Dr. Dain C. Heerrel
Copyright © 2012 by Gary M. Douglas and Dr. Dain Heer

Minden jog fenntartva. A könyv – a kiadó írásos jóváhagyása nélkül – sem egészében, sem részleteiben nem sokszorosítható vagy közölhető, semmilyen formában vagy értelemben, elektronikus vagy mechanikus módon, beleértve a fénymásolást, rögzítést, vagy az információrögzítés bármely formáját.

ISBN: 978-1-63493-224-0

Kiadó:
Access Consciousness Publishing, LLC
www.accessconsciousnesspublishing.com

Az Amerikai Egyesült Államokban nyomtatva

Tartalomjegyzék

Bevezetés 5

1. kulcs: Egy végtelen lény tényleg választaná ezt? 7

2. kulcs: Minden csak egy érdekes nézőpont 35

3. kulcs: Élj tíz másodperces szakaszokban 67

4. kulcs: Élj kérdésként 99

5. kulcs: Nincs forma, nincs struktúra, nincs jelentőség 123

6. kulcs: Nincs ítélkezés, nincs diszkrimináció,
nincs megkülönböztetés 153

7. kulcs: Nincs verseny 185

8. kulcs: Nincs semmilyen drog 219

9. kulcs: Ne hallgass, ne mesélj és ne vegyél be történeteket 241

10. kulcs: Nincs kizárás 273

A tisztító processz 307

Szószedet 311

Tíz kulcs a teljes szabadsághoz

BEVEZETÉS

Eredetileg a „Tíz kulcsot" tíz parancsolatnak neveztük. Viccnek szántuk – nem komolyan gondoltuk – de az emberek tiltakozni kezdtek ez ellen, úgyhogy „tíz követelményre" változtattuk, meg mindenféle másra. Egyik elnevezés sem működött igazán.

Most „A teljes szabadság tíz kulcsának" hívják, ami meglehetősen jó elnevezés.

Nekünk továbbra is tetszik ez a vicc – és a tíz parancsolat elnevezés – mivel parancsolatokról van szó. Olyan parancsolatokról vagy követelményekről, melyeket magaddal szemben kell meghoznod, ha valóban teljes éberséget és szabadságot szeretnél. Minket csakis a totális éberség érdekel. Semmi más nem számít.

Szóval, íme „Tíz kulcs a teljes szabadsághoz", amely megnyitja a teljes szabadság és totális éberség kapuit. A Tíz kulcs segít kiterjeszteni a tudatosságra való képességeidet, hogy nagyobb éberséghez juss magadról, az életedről, erről a valóságról, és azon túl. A nagyobb éberséggel pedig elkezdheted olyan módokon generálni az életedet, amelyről mindig tudtad, hogy lehetséges, de amilyen módon eddig még nem teremtetted azt.

Ez a könyv egy telefonos hívássorozat alapján készült, olyan párbeszédek alapján, amit tíz héten keresztül folytattunk néhány Access Consciousness® facilitátorral, és más emberekkel a világ minden tájáról. Szeretjük ezt a párbeszédes formát, melynek során az emberek felteszik a kérdéseiket azokkal a dolgokkal kapcsolatban, amelyek nem világosak számukra – és a mások által feltett kérdésekből mindenki profitál, aki csak meghallgatja a hívást.

Nagyon sok tisztítást is végeztünk, az emberek pedig arról számoltak be, hogy ez mindent megváltoztatott a kulcsok megértésével kapcsolatban, és azzal kapcsolatban is, hogy képesek legyenek alkalmazni őket a saját életükben. Reméljük, hogy ezek a beszélgetések neked is segítenek majd abban, hogy alkalmazd a Tíz kulcsot a saját életedben is.

Hálás köszönetünk Marylin Bradfordnak és Donnielle Carternek a kézirat átolvasásáért, és azért, hogy rámutattak a hiányosságokra.

Az első kulcs a teljes szabadsághoz

EGY VÉGTELEN LÉNY TÉNYLEG VÁLASZTANÁ EZT?

Gary: Sziasztok. Üdvözöllek benneteket az első beszélgetésünkön a teljes szabadság tíz kulcsáról.

Ma este az első kulcsról lesz szó: egy végtelen lény tényleg ezt választaná? Arra hívunk benneteket, hogy tegyétek fel ezt a kérdést az életetekben felbukkanó helyzetekkel kapcsolatban. Ez majd emlékeztet benneteket arra, hogy van választásotok – mert végtelen lények vagytok.

Kezdjük azzal, hogy mi is egy végtelen lény.

Dain: A legtöbb embernek fogalma sincs, mi is egy végtelen lény. Nincs elképzelésük a koncepcióról, még akkor sem, ha beszélünk róla, mert hol is látod megmutatkozni ebben a valóságban? Nem találkozol vele sehol. Legjobb, amit tehetsz, hogy kialakítasz egy álomképet arról, hogy milyen lenne egy végtelen lény. De a végtelen lény nem az – úgyhogy, ilyen feltételek mellett, amikor nem tudod, hogy milyen valójában a végtelen lény, nincs meg az a választásod, hogy azzá válj.

Gary: Én személy szerint úgy értettem meg, hogy mi is a végtelen lény, hogy meditációban megnéztem, milyen messze tudok a testemen kívül eljutni minden irányba. Először azt gondoltam, a végtelen lény azt jelenti, hogy a testemen kívül vagyok, de ez ahhoz az elképzeléshez vezetett, hogy egy végtelen lénynek nincs teste.

Sokan gondolják, hogy egy végtelen lénynek nincs szüksége testre, de nem így van. Fel kell fognod, hogy te mint végtelen lény, választottad azt, hogy legyen tested. Választottad a megtestesülést. Választottad a megtestesülést az idők kezdete óta. Választottad azt, hogy olyan tested lesz, amilyen, és választottál mindent, ami jelenleg zajlik az életedben.

A végtelen lény az, aki választ. Folyton azt hiszed, hogy egy végtelen lény nem választaná ezt a megtestesülést, mert azt hiszed, hogy a végtelen lénynek nem lenne teste. Ez nem így van. Végtelen lény vagy, aki választotta, hogy teste van. Miért választottad, hogy lesz tested?

Dain: Nos, először is mindenféle szuper dolgot tudsz csinálni a testeddel, amire nélküle nem lennél képes. Most azonnal vedd a jobb kezedet, tedd rá a balra, és érintsd meg finoman. Ha nem lenne tested, nem lennél képes ezt megtenni. Ha nem lenne tested, nem tudnál belemászni a fürdőkádba, és nem érezhetnéd a csodás meleg vizet a bőrödön, és nem érezhetnéd a napsütést az arcodon. Nem tudnál szexelni.

Gary: Nem tudnád megérinteni a melleidet vagy a lábad közét, és nem tudnál más dolgokat sem megtenni, ami egyébként jó buli. Mit kellene tenned ehelyett? Kívül állni és szemlélni a dolgokat. A legtöbben azt hiszik, hogy a végtelen lény kívül áll és szemléli a dolgokat. Nem így van. Egy végtelen lény mindenre éber és végtelen választásként létezik.

Dain: Arról szól a dolog, hogy mindenre éber vagy, végtelen választás vagy, és magadba foglalod a teljes megtestesülést a testben élés létező legnagyobb örömeként és nagyszerűségeként.

Gary: Hány definíciód van arról, hogy mi a végtelen lény, ami valójában nem az? Mindent, ami ez, elpusztítod és nem teremtetté teszed? Helyes, helytelen, jó, rossz, POC, POD, mind a kilenc, rövidek, fiúk és túlontúl.

Dain: Milyen fantazmagóriáid vannak arról, hogy mi a végtelen lény, amit annyira valóságossá tettél, hogy még a totális éberség fényében sem tudod és fogod megváltoztatni, választani vagy meggyógyítani őket? Mindent, ami ez, elpusztítod és nem teremtetté teszed? Helyes, helytelen, jó, rossz, POC, POD, mind a kilenc, rövidek, fiúk és túlontúl.

Gary: Dainnel ránéztünk erre a témára, és észrevettük, hogy azért van reinkarnáció, azért kell visszajönnöd újra meg újra, mert az a nézőpontod, hogy soha nem csinálod jól. Beveszed azt az elképzelést, hogy van a végtelen lényként való létezésnek helyes és helytelen módja. Aztán pedig eldöntöd, hogy mindig rosszul csinálod. Milyen alapon nem csinálod helyesen? Azon elképzelések alapján, amiket bevettél.

Ezért születsz újra. Ha nem akarsz reinkarnálódni, fel kell fognod a megtestesülés nagyszerűségét, ami annak a nagyszerűsége, hogy totálisan éber vagy erre a valóságra.

Sajnos az emberek így élnek és gondolkodnak. Ez zajlik az elméjükben: „Igazam van. Tévedek. Igazam van. Tévedek; ezért tehát igazam van, ezért pedig nincs igazam. De akkor igazam lesz. De abban tévedek, hogy igazam van." Az emberek az őrületbe kergetik magukat az eszement nézőpontjaikkal. Hajlandó lennél mindezt egyszerűen elengedni?

A végtelen lényként létezés hány helyes és helytelen módja alapján tetted magad rosszá, miközben próbálkozol jó lenni benne, közben visszautasítod, hogy jó legyél benne, hogy rossz lehess benne, hogy tudd, hogy rosszul csinálod jól, hogy jó legyél, amikor rossz vagy, mert rossz vagy a jóban, és minden más? Mindent, ami ez, isten tudja hányszorosan, elpusztítod és nem teremtetté teszed? Helyes, helytelen, jó, rossz, POC, POD, mind a kilenc, rövidek, fiúk és túlontúl

A legfontosabb dolog, amit fel kellene fogni a végtelen lényként létezéssel kapcsolatban, hogy ne válaszd az ítélkezést. Bárhol, ahol az ítélkezést választod, ott nem a végtelen lényből választasz. Amikor igazán tudatos vagy, látod, hogy minden tudatosságban és egységben létezik. Ez mindent magában foglal (még az ítélkezést is), és itt semmi nem ítéltetik meg (még az ítélkezés sem). Ez a jele a végtelen lénynek.

Nem arról szól, hogy próbáljuk az ítélkezést eltörölni. Pusztán arról, hogy legyél éber arra, amikor valaki, beleértve téged is, ítélkezésben van.

Kérdés: *Amikor felteszem a kérdést, hogy „Választaná-e ezt egy végtelen lény?", azt kapom, hogy „Nem." Nos, az én logikus gondolkodású, okoskodó és ítéletekkel teli univerzumomban ez paradoxonnak tűnik. Hogyan kezeljük a választ erre a kérdésre, és öleljük magunkhoz, vagy még szeressük is akár a mindennapokban?*

Gary: A nap minden pillanatában indoklod és igazolod azt, hogy miért választod azt, amit választasz. Próbáld meg feltenni a kérdést:
- Egy végtelen lény választaná ezt igazából?
- Szóval, ha egy végtelen lény nem választaná, akkor én mi a fenéért tenném?
- Tényleg muszáj ezt választanom?
- Ezt akarom választani?
- Mi a célja annak, hogy ezt választom?

Dain: Az a kérdés, hogy „Mi a célja annak, hogy ezt választom?" kihoz abból, hogy vakon válassz valamit, amit talán nem a végtelen nézőpontból választasz, és átmozdít a végtelen nézőpontba, abba az éberségbe, hogy „Várjunk csak, igazából van valami, amit el akarok érni azzal, hogy ezt választom."

Ha egyszer rájössz erre, felteheted azt a kérdést, hogy „Ez a választás valójában eléri ezt a célt?", sok esetben rá fogsz jönni, hogy nem.

Kérdés: *Ha valaki nem tudja, érzékeli, vagy érzi, hogy ő egy végtelen lény, hogyan lehet rávezetni ezt a személyt, hogy tudja, tapasztalja és érzékelje, hogy ez igaz számára?*

Gary: Legjobb módja annak, hogy megtudd, hogy végtelen lény vagy, az, ha becsukod a szemed, és érzékeled a külső határaidat. Rá fogsz jönni, hogy akárhova nézel, ott vagy, mert egy végtelen lénynek nincsenek határai. Végtelen lényként képesek vagyunk mindent érzékelni, tudni, létezni és befogadni.

Folyamatosan megpróbálod definiálni azt, amit érzékelsz, tudsz, ami vagy, és amit befogadsz ezzel a valósággal és a testeddel kapcsolatban, de ez nem erről szól.

Kérdés: *Ha egy végtelen lény bármilyen energia lehet szándéka és választása szerint, mi az, amit nem választana? Például a szomorúság megtapasztalása nem ad-e egy sokkal mélyebb éberséget a létezés csodálatos aspektusáról? Még az is egy választás, ha elvágod magad az éberségtől. Érdekes következményei vannak.*

Gary: Nem, te itt most következtetésbe mentél. A kérdés első része jó: „Ha egy végtelen lény bármilyen energia lehet szándéka és választása szerint, mi az, amit nem választana?" De a kérdés az, hogy „Egy végtelen lény választaná-e ezt?" És ha egy végtelen lény nem választaná, akkor te miért választod? Így kell ránézned. Tényleg meg akarod tapasztalni a szomorúságot? A madarak végtelen lények. Választják a szomorúságot?

Dain: Szoktak a madarak bal lábbal kelni? „Ma nem éneklek, mert kiakadtam a kukacokra."

Gary: Abból a nézőpontból kell ránézned, hogy „Oké, mi az, amire hajlandó vagyok itt? Mi az, amire nem vagyok hajlandó?" Ez választás kérdése. Egy végtelen lény választ.

Dain: Ehhez az kell, hogy tágabb perspektívából nézz rá, mint ennek a valóságnak a nézőpontja. A szomorúság a végtelen lénynek nagyobb éberséget ad? Nem feltétlenül. Említetted azt az elképzelést, hogy az én minden aspektusát meg akarta tapasztalni. Nem feltétlenül. Mi a különbség a megtapasztalás és annak az ébersége között, hogy ez egy olyan választás, amit nem akarsz meghozni, vagy nem kell meghoznod, köszönöd szépen?

Gary: Ezen a bolygón létezik egy olyan furcsa nézőpont, hogy meg kell ahhoz tapasztalnunk valamit, hogy megismerjük. Nem, nem kell. Ismerheted a dolgokat úgy is, hogy megtapasztalod őket, és úgy is, hogy nem.

Dain: Egy végtelen lénynek meg kell ahhoz tapasztalnia valamit, hogy ismerje és éber legyen rá?

Gary: Azt mondtad, „Még ha elvágod magad az éberségtől, az is egy választás. Vannak érdekes következményei." Érdekes, hogy az a nézőpontunk, hogy valaminek a megjelenése annak a következménye, hogy elvágtuk magunkat az éberségünktől. Egy végtelen lény miért vágná el magát az éberségétől annak érdekében, hogy aztán értékelni tudja azt, amikor majd nem vágja el magát? Egy végtelen lénynek le kell kapcsolnia az éberségét ahhoz, hogy értékelni tudja az éberséget? Nem hinném!

Kérdés: Mi a kétely? Ki lehet tisztítani? Kapcsolódik az éberség vagy a tények érvényesítéséhez? Beástam magam bizonyos választásokba, amelyeket azért hoztam meg, mert akkor az tűnt helyesnek, és most azon kapom magam, hogy arra gondolok, hogy van egy olyan része az életemnek, ahol mást szeretnék választani. Hogyan tudom letépni a kötelező dolgok, társadalmi elvárások és gondolkodásmódok láncait anélkül, hogy másokat elidegenítenék és megbántanék? Mi van azokkal a helyzetekkel, ahol kapcsolatban vagyunk másokkal, a munkahelyi helyzetekkel, vagy olyan szituációkkal, amelyek sok-sok év választásaiból alakultak ki?

Gary: Először is, a kételyt arra használod, hogy megsemmisítsd az éberségedet, és mindent, amit tudsz. Miért választanád ezt?

Tedd fel a kérdést, „Egy végtelen lény választaná azt, hogy kételkedjen magában?" Nem.„Akkor én mi a fenéért teszem ezt? Mi lenne, ha hajlandó lennék mindent tudni, amit tudok?"

Ennek így kellene működnie. Egy végtelen lény választaná-e azt, hogy a „helyes" dolgot tegye, vagy azt választaná, ami nagyobb éberséget teremt?

Azt is meg kell kérdezned: „A kötelezettségeket, a társadalmi nyomást és az általános nézeteket választaná-e egy végtelen lény?"

És miért feltételezed, hogy ha végtelen lényként lerázod a kötelezettségek, társadalmi elvárások és gondolkodásmódok láncait, azzal elidegenítesz, vagy megbántasz másokat? Lehet, hogy nem.

Nem tudhatod, mert garantálom, hogy eddig még nem választottad ezt.

Egy végtelen lény választaná azt, hogy a választását állandósítja az örökkévalóságig? Erről beszélsz, amikor a kapcsolatokat, munkahelyi helyzeteket, vagy azokat a szituációkat emlegeted, melyek hosszú évek választásainak eredményeképpen jöttek létre. Arról az elképzelésről beszélsz, hogy van ebben az egészben valami végső cél.

Dain: Ha onnan tennéd fel a kérdést, hogy „Hűha, egy végtelen lény választaná a kapcsolatot, amit én választok?", akkor ránézhetsz, és azt mondhatod: „Oké, vannak dolgok ebben a kapcsolatban, amit egy végtelen lény választott volna a végtelen lény elismeréseként. Ezek a dolgok hozzájárulások voltak a létezéshez. A többi részét lehet, hogy nem választottam volna, ha végtelen lényként működök, de mi lenne, ha most igazából mindezt megkaphatnám?"

Ránézel, és azt kérdezed: „Milyen lenne, ha ezt az összes dolgot végtelen lényként választottam volna? Milyen választások lehetnének elérhetők számomra most?" Többnyire nem szoktunk végtelen lényként választani ebben a valóságban, ez valami olyasmi, amit fel kell építeni. Amikor az első választásodat hozod végtelen lényként, akkor az úgy fog kinézni, hogy „Ó, nem is tudtam, hogy megtehetem-e ezt". Körülbelül 100 választás után pedig: „Várjunk csak, ezt tulajdonképpen megtehetem. Ezt én választhatom. Ez elérhető számomra. Ez nem idegen nekem." Éppen ezért folytatjuk ezt a párbeszédet, hogy ez a dolog a valóságoddá váljon. Hogy ne érezd úgy, mintha kínaiul beszélnénk, amikor arról van szó, hogy ítéletmentességből és végtelen lényből működni. Amikor nem ítélkezel afelett, amit választottál, akkor kiveszed az ítéleteket a számításból, és nem lesz többé része az egyenletnek.

Gary: Valójában ez az oka annak, hogy ez az egyik kulcs – hogy az ítéleteket kivegyük minden számítgatásból.

Dain: Hmm… ez a mostohaanyámra is vonatkozik? Hogy működik ez? Egy végtelen lény választaná-e őt a mostohaanyjának? Ez a kérdésem. Nem tudom.

Gary: A kérdés az: „Végtelen lényként működtél, amikor hagytad, hogy az apád együtt legyen a mostohaanyáddal?".

Dain: Ó, úgy érted, hogy megakadályozhattam volna?

Gary: Igen, meg.

Dain: Mondhattam volna, hogy „Állj! Soha! Nem történik meg!".

Gary: Aha.

Dain: Apám! Ez érdekes.

Gary: De nem volt szabad ezt a fajta kontrollt és erőt gyakorolni az életedben, mert nem engedték, így azt gondoltad, hogy nincs is. Nagy hiba azt gondolni, hogy azért, mert nem engednek meg valamit, attól azt lehetetlen birtokolni. Nem, nem, nem, mindened meglehet, amit hajlandó vagy birtokolni.

Kérdés: Én úgy gondolok a végtelen lényre, mint valami formátlan, kiterjedt dologra. Nincs szüksége ételre, munkára, vagy bármire, amit ez a világ kínálhat. Én sokféle helyzetben használom ezt a kérdést, a válasz mindig „nem". Ha végtelen lény volnék, nem kellene meghoznom ezt a választást. Követem az érzését annak, hogy milyen lenne végtelen lénynek lenni. Nem lenne több cselekvés, csinálás, és természetesen a testem sem lenne többé szükséglet. Masszőr vagyok, és rendkívül nehéz motiválnom a testemet erre a típusú fizikai munkára. Gyakran érzem, hogy nem szeretem mozgatni a testemet, és testkezeléseket, vagy edzést végezni.

Gary: Még egyszer, az csak egy fantazmagória, hogy egy végtelen lény semmit nem választana abból, amit te választottál. Az az ítéleted, hogy minden választásod valamilyen módon hiba volt.

Mindent, amit azért tettél, hogy rosszá tedd a választásaidat, elpusztítanád és nem teremtetté tenné-e? Helyes, helytelen, jó, rossz, POD, POC, mind a kilenc, rövidek, fiúk és túlontúl.

Meg kell értenetek, hogy nem létezik olyan, hogy *szükség*. A szükséget ez a valóság hozta létre. Sok konstrukciója van ennek a valóságnak, ami nem valódi. Azért teremtjük őket, hogy igazoljuk a választásainkat, vagy bizonyítsuk azt, hogy helyesen választottunk. Egy véges lény arra használja a „szükséget", hogy igazolja azt, amit nem hajlandó választani. Ha az a nézőpontod, hogy bármilyen mértékű szükség van az életedben, akkor egy olyan valóságot hozol létre, amely valójában nem létezik.

Amikor valaki meghal, azt gondoljuk, hogy boldogtalannak „kell" lennünk. Ez egy másik kitalálmány. Mi van, ha valaki olyannal történik, aki egy-két éve már fájdalomban élt? Nehéz sajnálni valakit, aki egy év fájdalom után meghal. A megkönnyebbülés számukra és a testük számára rendkívüli. Nem kellene inkább boldognak lenni, amiért nincs többé fájdalmuk?

Mi van a munka szükségletével? Egy végtelen lénynek szükséges dolgoznia? Te választottad, hogy ebben a valóságban testesülsz meg. Ha nem egy olyan valóságban élnél, amelynek része a munka, akkor kellene dolgoznod? Nem. De ezt a valóságot választottad. Te választottad ezt a valóságot, és ennek a valóságnak egy része a munkáról szól. Úgyhogy akkor miért ne lennél nagyszerű a munkában? Miért ne szeretnéd ahelyett, hogy gyűlölöd? Egy végtelen lény nem választja, hogy gyűlöli a dolgokat!

Végtelen lényként mindent hajlandó vagy befogadni. Szükséged van ételre? Nem feltétlenül. Hajlandónak kell lenned felismerni a választást. Kell enned? Nem. Kell dolgoznod? Nem. Szükséged van bármire, amit ez a világ kínál? Nem, de te választottad valamiért, hogy ide jössz. Te választottad, hogy idejössz, itt vagy, úgyhogy miért nem tanulsz meg végtelen lényként élni a választásokban, amiket hoztál, ahelyett, hogy azt gondolod, hogy nincs választásod?

A munka teremtés és generálás. Azért dolgozol, hogy létrehozz és generálj valamit az életedben. Folyton okot keresel, hogy ne kelljen teremteni és generálni valami nagyszerűbbet, mint amid most van. Ezért hiszed azt, hogy egy végtelen lény nem csinálná ezeket a dolgokat. Miért gondolod, hogy akkor nem lenne több cselekvés? Egy végtelen lény kreatív és generatív. Egy végtelen lény képes lenne bármit megtenni, és meg is tenne bármit.

Milyen fantazmagóriát tettél a munkával kapcsolatban annyira valóssá, hogy a totális éberség fényében sem tudod vagy fogod megváltoztatni, választani és meggyógyítani? Mindent, ami ez, isten tudja hányszorosan elpusztítod és nem teremtetté teszed? Helyes, helytelen, jó, rossz, POD, POC, mind a kilenc, rövidek, fiúk és túlontúl.

Félreérted a végtelen lény jelentését. Egy végtelen lény olyasvalaki, aki választhatja azt, hogy megtesz bármit, megtapasztal bármit, birtokol bármit, vagy létrehoz és generál bármit.

Dain: Egy végtelen lény imád csinálni dolgokat. Egy végtelen lény beindul, ha valamilyen klassz dolgot csinálhat. Nincs ítélkezés. Annyi, hogy „Na, mit csinálhatnék még? Mit csinálhatok még? Mit csinálhatok még?"

Gary: Egy végtelen lény például ölhetne is. Egy ilyen választást szeretnél hozni? Hajlandónak kell lenned ránézni erre, és észrevenni, hogy „Ok. Ölhetek." Évekkel ezelőtt egy fickó zaklatott, és azon kaptam magam egy nap, hogy a keze a gatyámban van. Mondtam neki: „Vedd le rólam a kezed, vagy megöllek".

Azt mondja: „Nem!"

Mire én, „Oké," és fojtogatni kezdtem. Addig fojtogattam, amíg elájult. Abban a pillanatban tudtam, hogy 10 másodpercem van a haláláig. Akarok összetakarítani utána? Nem. Nem akartam foglalkozni a felfordulással. Úgy gondoltam, hogy megúszhatom a börtönt? Persze, igen, miért ne. Azt úszok meg, amit akarok. De akartam volna foglalkozni az összes többi dologgal, amit ez teremtett volna? Nem.

Itt van az, hogy amikor meghozol egy választást, hajlandónak kell lenned ébernek lenni arra, hogy az a választás hogyan fog befolyásolni téged és mindenki mást körülötted. Gyilkolásznék csak úgy, szórakozásból? Nem, miért ölnék? Csak mert megtehetném, de te is megtehetnéd.

Kérdés: *Beszélnél még a gyilkos energiáról és az ítélkezések rendszeréről, ami ebben a valóságban kapcsolódik ahhoz, ha egy ember megöl egy másikat?*

Gary: A gyilkos energia arról szól, hogy észreveszed: „Ez az ember abszolút nem tudatos, teljesen tudatosságellenes. Totál hülye, ahogy van. Szeretném megölni? Igen. Egy végtelen lény megölné ezt az embert? Igen. Könnyedén megúszhatom? Várjunk, túl sok meló, hagyjuk."

Hajlandónak kell lenned arra, hogy gyilkos energiád legyen, és észrevenni, hogy ha valóban gyilkolsz, olyan dolgokkal kell szembenézned ebben a valóságban, amikkel nem akarsz foglalkozni. Végtelen lényként tudni fogod, hogy az, hogy van gyilkos energiád, és az, hogy hajlandó vagy ölni, nem kötelez arra, hogy ölj, ha nem akarsz foglalkozni a következményeivel annak, hogy öltél.

Ebben a valóságban van egy olyan elképzelés, hogy a halál rossz, és hogy helyes dolog életben tartani az embereket. Fogják az embereket, akik gyilkoltak, és életfogytig börtönbe zárják őket. Nem ölik meg. Ez a büntetés. Érdekes valóság. Megváltoztatja az embereket a börtön? Igen. Jobbá vagy rosszabbá teszi őket? Az esetek nagy részében rosszabbá. Miért? Mert még jobb módokat találnak a bűnözésre, amikor börtönben vannak. Minden bűnözőt beraknak ugyanabba az iskolába. Ugyanazokat a dolgokat fogják megtanulni. Tedd be őket egy helyre, aztán ott majd megtanulják, hogyan csinálják jobban azt, amit elrontottak. Aztán csodálkoznak, hogy nem működik az igazságszolgáltatás. Egy végtelen lény tényleg megváltozna attól, hogy börtönbe zárják? Nem. Mi fogja megváltoztatni a végtelen lényt? Csakis a nézőpontja változtatja meg.

Amikor azt a kérdést használod, hogy „Egy végtelen lény választaná-e ezt valójában?", elkezded meglátni, hogy bármit választhatsz. Végtelen választásod van. Én azt kérdezem, „Ha ezt választom, milyen eredményei lesznek? Hogyan alakulnak a dolgok?"

Néha azt választom, hogy dühös leszek? Igen. Ragaszkodom hozzá? Általában nem. Miért? Mert nem vezet semmi jóra. A haragom csak igazolásként szolgálhat egy másik ember világában azzal kapcsolatban, hogy miért tette jól, hogy nem csinálta meg, amit kértem tőle."

Ez működik, ugye? Egyáltalán nem! Tegyük fel, hogy a reptéren vagy. Probléma adódott a repülővel, és törölték a járatot. Az emberek fel alá járkálnak és a pultnál álló hölggyel ordibálnak, mintha ő tehetne az egészről. Nem tehet róla. Nem csinált semmit. Csak ő az a szerencsétlen, akinek újra kell szerveznie az utadat.

Azok, akik ordítanak vele, végtelen lényként viselkednek, vagy elkényeztetett kölyökként? Elkényeztetett kölyökként. Én kedves vagyok a hölggyel, és mindenféle segítséget kapok tőle. Ránéz az emberekre, akik ordítanak vele, és azt mondja, „Sajnálom, nem segíthetek."

Én odamegyek, és azt kérdezem, „Helló, mit tehetek, hogy könnyebb legyen az élete? Látom, hogy nehéz napja van."

Ő azt mondja, „Mi?"

Végtelen lényként viselkedem, aki tudja, hogy nem ő a felelős a problémáért, és egy módja van annak, hogy megkapjam, amit akarok, mégpedig az, ha hajlandó vagyok segíteni neki, bármi legyen is a problémája. Ez minden alkalommal bejön."

Dain: Ez az éberségnek egy másik szintjét követeli meg, amire a legtöbb ember nem hajlandó. Annak az éberségét, hogy mi teremt nagyobb eredményeket mindenki számára. Eredetileg lehet, hogy mérgelődni akarsz, de választaná-e ezt igazából egy végtelen lény? Nem. Így egy teljesen más eredményt teremtesz, mint bárki más – és az életed könnyebbé válik.

Gary: Ez az oka annak, hogy létezik ez a kulcs. Könnyebbé teszi az életedet. Egy végtelen lény dühöngene-e a gyerekével? Igen, a francba is, én igen... tíz másodpercig, aztán túl vagyok rajta. Mert észreveszem, hogy az, hogy dühöngök, nem változtat semmin.

Dain: Tíz másodperc van az életedből. Két választásod van. Fogod a jobb kezedet, és orrba vágod magad – vagy választasz valami mást. Melyiket választottad? Miért vágtad orrba magad? A végeredmény nem fog tetszeni.

Gary: Máris hajlandó vagy tudni, hogy mi lesz a következmény. Ha orrba vágom magam, az fájni fog. Nem hiszem, hogy meg fogom tenni.

Fel kell ismerned, hogy „Várjunk csak, maga a tény, hogy felteszem ezt a kérdést, annak a kezdete, hogy minden olyan helyet felébresszek, ahol a végtelen lény létező számomra". Ezért teszed fel a kérdést. Ez az oka. Ezért ez az egyike a Tíz kulcsnak.

Kérdés: Milyen szerepet játszanak a célok abban, amit egy végtelen lény választ? Egy végtelen lény választaná-e a kényelmetlenséget a tudatosság felé vezető úton?

Gary: Azt gondolod, hogy lennie kell egy célnak, hogy ezáltal legyen okod választani. Nem így működik. A választásnak nem kell, hogy oka legyen; választhatsz csak úgy.

Egy végtelen lény nem választaná, hogy az éberség felé vezető út kényelmetlen legyen neki, de ti folyamatosan a kényelmetlenséget választjátok. Szóval, mit választasz valójában? Azt választod, hogy éber legyél, vagy azt választod, hogy lecsökkented az éberségedet azért, hogy szenvedhess? Ebben a valóságban a szenvedés szinte istenivé tesz, ami egy másik kitalációja ennek a valóságnak. Azt gondoljátok, hogy az egyetlen módja annak, hogy hozzájussatok az isteni címhez, hogy szenvedtek, és a választásaitokat nehézzé és fájdalmassá teszitek. A végtelen lényt nehézzé teszitek. Olyan, mintha azt gondolnátok, hogy az életnek egy pénisznek kell lennie. Csak akkor értékes, ha kemény.

Kérdés: Azon tűnődöm, hogy egy végtelen lény miért választotta volna, hogy két fantasztikus férfit teremt az életébe, és milyen kérdést tehetne fel a következő helyzettel kapcsolatban, amit megteremtett: Az egyik férfi fantasztikus apa, a másik fantasztikus szerető. Mindkettő jóképű, okos, vicces, egészséges, kedves, kreatív, sikeres, és abszolút mértékben humanoid. Megkérdezte a férjét a házasságukkal kapcsolatban, de ő csak azt hajtogatja, hogy „Te mit akarsz?". Tudja, hogy nem kérheti meg a férjét, hogy változzon, csak invitálás lehet számára a változásra, ami eddig nem történt meg, és most kíváncsi, hogy mit tehet.

Gary: Nos, először is, egy végtelen lény nem definiálná magát nőneműként. Másodszor, miért ne lehetne huszonöt fantasztikus pasi az életedben, nem csak kettő? Rosszá teszed azt, amit választottál? Végtelen lényként miért ne választanál két fantasztikus férfit egyszerre?

Valahogy azt választottad, hogy ítélkezel afelett, amiből többszörös mennyiségű van az életedben. Már van két vagy három gyereked.

Abból is több van. Miért ne lenne több mindenből? Ha három gyereked van, nem kellene három apának is lennie? Próbálsz ítélkezni a végtelen lényed felett ennek a valóságnak a mércéje alapján.

Mindent, ami ez, isten tudja hányszorosan, elpusztítod és nem teremtetté teszed? Helyes, helytelen, jó, rossz, POD, POC, mind a kilenc, rövidek, fiúk és túlontúl.

Addig, amíg a férjed azt kérdezi, te mit akarsz, férfiként viselkedik. Mit várnak el tőle? Annak idején azt választotta, hogy férfiként születik meg, ami ezt jelenti: „Mit akarsz tőlem?". Csakis ezt mondhatja: „Mit akarsz tőlem?" Nincs más lehetőség. Miért? Ebben a valóságban a férfi egy meghatározott módon létezik. Alapvetően ez a módja a létezésének. Tudni akarja, hogy mit kell tennie ahhoz, hogy neked, a nőnek a kedvére tegyen.

Mindent, ami ez, isten tudja hányszorosan, elpusztítod és nem teremtetté teszed? Helyes, helytelen, jó, rossz, POD, POC, mind a kilenc, rövidek, fiúk és túlontúl.

Megkérheted arra, amit szeretnél. Ha nem teszi meg, akkor hozott egy választást. Ha megkéred, hogy változzon, muszáj megtennie? Nem. A változás választás kérdése? Aha. Legtöbbeteknek az a nézőpontja, hogy sehol az életben nem kérhetitek, amit szeretnétek. Egy végtelen lény nem kérné azt, amit szeretne? Egy végtelen lény elvárná valaki mástól, hogy teljesítse a vágyai tárgyát? Vagy képes lenne teljesíteni saját magának? Folyton azt gondoljátok, hogy nem kérhettek, mert ha kérnétek, elvesztenétek valamit. Miért nem teszitek fel a kérdést, hogy „Mi az, amit valójában teremteni akarok itt?"

Mindent, ami ez, isten tudja hányszorosan, elpusztítod és nem teremtetté teszed? Helyes, helytelen, jó, rossz, POD, POC, mind a kilenc, rövidek, fiúk és túlontúl.

Kérdés: *Vannak olyan emberek ebben a valóságban, akik állandóan végtelen lényként működnek?*

Gary: Én. Dain. Végtelen lényként állandóan kérdésben vagy. Soha nem válaszban. Amikor következtetésre jutsz vagy próbálsz választ kapni, akkor ítélkezned kell. Teljesen más valóságból kell működnöd.

Mondok egy példát. Volt egy időszak, amikor mindenkitől azt hallottam, hogy „Ne halmozd el a lányodat annyira. El fogod kényeztetni". Én pedig feltettem a kérdést: „Egy végtelen lényt el lehet kényeztetni?" Nem. Egy végtelen lényt nem lehet elkényeztetni.

Dain: Gary minden alkalommal kérdést tesz fel, amikor adni szeretne a lányának valamit. Ez kiterjeszti a lehetőségeket az ő életében és a világban? És ha a válasz igen, ez minden, ami egy végtelen lényt érdekel. A kérdés vezet ahhoz a lehetőséghez, hogy valami nagyobbat hozz létre ennél a valóságnál. Valahányszor valamit választanál, tedd fel a kérdést: „Ez nagyobb lehetőségeket teremt?" Használd ezt a kérdést, amikor autót veszel, amikor szeretőt fogadsz, amikor párkapcsolatba kezdesz, vagy új munkát vállalsz, vagy bármi legyen is az. A kérdés:

+ Ez nagyobb lehetőségeket teremt?
+ Érdemes választanom?

Gary: Ne erről a valóságról szóljon! Arról szól a dolog, hogy mit választhatsz, ami egy másik valóságot hoz létre és generál számodra.

Ez a valóság soha nem lesz jobb számodra. Megpróbálhatjátok. Imádlak benneteket, de bolondok vagytok.

Dain: Amíg ebből a valóságból, vagy ezen a valóságon keresztül választasz, nem tudod jobbá teremteni. Válassz egy másik helyről, ahol felteszed a kérdést: „Egy végtelen lény tényleg választaná ezt?" Csak tedd fel a kérdést.

Ha felteszed a kérdést, hagyd, hogy az energia ott legyen, és aztán válassz! Ez majd megnyitja az ajtót annak, hogy ez egy számodra is elérhető választás legyen. Kérlek, ne bíráld magad, amiért ebben a tíz másodpercben nem férsz hozzá ahhoz, amit egy végtelen lény választana. Kezdd el feltenni a kérdést, és adj esélyt magadnak, hogy megtanuld, hogyan csináld.

Gary: Milyen lenne, ha olyan választásokat hoznál, amelyek kiterjesztik az életedet? Ennek a valóságnak a fogalmaival legjobban így tudnám leírni: Választhatsz. Vagy elmégy a McDonald'sba és eszel egy Big Macet sült krumplival és kólával, vagy elmehetsz a szomszéd étterembe, ahol pástétomot, kaviárt, pezsgőt és palacsintát, és mindenféle egyéb csodás dolgot szolgálnak fel. Választhatod az ízorgiát, vagy ennek a valóságnak az átlagos ételeit. Egyszerűen csak választanod kell, hogy hová mész.

És ez nem egy vagy-vagy szituáció. Én elmennék a McDonaldsba? Ha Ausztráliában járok és sült krumplira vágyom, igen, elmegyek a McDonaldsba. De csak ezt eszem a McDonaldsban bárhol a világon – kivéve a jeges teájukat, azt nagyon szeretem. Nem megyek a világ legdrágább helyére egy mangós jegesteáért, mert nem szeretem a mangós jegesteat. Egy végtelen lény választaná azt, hogy nem iszik mangós jegesteát? Csak akkor, ha azt választja, hogy nem. Én azt választom, ami nekem működik. Hajlandónak kell lenned észrevenni, hogy mi működik neked, és azt választani. Nem arról van szó, hogy a McDonalds rossz. Inkább arról, hogy átlagos árakon korlátozott kínálatot szeretnél, vagy korlátlan kínálatot korlátlan lehetőségekkel és finomságokkal. Hol akarsz élni? Ezt kell keresned.

Kérdés: Úgy tűnik, mintha ellenállnék ennek a valóságnak ahelyett, hogy belefoglalnám a választásaimba. Beszélnél erről egy kicsit?

Gary: Nos, nagyjából mindenki innen működik. Próbálod megteremteni ennek a valóságnak egy jobb verzióját, vagy ellenállsz ennek a valóságnak, ahelyett, hogy feltennéd a kérdést: „Oké, mi az, ami ebben a valóságban működik nekem? Mi az, ami nem működik? Mely választásokat kell meghoznom, hogy minden működjön?"

Azt is megkérdezheted: „Hogyan használhatnám ezt az előnyömre? Hogy mondjak egy példát, a Costa Rica-i lovaimat szerettem volna felvonultatni a Spanyol Lovas Fiesztán. Tíz lepedőt költöttem arra, hogy kihozzam a lovakat erre az eseményre, hogy két és fél percig vonulhassanak, valamiféle kommunikációs útvonalat alakíthassak ki azokkal az emberekkel, akiket érdekelhetnek. Találtam egy csomó embert. Volt, aki nem válaszolt, volt, aki igen. Most van két ember, aki érdeklődik ezek iránt a lovak iránt. Ez teremtett egy másik lehetőséget. 10.000 dollárba került, hogy két kommunikációs csatornát létrehozzak. Megérte? Ítélkezésben vagyok ezzel kapcsolatban? Nem, nem ítélkezem e fölött, nem kapcsoltam hozzá értéket. Ebben a valóságban próbálunk valami értéket kapcsolni a választásunkhoz, mintha ez valami különbséget jelentene abban, hogy mit választunk. Valójában az egész arról szól, hogy mi fog számodra működővé tenni mindent.

Egyszer elmentem Dainnel nyomtatót venni. Megnézte az összes nyomtatót, és azt mondta: „Nem tudok választani".

Dain: Először majdnem az 500 dolláros nyomtatót vettem meg, mert az volt a nézőpontom, hogy a legdrágábbat akarom. Aztán Gary azt kérdezte: „Ha bármid meglehetne, melyiket választanád? Ha a pénz nem lenne kérdés, melyiket választanád?" Azt mondtam: „Azt választanám, amelyik a legjobban működik, és megadja azt, amit szeretnék." Nem az számított, hogy sokkal többe kerül, vagy sokkal kevesebbe.

Nem messze az 500 dolláros nyomtatótól találtam egyet 150 dollárért, ami mindent tudott, ami nekem kellett. Azt mondtam:

„Azta! Ha a pénz nem számítana, én ezt választanám!" Megvettem, hazavittem, és nagyon boldog voltam, mert az 500 dolláros nyomtató túl nagy lett volna, hogy beférjen bárhová is az irodámba. Nagyon örülök, hogy nem a pénztől tettem függővé, mert úgyis vissza kellett volna vinnem az 500 dolláros nyomtatót, és megvennem a 150 dollárosat.

Gary: Arról a helyről válassz, hogy „Mi fog legjobban működni számomra? Mi adja meg azt, amit igazán szeretnék?" Amikor ezt teszed, a végén azt vásárolod meg, ami neked a legjobban működik. A pénz nem kérdés.

Emiatt kérdezed azt, hogy „Tényleg választaná ezt egy végtelen lény?" Ez a kérdés mindenki mást is magában foglal, aki kapcsolatban van veled. Nem úgy van, hogy te, végtelen lényként, elkülönülsz mindenki mástól. Amikor Dain megvette a 150 dolláros nyomtatót, az azért működött, mert az egész univerzum benne volt a döntésében. Ezért fért be az irodájába.

Ismerek olyanokat, akik megveszik a legdrágább palackozott borokat, amikor betérnek egy boltba, ahelyett, hogy a legjobb ízűt vennék meg. Egy végtelen lény mindenből a legdrágábbat választaná?

Évekkel ezelőtt elmentem egy barátommal borkóstolásra. A 25 dolláros borokkal kezdtük az estét, aztán rendelt egy másik palackkal, amiről azt gondolta, hogy szintén 25 dollár. Később kiderült, hogy 125 dollárba kerül. Először elborzadt, aztán eldöntötte, hogy tart egy saját borkóstolót. Mindenkinek adott egy kortyot a borából. Nagyon érdekes volt. Minimális különbség volt csak a 25 és a 125 dolláros borok között. A 125 dolláros bor mondjuk 10 százalékkal volt jobb.

Egy végtelen lény azt választaná, ami jobb ízű? Egy végtelen lény azt választaná, ami jó áron jobb ízű? Vagy egy végtelen lény mindig a legjobbra hajt? Ebben a valóságban azt feltételezzük, hogy a legtutibbat kapod, ha végtelen lény vagy, mert végtelen lényként mindent megkaphatsz, amit csak akarsz.

Dain: De ez ennek a valóságnak a nézőpontjából szemlélve van így. Egy végtelen lény azt választaná, ami a legjobban működik, és a legnagyszerűbb eredményhez vezet. Ez a „Mi királysága" Amikor végtelen lényként választasz, mindenkit és mindent belefoglalsz a választásaidba.

Gary: Ennek az egész kulcsnak a lényege, hogy az ítélkezésből az éberségbe mozdítson. Nem a „legjobb", vagy a „helyes" választást keresed.

Mondjuk, hogy venni akarsz egy fekete ruhát. Hogyan döntöd el, hogy melyiket válaszd? Azt választod, amelyik a legjobban áll rajtad, amelyikben legjobban érzed magad, vagy azt, amelyik a legkevesebbe kerül? Vagy azt választod, amelyik a legjobban működik majd azokon az eseményeken, amelyeken viselni fogod? Ekkor fog a legjobban sikerülni. A ruha valami olyasmivé válik, ami hozzáad az életed minden aspektusához.

Kérdés: Gyakran mérges leszek a fiamra, mert annyira hálátlan. Elvittem egy eseményre néhány napja, és semmi hálát nem mutatott. Azt gondoltam: „Kis szarházi!" Majdnem leállítottam az autót, és azt mondtam: „Kiszállás!" Aztán arra gondoltam, „Így neveltem. Nincs benne hála." Újra és újra feldühödök azon, hogy természetesnek veszi ezeket. Hogyan ne legyek rá mérges?

Gary: Én valahányszor feldühödök, mindig tudom, hogy abban a pillanatban nem végtelen lényként működök. Tudom, hogy ítélkezem.

Tehát, a fiadra vagy dühös – vagy saját magadra? Tedd fel a kérdést: „Kire vagyok dühös? Őrá – vagy saját magamra?" Talán magadra vagy dühös amiatt, hogy dühös vagy rá.

Amikor én vagyok dühös, az esetek felében ez azért van, mert próbálom felvenni a szüleim nézőpontját arról, hogy hogyan kell gyereket nevelni.

Úgy szoktam abbahagyni, hogy felismerem, hogy valami olyasmit próbálok teremteni, amiben nem hiszek. Valaki más valóságából próbálom teremteni az életemet. Ilyenkor azt kérdezem: „Egy végtelen lény teremtene abból a helyből, amelyből most én teremtek? A düh azt fogja létrehozni, amit igazából szeretnék itt teremteni?" Igen vagy nem? Ennyire egyszerű.

A gyerekek mindig a legjobb arcukat mutatják másoknak, nektek pedig a legrosszabbat. Amikor a fiad nálunk volt, mindenért hálás volt. És hálás lesz másoknak is; csak neked nem lesz hálás soha. Te vagy az anyja, és az anyának semmire sincs szüksége. Az anya olyan, mint egy bútordarab, amire ráülsz, és aztán tovább állsz. Anyukák, lábtörlők vagytok, bocs.

Valahol azt hiszem, hogy ha azt mondom neki, hogy „Hálátlan dög vagy", majd megváltozik. Azt hiszem, ez van, amikor belemegyek ebbe. A minap pedig, amikor kitettem valahol, azon kaptam magam, hogy hegyibeszédet tartok neki arról, hogy mennyire hálátlan, és remélem, hogy egy nap majd rájön. Annyira méltánytalannak érzem ezt.

Gary: Minek téped a szád? Én feldühödök, aztán észreveszem, hogy akárhogy mondom, vagy akármennyiszer, falra hányt borsó. Nem fog változni.

Egy végtelen lény érezne-e méltánytalannak bármit? Vagy egy végtelen lény hajlandó azt mondani: „Na jó, a fiam egy hálátlan hülyegyerek", aztán menni tovább? Azt kell nézni, hogy mivel álltok szemben. Volt egy időszak, amikor a legkisebb fiam mindenhonnan elkésett. Kiakadtam, prédikáltam, őrjöngtem minden egyes alkalommal, amikor ez történt.

Aztán egy nap Grace lányom rám nézett, és azt kérdezte: „Mit fárasztod magad, apa?"

Mondom: „Hogy érted ezt?"

Mire ő: „Tényleg azt hiszed, hogy változni fog?"

Mire én: „Ebben van valami, lépjünk tovább." és többet nem foglalkoztam vele.

Legközelebb, amikor a fiammal találkozóm volt, megkérdeztem tőle: „Mikor is találkozunk?" Megmondta az időpontot, mondtam, hogy rendben van. Dainnel vásároltunk éppen, amikor találkoznunk kellett volna, úgyhogy mondtam Dainnek: „Van még háromnegyed óránk. Sosem jön időben."

Amikor 45 perccel később megérkeztünk, már ott volt, és totál ki volt akadva. Pont ugyanúgy dobolt a lábával, mint ahogy én szoktam, amikor ő késik el.

Gondoltam magamban: „Ez vicces!"

Azt kell felismerni, hogy mit fog tenni a másik fél. Egy végtelen lény késne folyton? Egy végtelen lény lenne hálátlan? Nem. De az emberek soha nem végtelen lényként működnek; véges lényként működnek. Át tudsz változtatni egy véges lényt végtelenné? Aligha.

Annak, amit adsz, 90 százalékát senki nem értékeli. Rendben van. Egy végtelen lény miért hagyná abba az adást?

Kérdés: *Ha tudod, hogy mi működik neked, és mi nem, ez korlátozhat?*

Gary: Nos, egy végtelen lény mindig ugyanazt választaná? Mindig azt választanád, hogy a McDonaldsban eszel, vagy elmennél más helyekre is? Mindennel kapcsolatban rengeteg választásod van az életben, de úgy teszel, mintha csak két választásod lenne: egy jó és egy rossz választás. Egy végtelen lénynek végtelen választása van. Az életed mekkora részében működsz abból, hogy nincs választásod?

Kérdés: *Ha ugyanazt a hibát követjük el újra meg újra, ez azért van, mert egy fantazmagóriát teremtünk?*

Gary: Igen, a fantazmagóriákkal folyamatos hibákat követünk el. Minden alkalommal, amikor fantazmagóriát teremtünk valamivel kapcsolatban, teljesen elvágjuk magunkat a jövőre való éberségtől, és csak azt az eredményt engedjük be, ami egybevág a fantazmagóriával.

A Tíz kulccsal kapcsolatban hány fantazmagóriát tettél annyira valóssá, hogy a totális éberség fényében sem fogod megváltoztatni, választani vagy módosítani? Mindent, ami ez, isten tudja hányszorosan, elpusztítod és nem teremtetté teszed? Helyes, helytelen, jó, rossz, POC, POD, mind a kilenc, rövidek, fiúk és túlontúl.

Nagyon sok mindent próbáltam, és az a fantazmagóriám, hogy az Access Consciousness sem fog működni.

Ez nem fantazmagória; ez a valóság.

Hogy nem fog működni?

Aha. Nem fog működni. Az Access Consciousness nem működik – de te igen. Mi az, amit nem vagy hajlandó működtetni? Az Access Consciousnesst – vagy magadat?

Végtelen lényként képes lennél bármit megoldani, és működővé tenni magad számára? Mindent képes vagy működtetni, amit hajlandó vagy a saját szolgálatodba állítani.

Minden fantazmagóriát, ami kizár abból, hogy a saját szolgálatodba állítsd magad, hajlandó vagy elpusztítani és nem teremtetté tenni? Helyes, helytelen, jó, rossz, POD, POC, mind a kilenc, rövidek, fiúk és túlontúl.

Milyen fantazmagóriát tettél a teljes szabadság tíz kulcsával kapcsolatban annyira valóssá, hogy még a totális éberség fényében sem tudod megváltoztatni, választani, vagy módosítani? Mindent, ami ez, hajlandó vagy elpusztítani és nem teremtetté tenni? Helyes, helytelen, jó, rossz, POD, POC, mind a kilenc, rövidek, fiúk és túlontúl.

Kérdés: *Nagyon megérintett, amikor arról beszéltél, hogy amikor valamit választunk, rá kell nézni, hogy hogyan fognak kibontakozni a dolgok, vagy lássuk a következményeket, amelyekkel járni fog. Én nagyszerűen csinálom ezt másokkal, különösen a munkámban, de magammal nem.*

Gary: Pont ez az, amiért fel kell tenned a kérdést, hogy „Egy végtelen lény tényleg választaná ezt?"

Dain: A kérdés megnyitja az ajtót, hogy be tudj lépni oda. Jelen pillanatban a saját életedben nem látod, hogy hol vannak az oda vezető ajtók. Ha felteszed a kérdést, látni fogod az elérhető lehetőségek ajtóit. Mindig is ott voltak. Végtelen lényként láthattad ezeket az ajtókat más emberek számára, de a magad számára nem, mert soha nem tekintesz magadra végtelen lényként.

Ez jó. Fogok ezzel játszani.

Gary: Légy szíves. Nem fogod fel a saját értékedet. Mindig úgy nézel magadra, mint aki „kevesebb, mint". Egy végtelen lény soha nem lenne kevesebb, mint, ugye? Csak más.

Dain: A praxisodban, amikor emberekkel dolgozol, hajlandó vagy nagyszerűbbnek látni őket, mint amilyennek ők látják magukat? Tudod, hogy ez igaz is?

Igen, mindig.

Dain: Ez az egyik oka annak, hogy eljárnak hozzád az emberek, mert hajlandó vagy nagyszerűbbet látni bennük annál, amit ők hajlandóak látni.

Gary: Ettől vagy jó.

Dain: Ettől vagy nagyszerű abban, amit csinálsz. Lehetséges lenne, hogy szánj magadra 5-15 percet minden nap, mintha te jönnél saját magadhoz egy konzultációra, és csak jelen legyél magaddal? Tegyél úgy, mintha kezelésre jöttél volna magadhoz, és nézz magadra úgy, ahogy a klienseidre nézel.

Ezt meg tudom csinálni.

Gary: Nagyon sok szarságot beveszünk a családunktól, a társaságunktól és a körülöttünk lévő emberektől. Mindig arról szól a dolog, hogy jobbak vagyunk vagy rosszabbak. Mi van, ha soha nem vagy jobb vagy rosszabb, csak más vagy? Végtelen lényként ez vagy; más. Nem jobb, nem rosszabb, nem több, nem kevesebb, csak más. Ezért annyira fontos a végtelen lény. Mert rendben lévővé teszi azt, ha különbözöl, és biztosít számodra egy olyan helyet, ahol elkezdheted észrevenni, hogy nem kell ítélkezned magad felett.

Dain: Elkezded meglátni, hogy ez a másság, ami vagy, megváltoztathatja azt, ahogyan az életed megmutatkozik. A különbözőséged teszi az életedet más emberek életétől különbözővé. Különbözővé a fájdalomtól és a szenvedéstől, a traumától és drámától, amit mindenki más értékesnek talál. Az, hogy felteszed ezt a kérdést, nagyszerű kezdet ahhoz, hogy megnyisd az ajtókat, amik oda vezetnek.

Gary: Milyen fantazmagóriákat tettél annyira valóssá arról, hogy nem vagy az a végtelen lény, aki valójában vagy, hogy még a totális éberség fényében sem fogod egyáltalán megváltoztatni, választani, vagy módosítani? Mindent, ami ez, hajlandó vagy-e elpusztítani és nem teremtetté tenni? Helyes, helytelen, jó, rossz, POC, POD, mind a kilenc, rövidek, fiúk és túlontúl.

Kérdés: *Én nagy csoportokkal dolgozom a tanfolyamaimon. Kiterjesztem magam, mielőtt tartom a kurzust, de többnyire úgy érzem magam a tanfolyamok után, mintha átment volna rajtam egy úthenger. Mindennek érzem magam, csak végtelen lénynek nem. Hogyan lépjek túl ezen?*

Gary: Vannak fantazmagóriáid arról, hogy milyen, amikor átmegy rajtad egy úthenger? Vagy hogy mennyi energiába kerül megtartani egy tanfolyamot?

Hány fantazmagóriát tettél annyira valóssá azzal kapcsolatban, hogy úgy érzed, mintha átment volna rajtad egy úthenger, hogy még a totális éberség fényében sem tudod, és nem vagy hajlandó megváltoztatni, választani, vagy módosítani őket? Mindent, ami ez, hajlandó vagy-e elpusztítani és meg nem teremtetté tenni? Helyes, helytelen, jó, rossz, POC, POD, mind a kilenc, rövidek, fiúk és túlontúl.

Erre a processzre volt egy saját verzióm. Állandóan fáradt voltam. Mindig azt hajtogattam Dainnek, hogy „Annyira fáradt vagyok".

Dain ilyenkor azt kérdezte: „Mibe vagy belefáradva?" Aztán hosszan soroltam, de semmi nem változott.

Aztán azt kérdeztem: „Na jó, milyen információ hiányzik itt?" Aztán egy nap feltettem a kérdést: „Oh! Egy végtelen lény választaná azt, hogy fáradt legyen? Nem! Akkor én mi a fenéért választom?"

Azt kérdeztem „Milyen fantazmagóriám van itt, ami ennyire kifáraszt?" Rájöttem, hogy egy olyan következtetésre jutottam, hogy annak, aki annyira keményen dolgozik, mint én, fáradtnak kell lennie. Elkezdtem futtatni ezt a fantazmagória processzt, és a fáradtságom eltűnt.

Tegnap egy négy napos nagyon intenzív kurzus után, úgy éreztem, mintha egy Mack kamion ment volna át rajtam. Úgyhogy azt kérdeztem: „Na jó, hány fantazmagóriám van, ami ezt teremti a valóságomként?" Hirtelen, jobban lettem. Aztán azt kérdeztem: „Egy végtelen lény tényleg választaná azt, hogy átmenjen rajta egy kamion? Egy végtelen lény választaná a fáradtságot? Egy végtelen lénynek kell-e rosszul éreznie magát?" A fantáziákat azért hozzuk létre, hogy a döntéseinket és választásainkat valóságossá tegyük.

Erre a két dologra kell ránézned. Vedd észre, hogy ez a kettő együtt jár. Megváltoztathatod őket, mert végtelen lény vagy. Bármit meg tudsz változtatni, ha akarod.

Kérdés: Én is ott voltam az említett tanfolyamon, s azóta nagyon irritál, hogy milyen lassú itt mindenki, az autóban, a boltban, és mindenhol, ahová csak megyek. Jobban irritál, mint valaha. Az emberek lassabbak, mint ahogy azt valaha észrevettem.

Gary: Tudom, az alapvető nézőpontod az, hogy végtelen lény mi a francnak mozogna ennyire lassan? Tűnjetek az utamból!

Pont ilyeneket szoktam mondani!

Gary: Ahogy egyre éberebb leszel, észreveszed majd, hogy mennyire lassan működik a világ. Ez olyan fokig irritálhat, hogy hihetetlen. Az a jó hír, hogy eljön majd a pont, amikor az megengedésed meghaladja az éberségedet. Most az éberséged meghaladja a megengedésedet.

Igen, több megengedés kell.

Gary: Több megengedés és több érdekes nézőpont kell. Nemrég hazafelé tartottunk Dainnel egy ausztráliai kurzusról, és annyira ingerült voltam, hogy mindenkit gyűlöltem. Mondom, „Mindenkit ki akarok nyírni ezen a repülőn".

Erre Dain megkérdezte: „Nahát, mi történik valójában?"

Azt mondtam: „Nem tudom, de senkivel nem vagyok itt megengedésben. Mindenki seggfej." Általában a hosszú repülőutakon nagyon kedves utaskísérőink vannak. Most egy ocsmány, ronda ribancot kaptunk, aki annyira leereszkedő és visszataszító volt, hogy legszívesebben kiugrottam volna a helyemről és megfojtottam volna. Bármit mondott, az idegesítő volt.

Dain megkérdezte „Szóval, az éberséged meghaladta a megengedésedet?" Mondom, „Igen! Rendben, ki kell terjesztenem a megengedésemet." Jönnek majd olyan periódusok, amikor ki kell terjesztenetek a megengedéseteket, mert az éberségetek meghaladja azt a szintet, amennyire hajlandóak vagytok megengedőek lenni.

A Barok futtatása segít. Sokat segít, de nem elég. Ki kell terjesztened a megengedésed szintjét, és aztán jó lesz.

Általában szinte hihetetlenül megengedő vagyok, de vannak helyek, ahova, ha odaérek, a megengedésem eltűnik, mintha „Wow! Mit tudok most?" Ha a barok futtatása nem segít, akkor tudom, hogy az éberségem meghaladta a megengedésem szintjét, és ilyenkor többet kell alkalmaznom az érdekes nézőpontot.

Az egyik oka annak, hogy most erről beszélgetünk, az, hogy észrevettem, hogy az emberek nem igazán tudják, hogy hogyan alkalmazzák a tíz kulcsot a saját életükben. Próbálok példákat mondani a saját életemből arra, hogy én hogyan használom a saját életemben.

Minél többet alkalmazzátok ezt a kulcsot, annál hamarabb fogtok a végtelen lényből működni anélkül, hogy kérdeznetek kellene. De a kiindulópont az a kérdés kell, hogy legyen, hogy „Egy végtelen lény valóban választaná ezt?"

Mondjuk, hogy diák vagy, és iskolába kell járnod. Miért kell iskolába járni? Mert szeretnél tanult lenni. Miért akarsz tanult lenni? Mert tudod, hogy ez valamiképpen a hasznodra lesz. Honnan tudod? Egyszerűen tudod. Iskolába jársz, a dolgozatokat pedig gyűlölöd. Egy végtelen lény tényleg gyűlölné ezeket a dolgozatokat? Nem. Na, akkor én mi a fenét csinálok itt azzal, hogy utálom a dolgozatokat? Rá kell nézni, és azt kérdezni, „Rendben, hogyan változtatom ezt meg? Mit tehetek másképp? Hogyan létezhetek másképp, ami megváltoztatja ezt?"

Amikor felteszed ezeket a kérdéseket, különösen azt, hogy „Egy végtelen lény tényleg választaná ezt?" elkezded észrevenni, hogy véges lényként működsz.

Felteszed a kérdést, „Hogyan tudom ezt megváltoztatni?" Ennek az egész beszélgetésnek az a célja, hogy bátorítson, hogy vedd észre, amikor a véges lényből működsz – hogy választhasd azt, hogy egy másik helyből működsz. Választhatsz valami mást.

A tíz kulcs nem nehéz és szigorú szabályrendszer, amit követnetek kell. Játsszatok vele, hogy elérjetek arra a helyre, ahol a tudatosság játszópajtásai lehettek. Ti is akartok játszótársakat, ugye? Az egyetlen módja annak, hogy a tudatosság játszótársait hozzátok létre, ha hajlandóak vagytok játszani a tudatossággal. Nem abból fog kialakulni, hogy ki akarjátok találni, hogy hogy kell jól, vagy rosszul csinálni.

Dain: Legyetek szívesek, ne a helyes-helytelenből válasszatok! Ne ítélkezésből válasszatok. Válasszatok abból, hogy „mi mással játszhatok itt, hogy azzá tegyem az életemet, ami szeretném, hogy legyen?"

Kezdjétek el futtatni a fantazmagória processzt, és kérdezzétek meg, „Hány fantáziám tartja helyén ezt a dolgot?" A fantazmagóriák nem engedik, hogy tényleg lássátok a jövőt, és hogy könnyedén megváltoztassatok valamit.

A második kulcs a teljes szabadsághoz

MINDEN CSAK EGY ÉRDEKES NÉZŐPONT

Gary: Sziasztok! Ma este a második kulcsról fogunk beszélni: minden csak egy érdekes nézőpont.

Először is, beszéljünk a *nézőpontról és az éberségről*. Egy nézőpont nem más, mint egy pozíció, amiből valamit szemlélünk; egy meghatározott mód, ahogyan látunk valamit. A nézőpont nem ugyanaz, mint az éberség.

Az éberség azt jelenti, hogy látod, amit látsz – és nincs róla nézőpontod. Máskülönben olyasmit próbálsz létrehozni, ami talán nem is létezik.

Dain: A nézőpont definíciója benne van a szóban: néző-pont; az a pont, ahonnan szemlélsz valamit, ami azt jelenti, hogy egyszerre csak egy helyet tudsz elfoglalni az univerzumban. Nem lehetsz sok helyen egyszerre.

Amikor felveszel egy nézőpontot, akkor felszámolod a térűrt, és besűríted egy ponttá, azzá a ponttá, ahol korlátozást teremtesz, mert nem lehetsz éber semmilyen más választásra, lehetőségre, vagy hozzájárulásra. Nem kérdésből működsz.

Gary: Robert A. Heinlein Angyali üdvözlet című könyvében szerepelnek az úgynevezett igaz szemtanúk, akiket arra képeztek ki, hogy pontosan arról számoljanak be, amit láttak és hallottak, bármilyen extrapoláció vagy feltételezés nélkül. Az igaz tanúknak tilos volt következtetéseket levonni abból, amit megfigyeltek.

Ha valaki megkérdezett egy igaz szemtanút, hogy „Milyen színű ez a ház?", az igaz tanú onnan, ahol állt, a háznak csak két oldalát látta, úgyhogy ilyenkor azt mondta: „Ezen az oldalon ilyen színű, azon az oldalon pedig olyan színű. Nem mehetek feltételezésbe azzal kapcsolatban, hogy a többi oldal milyen."

Az igaz szemtanúktól eltérően, legtöbben feltételezéseket teszünk az életünkben. Valaminek megnézzük a két oldalát, és feltételezzük, hogy a másik két oldal összhangban van azzal, amit addig is láttunk. Ez egy olyan nézőpont, amibe belehajtjuk magunkat, mintha feltételeznénk, hogy valami egyezik valamivel, és ez egy éberség. Ez nem éberség!

Amikor felveszel egy nézőpontot, nem lehet mindent átfogó éberséged. Csak az a nézőpont lehet a tiéd.

Ebben a valóságban összehangolódhatsz és egyetérthetsz egy nézőponttal, ami a pozitív polaritás – vagy ellenállhatsz neki és reagálhatsz rá, ami a negatív polaritás.

Bármelyiket teszed – összehangolódsz és egyetértesz, vagy ellenállsz és reagálsz – ezzel beleragadsz mindenki más traumájának, drámájának, kiborulásának és intrikájának a sodrába, és el fog mosni. Nem érzékeled és fogadod be azt, ami van.

Mondjuk, hogy találkozol egy hajléktalannal az utcán, és pénzt kér tőled. Ha összehangolódsz és egyetértesz, lehet, hogy azt mondod: „Jajj, ez a szegény, szerencsétlen ember! Borzasztó, hogy utcára került. Talán adnom kellene neki egy kis pénzt."

Ha ellenállsz és reagálsz, talán azt mondod: „Nézzétek ezt a fickót! Semmirekellő! Menj, és szerezz valami munkát, öreg!"

Amikor érdekes nézőpontban vagy, nem hangolódsz össze és nem értesz egyet egy nézőponttal, de nem is állsz ellen és nem vagy reakcióban. Meglátod a hajléktalant, és azt mondod neki: „Nahát, érdekes választás." Nem sodor el a traumája és drámája. Te vagy a Gibraltár-szikla, ami mindent rendben tart maga körül.

Amikor érdekes nézőpontban vagy, az élet sodra jön feléd, és megkerül – te pedig még mindig te vagy. (A hajléktalan ilyenkor általában nem kér pénzt tőled.) Amikor nem vagy érdekes nézőpontban, elkap ennek a valóságnak az áramlata, és elmos. Teljesen elveszíted önmagad.

Nemrég óriási hír volt, hogy egy Weiner nevű kongresszusi tag New Yorkban kiposztolt egy képet a farkáról a Twitterre. Mindenki kiakadt ezen, a végén aztán lemondatták. Az én nézőpontom az volt: „Nos, érdekes nézőpont. Mi köze ennek a munkájához? Az a tény, hogy meg kellett mutatnia a farkát, azt jelentené, hogy nem tudja elvégezni a munkáját? Ha ez így lenne, nem lennének politikusaink. Mindannyian mutogatják a farkukat, így vagy úgy." Ez csak az én érdekes nézőpontom.

Valaki azt mondta nekem: „Próbálgatom az érdekes nézőpontot, de nem igazán tudom, hogy csináljam, mert csak azokkal a dolgokkal tudom megtenni, amikről már eleve eldöntöttem, hogy érdekes nézőpontok."

Nem arról szól, hogy miről döntötted el, hogy érdekes nézőpont, hanem minden egyes gondolatodról, érzésedről és érzelmedről! Minden csak egy érdekes nézőpont – mivel igazából ezek közül a nézőpontok közül egy sem a tiéd.

Minden egyes nézőpontoddal meg kell csinálnod az érdekes nézőpontot, ne ítéld meg, hogy melyek helyesek, melyek helytelenek, melyek jók és melyek rosszak, és mik azok, amiket nem szeretsz.

Hajlandó vagy csinálni az érdekes nézőpontot azokkal a dolgokkal, amikről eldöntötted, hogy nem szereted őket, de nem vagy hajlandó azokkal megtenni, amikről azt döntötted el, hogy szereted, ezért soha nem érheted el az érdekes nézőpontot.

Milyen fantáziát és lénységet használsz, hogy eltipord és elnyomd azokat a kvantum-összefonódásokat, amelyek lehetővé tennék, hogy érdekes nézőpont legyél? Mindent, ami ez, elpusztítod és nem teremtetté teszed? Helyes, helytelen, jó, rossz, POC, POD, mind a kilenc, rövidek, fiúk és túlontúl.

Dain: Egy végtelen lénynek lenne-e bármilyen nézőpontja? Amikor elkezdesz abból működni, hogy érdekes nézőpont, van egy ilyen nézőpontom, eljuthatsz egy helyre, ahol semmi szilárdság nincs semmiben, ami feljön. Más szóval, ahelyett, hogy érzelgőssé válnál valamivel kapcsolatban, annyit mondasz, hogy: „Hát... ez érdekes volt." Ahelyett, hogy megijednél valamitől, annyi, hogy: „Ez érdekes volt." Ahelyett, hogy dühös lennél valami miatt, annyi az egész, hogy: „Oh, ez érdekes." A végén érdekes nézőponttá válsz. Azzá válhatsz, ha elkezded választani az érdekes nézőpontot.

Érdekes nézőpont az, amivel a kicsi gyerekek rendelkeznek. Ők még ebből működnek – és pontosan ez az, amiről mi megtanultuk, hogy ne legyünk. Az érdekes nézőpont pontosan az ellenkezője mindannak, amit attól az időponttól kezdve megtanultunk, amikor még érdekes nézőpontként léteztünk. Természeted szerint érdekes nézőpont vagy. Tanulnod kell, hogy hogyan ne legyél az.

Az összes fantáziát és lényéget azzal kapcsolatban, hogy hogyan ne legyél érdekes nézőpont, elpusztítod és nem teremtetté teszed? Helyes, helytelen, jó, rossz, POD, POC, mind a kilenc, rövidek, fiúk és túlontúl.

Arra invitálunk, hogy valami olyasmit tegyél, ami teljesen más lehetőséget teremt számodra. De csinálni kell. Ezért folytatjuk ezeket a beszélgetéseket a tíz kulcsról, hogy tudd alkalmazni őket, testesítsd meg őket és éld őket ahelyett, hogy úgy éreznéd, hogy valami rajtad kívül álló dolgokról van szó, amit csak néha csinálsz, vagy nem jól csinálsz, vagy nem értesz.

A tíz kulcs mindegyike a világban való létezésnek egy másik módja. Mindentől különbözik, amit ezen a bolygón tanítanak.

Gary: Ez a tíz kulcs a teljes szabadsághoz. Vannak közöttetek, akik facilitátorok, nekik mondom, hogy 90 százaléka annak, amivel foglalkozni kell, mikor emberekkel dolgoztok, a tíz kulcs. A saját életedben is kilencven százaléknak a tíz kulcshoz van köze.

Dain: Több, mint kilencvenkilenc százaléka az emberek által teremtett korlátoknak abból származik, hogy nem az érdekes nézőpontból működnek. Kilencvenkilenc egész kilenc, kilenc, kilenc, kilenc százaléka annak, ami nehézséget okoz az életedben abból származik, hogy nem voltál képes, vagy hajlandó az érdekes nézőpontból működni.

Gary: Hogyan lehetsz jó facilitátor, ha nem csinálod az érdekes nézőpontot? Nem lehetsz! Annak érdekében, hogy nagyszerű facilitátor legyél, használnod kell az érdekes nézőpontot, mert ha felveszel egy nézőpontot, beragasztod azt az embert, akit próbálsz facilitálni, valami olyasmibe, ami vagy nekik nem igaz, vagy neked.

Milyen fantáziát és lénységet használsz, hogy eltipord és elnyomd a kvantum-összefonódásokat, amelyek lehetővé tennék, hogy érdekes nézőpont legyél? Mindent, ami ez, elpusztítod és nem teremtetté teszed? Helyes, helytelen, jó, rossz, POD, POC, mind a kilenc, rövidek, fiúk és túlontúl.

Gary: Szerintem nekem azért működött ez a kulcs annyira jól, mert engem nem érdekelnek a fantáziák; engem csak a totális éberség érdekel. Ha nem abból működtök, hogy: „Teljes éberséget akarok, mindegy, hogy ez mit hoz magával," nem tudjátok ezeket megcsinálni. Lehet, hogy azért, mert még mindig valamilyen fantáziából vagy lénységből működtök, mintha az eljuttatna oda, ahova menni akartok, vagy megadná azt, amit szeretnétek.

Dain: Ez érdekes, mert engem érdekeltek a fantáziák. Ugyanakkor a teljes éberség is érdekelt, és az éberségem teljesen elpusztította a meglévő fantáziáim nagy részét is. És az élet egyre jobb.

Visszanézek, és látom azokat a helyeket, ahol a fantazmagóriáim érdekeltek, különösen a nőkkel és a párkapcsolatokkal kapcsolatban. Ezeken a területeken történt ez velem. Akármikor nem tudtam, hogy mi mást tehetek, ami gyakran megtörtént, elővettem az érdekes nézőpontot.

Meghoztam azt a választást, hogy jelen leszek az energiával, ami feljön, mindegy, hogy mi legyen az, és alkalmazom azt, hogy érdekes nézőpont, van egy ilyen nézőpontom. Amikor ezt megtettem, bármi volt is az a fantázia és/vagy lénység, vagy bármi, ami akkor értékesnek látszott, szertefoszlott. Minél többet csináltam az érdekes nézőpontot, annál inkább azt éreztem, hogy jelen tudok lenni bármivel anélkül, hogy az adott dolog beszippantana.

Ha nem csinálod az érdekes nézőpontot, ha te nem vagy érdekes nézőpont, akkor minden nézőpont, ami szembejön, amin van valamiféle töltés, birtokol téged. Ellenállásba és reakcióba visz.

Ha értékes számodra, hogy képes legyél bárkinek bármiféle nézőpontjával jelen lenni, még olyanokkal is, amiket látszólag mindenki gondol az egész bolygón, és mégsem veszíted el magad, így eljuthatsz oda.

Gary: Most rögtön gondolj valamire, ami idegesít, valamire, amitől nem tudsz megszabadulni. Lehetnek ezek a hülye, lassú emberek. Lehet valami, aminek a pénzhez van köze.

- Nézz rá erre a nézőpontra most, és mondd ezt: Érdekes nézőpont, van egy ilyen nézőpontom.
- Nézz rá újra, és mondd: Érdekes nézőpont. Van egy ilyen nézőpontom.
- Nézz rá még egyszer, és mondd: Érdekes nézőpont. Van egy ilyen nézőpontom.
- Még mindig ott van, vagy változott?

Kérdés: Próbálok több klienst szerezni a vállalkozásom számára. Csatlakoztam néhány csoporthoz, és csináltam néhány egyéb dolgot, hogy új kapcsolatokat teremtsek, de nagyon sok frusztráció van az univerzumomban. Még az érdekes nézőpontot sem tudom csinálni. Nem is tudom igazán megfogalmazni.

Gary: Vedd a frusztrációt mint érzelmet. Most csináld ezt: Érdekes nézőpont. Van egy ilyen nézőpontom. Csináld újra. Vedd a frusztráció érzését, és csináld: Érdekes nézőpont. Van egy ilyen nézőpontom. Aztán újra: Érdekes nézőpont. Van egy ilyen nézőpontom. Most milyen? Ugyanolyan érzés, vagy másabb?

Más. Egyre jobb, és arra lettem éber, hogy én nem akarom ezt.

Gary: Nagyszerű. Hálás vagyok, hogy ezt felhoztad. Ahhoz, hogy frusztrált legyél, kell, hogy legyen egy olyan nézőpontod, hogy frusztrált vagy. Ha van egy olyan nézőpontod, hogy lehetsz frusztrált, lehetsz is.

Ez a példa a frusztrációról segíthet megérteni az embereknek, hogy bármire lehet használni ezt az eszközt, amit jelentőségtelivé vagy értékessé tettél. Amikor frusztráció van a világodban, amikor reménytelennek érzed a helyzeted, vagy túlterhelt vagy a pénztelenségtől vagy a túl sok pénztől, csak csináld ezt: Érdekes nézőpont. Van egy ilyen nézőpontom.

Azt veszem észre, hogy azért mentem bele a frusztrációba, mert attól érzem azt, hogy teszek valamit az ügy érdekében. Ha csak hátradőlök és pihenek, azt érzem, hogy nem fog megváltozni a helyzet.

Gary: És ez probléma?

Elmondom, miért vagyok most nagyon frusztrált. Futtatom az emberek Barjait, de nem látom, hogy bármilyen változás történne. Biztos vagyok benne, hogy több dolog változik, mint amit észreveszek, de úgy gondolom...

Gary: Ha érdekes nézőpontból futtatod valakinek a Barjait, akkor megváltozhat. De ha olyan nézőpontból futtatod, hogy azt akarod, hogy változzon, az nem érdekes nézőpont. Meg kell engedned, hogy az emberek azt fogadják be, amit befogadnak, és úgy, ahogyan befogadják. Ne kívánd mástól, hogy változzon.

Az egyetlen dolog, amit kívánnod kell, hogy meg tudd engedni, hogy a dolgok feltáruljanak az emberek számára, és hogy arra menjenek, amerre ők szeretnének menni. A Bars célja, hogy lehetővé tegye, hogy megéljenek bármilyen változást, amit megélnek. Ha változnak, akkor változnak, ha nem, az az ő választásuk.

Frusztráció csakis fix nézőpontból eredhet. Ez az oka annak, hogy próbálunk eljuttatni benneteket az érdekes nézőponthoz. Ha kezeléseket adtok valakinek, és nem érdekes nézőpontból teszitek, nem tudnak változni. Megakadályozzátok, hogy változzanak.

Megrekesztitek őket a „nem érdekes nézőponttal", mintha az lenne a változás útja.

Dain: Olyan, mintha lenne velük valami baj, ahelyett, hogy észrevennétek, hogy mindenben van valami helyes. Van valami jó benne, de nem a „helyes, helytelen" nézőpontból. Egyszerűen csak választottak valamit. Ha az érdekes nézőpontból közelítesz a velük való munkához, fantasztikus, hogy mi minden megtörténhet. Ha valaki meg akar változtatni, te mit csinálsz, Gary?

Gary: Én? Megváltozom.

Dain: Na persze! Ha valaki meg akar változtatni egy humanoidot, mit teszünk? Azt mondjuk: „Kapd be! Nem fogok megváltozni. Nem. Már csak azért sem, mert te akarod, nem változom meg.

Gary: Azt mondjuk: „Nem kényszeríthetsz."

Dain: Amikor azt akarod, hogy valaki változzon, akkor tulajdonképpen betolsz egy energiát a világukba, ami azt mondja: „Változnod kellene. Másnak kellene lenned. Tudom, hogy lenne egy jobb élet számodra, és azt kellene élned, te hülye."

Ők pedig azt mondják: „Nem, nem fogok változni egyáltalán, mert próbálod ezt tenni velem."

Akkor észre kell venned: „Úgy látszik, van egy nézőpontom arról, hogy hogyan kellene megváltoznia ennek az embernek. Érdekes nézőpont, van egy ilyen nézőpontom, hogy változnia kellene."

Gary: Mi lenne, ha az lenne az érdekes nézőpontod, hogy: „Oké, ezt választja. Ha beteg akar lenni, és meg akar halni, semmi probléma. Ha azt akarja tenni, amit éppen tesz, legyen ez bármi, ez tőle függ."

Valaki a minap azt mondta: „Haldoklik a barátom, de nem akarom, hogy meghaljon".

Azt kérdeztem: „Sokat szenved?"

Azt válaszolta: „Igen. Utálom, hogy szenved, és nem akarom, hogy meghaljon."

Én azt mondtam erre: „A berögzült nézőpontjaid tartják megrekedve, mert próbál itt maradni miattad. Még többet kell szenvednie azzal, hogy nem vagy hajlandó megengedni neki, hogy szenvedjen. Mi van, ha azért csinálja, hogy kijusson innen? Érdekes nézőpontban kell lenned."

Amikor emberekkel dolgozom, látom, hogy valami nem működik nekik, és ők is látják, hogy nem működik, de nem tudom őket rávenni...

Gary: Nos, először is, azt feltételezed, hogy meg akarják változtatni.

Dain: És arra a következtetésre jutsz, hogy az, amit csinálsz, nem működik nekik. Nem tudod, hogy mi zajlik bennük.

Gary: Az, hogy nem változnak a dolgaik, valamilyen módon mégis bejön nekik.

Dain: Ugyanaz van, mint a frusztrációdnál. Valamilyen módon a frusztráció bejön neked. Különben nem választanád.

A frusztráció nem annyira jön be nekem.

Dain: Igen, de amikor elkezdted használni ezt az eszközt, észrevetted, hogy: „Én akartam itt lenni. Én akartam frusztrált lenni. Én teremtem valójában."

Gary: Talán olyan embereket teremtesz, akik nem akarnak változni, hogy fenn tudd tartani a frusztrációdat.

Azt mondod, hogy olyan embereket vonzok, akik nem akarnak változni?

Gary: Az emberek rád néznek, és látják, hogy rendben vannak a pénzügyeid, és azt mondják: „Nekem is kell az, ami neki van.", ami azt jelenti, hogy kell nekik a pénzed. Azt gondolod, hogy a helyzetükön akarnak változtatni, de nem erről van szó. Azt akarják, ami neked már megvan, ami a pénz.

Csomó embernek az a nézőpontja, hogy ha ők nem keresnek pénzt, egyszer majd adsz nekik a sajátodból. Velem mindig ez van. Mindig érdekes nézőpontnak tartom, hogy az emberek azt hiszik, hogy fogok nekik pénzt adni.

Dain: És mivel érdekes nézőpont ez a nézőpontja, nincs a hatása alatt. Más szóval azt mondja: „Nahát, ez érdekes." Nem kell pénzt adnia nekik, csak ha akar, és nem kell rosszul éreznie magát, ha nem ad nekik pénzt – mert az elképzelés, hogy ezt kellene tennie, csak egy érdekes nézőpont.

Van egy másik példám, volt egy viszonyom egy nővel. Kicsit később felhívott, hogy nagy bajban van, és rendbe kellene tenni. (Rákos volt.) Mondtam neki: „Rendben, adok 10 kezelést, hogy lássuk, hogy tudjuk-e rendezni." Minden egyes alkalommal ahelyett, hogy dolgoztunk volna a témán, arról beszélt, hogy mi mennyire egymáshoz tartozunk. Azt mondta, hogy együtt kellene élnünk, és együtt is maradnunk életünk hátralevő részére. Egyáltalán nem érdekelte, hogy kezeljük a rákot. A szánalomban, traumában és drámában volt érdekelt, ami az ő nézőpontjából közelebb hozott volna minket. Sokan gondolják, hogy egy olyan probléma fogja közel hozni őket valakihez, amit nem tudnak megoldani.

Azt a kérdést kell feltenned: „Egy olyan problémát próbálok éppen megoldani, amit ez a személy nem akar? Mi történik valójában itt?" Ez az érdekes nézőpont lényege. Amikor használod ezt az eszközt, ráláthatsz arra, hogy mi zajlik valójában. Ha nem érdekes nézőpontból működsz, akkor olyan nézőpontba helyezkedsz, ami megsemmisíti annak a lehetőségét, hogy éber legyél arra, ami zajlik. Amikor ezt teszed, csak ezt az egy pontot látod, nem láthatod, mi zajlik valójában.

Gary: Amikor felhív valaki azzal, hogy: „Segítségre van szükségem.", azt kérdezem: „Mi zajlik itt?"

Azt szokták mondani: „Nem tudom."

Én erre azt kérdezem: „Segítséget kértél. Miben kell a segítség?"

Ők azt mondják: „Hát, nem is tudom. Azt hiszem, van egy kérdésem."

Én azt kérdezem: „Oké, mi a kérdésed?"

Mire ők: „Nem is tudom. Te nem tudod megmondani, mi a kérdésem?"

Az emberek azt várják tőlem, hogy mondjam meg nekik, mi a baj velük, hogy tudjanak foglalkozni azzal, amiről én kijelentem, hogy el van romolva, ahelyett, hogy megnéznék, hogy mi számukra az igaz, és meglátnák, hogy mi fog működni nekik. Ezért kezdek minden beszélgetést kérdéssel. „Mi újság? Mit tehetek érted?" Nem feltételezem, hogy segíteni fogok valakinek, amikor elkezdünk egy konzultációt. Az én nézőpontom soha nem az, hogy változni akarnak. Az én nézőpontom soha nem az, hogy arra vágynak valójában, amire mondják, hogy vágynak. Ennek köszönhetően tudok érdekes nézőpont lenni, és ez működik.

Szóval, valami vonzza az embereket, és eljönnek egy Bars kezelésre. Nem feltétlenül változni akarnak, csak akarnak valami...

Gary: Azt akarják, ami neked van. Az ő nézőpontjukból, ha megkaphatják azt, ami neked van, akkor jó lesz az életük.

Hogyan tudom ezt megváltoztatni?

Dain: Csinálhatnád ezt: Érdekes nézőpont, van egy ilyen nézőpontom. Ötször egymás után valahányszor ez feljön.

Gary: És csinálhatod ezt is: Érdekes nézőpont, hogy ez az ember bármi másért jött ide, mint azért, hogy rám nézzen.

Dain: Ha ezt meg tudod tenni, akkor valami más tud megjelenni azon túl, mint amit eldöntöttél, hogy meg fog jelenni. Egy másik választás válik elérhetővé.

Gary: Sokszor láttam, hogy amikor Dain kapcsolatba került nőkkel, bejelentkeztek hozzá privát konzultációkra, ő adott tíz, tizenöt, húsz privát kezelést, húsz óra munkát. Csak tudni akarták, hogy van valamiféle kapcsolódásuk Dainnel. Ezt az egyet keresték.

Rendkívüli médiumi képességeid lehetnek, és magadra veszed a nézőpontjaikat. Azt gondolod, hogy tenned kell valamit azokkal a nézőpontokkal, amiket befogadsz. Nem, csak érdekes nézőpontnak kell lenned. Ha ezt teszed, nincs nézőpont, ami meg tud rekeszteni – az övék, a tiéd, vagy bárki másé.

Kérdés: *Megkísérlem, hogy a tíz kulcs szerint éljek, de olyan, mintha nem fognám fel. Van valami, ami megállít, nem nagyon tudom, hogy mi az, lehet, hogy csak nem választottam még ezt.*

Gary: Ha minden kulcsot csinálsz, egyszerre csak egyet, hat hónapig, szabad leszel. Minden kulcs a többire épít, és lehetővé teszi, hogy te magad a tíz kulcsként élj. Egyszer majd elkezd működni az egész. Elkezd összeállni.

Vagy válaszd ki azt, aminek a leginkább ellenállsz, és csináld azt először.

Kérdés: *Úgy tűnik, hogy azok a nézőpontok, amik leginkább beragasztanak, azok, amiknek a létezéséről sem tudunk. Hogyan jutunk el azokhoz a nézőpontokhoz, amelyekről azt sem tudjuk, hogy léteznek? Érdekes nézőpont, van egy olyan nézőpontom, hogy nem tudok róla, hogy van egy ilyen nézőpontom?*

Gary: Nos, lehet, hogy így van.

Elmondom, mi nem az érdekes nézőpont: Ha ránézel valamire, mondjuk az autókra, és azt mondod: „Oh, a Fordokon gondolkodom. Érdekes nézőpont, hogy a Fordokon gondolkodom. Ez bizonyára azt jelenti, hogy szeretem a Fordokat. Szerintem nem baj, hogy van a Fordokról ez a nézőpontom." Ilyenkor nem érdekes nézőpontként létezel.

Rá kell nézni arra, hogy mi a nézőpontod, és azt mondani: „Tetszenek a BMW-k. Érdekes nézőpont, hogy tetszenek a BMW-k."

Azzal töltöm az életemet, hogy BMW-kre gondolok? Nem. Előfordul, hogy gondolok egy BMW-re? Általában nem, mert ha igen, azt mondom: „Érdekes nézőpont, van egy ilyen nézőpontom.", és rájövök, hogy annak a személynek a gondolatát veszem, aki vezet egy BMW-t, és marha boldog, hogy vezetheti az autóját, és azt mondja: „Imádom a BMW-met!" Én pedig, az univerzum pszichikus Spongya Bobjaként felszedem ezt.

Én minden egyes gondolattal, érzelemmel kapcsolatban használom az érdekes nézőpontot, akár az enyém, akár másé legyen is az.

Kérdés: *Amikor először elkezdted csinálni az érdekes nézőpontot, nem őrültél bele abba, hogy mindenre csináltad, ami csak feljött?*

Gary: Először az történt, hogy elkezdtem észrevenni, hogy egyetlen nézőpont sem az enyém volt.

Dain: Még a beleőrülés nézőpontja sem. Ez vicces, mert eszedbe jut, aztán azt mondod: „Érdekes nézőpont. Van egy ilyen nézőpontom, hogy bele fogok őrülni."

Gary: Érdekes nézőpont, van egy ilyen nézőpontom, hogy beleőrülök. Egy végtelen lény megőrülne? Nem. Meg tudna? Meg.

Milyen fantáziát és lénységet használsz, hogy eltipord és elnyomd a kvantum-összefonódásokat, amelyek lehetővé tennék, hogy érdekes nézőpont legyél? Mindent, ami ez, elpusztítod és nem teremtetté teszed Isten tudja hányszorosan? Helyes, helytelen, jó, rossz, POD, POC, mind a kilenc, rövidek, fiúk és túlontúl?

Dain: Beszéltünk a fantáziákról az első alkalommal. Mindenféle fantáziánk van arról, hogy hogy vannak a dolgok, és hogyan kellene, vagy kell, hogy legyenek. Vagy hogy nem kellene, hogy legyenek. Vannak olyan fantáziáink, hogy „Ez történik éppen.", vagy hogy „Egyáltalán nem ez történik."

Gary: Annak, amikor nem vagy érdekes nézőpontban, nagyszerű példája, amikor azt mondod, hogy: „Ez az, ami történik." Ez egy következtetés. Amikor következtetsz, ítélkezel, döntesz, vagy számítgatsz, nem láthatod, mi történik valójában.

Azt kellene inkább mondanod: „Nos, érdekes nézőpont, van egy ilyen nézőpontom. Mi van, ha valami más történik, mint amiről gondolom, hogy történik?" Amikor érdekes nézőpontból működsz, csakis akkor láthatod, hogy mi történik valójában. Miért? Mert nem erőlteted az elképzeléseidet, ítéleteidet, következtetéseidet, fantazmagóriáidat, vagy bármi mást arra, ami történik. Ekkor képes vagy látni azt, ami van, függetlenül bármilyen reakciódtól vagy elképzelésedtől a dologgal kapcsolatban.

Milyen fantáziát vagy lényéget használsz, hogy elnyomd és eltipord a kvantum-összefonódásokat, amik valósággá tennék számodra az érdekes nézőpontot? Mindent, ami ez, elpusztítod és nem teremtetté teszed? Helyes, helytelen, jó, rossz, POD, POC, mind a 9, rövidek, fiúk és túlontúl.

Gary: A lényég minden esetben egy nézőpont. Ez olyasvalami, amivel bizonyítod, hogy létezel. Próbálod bizonyítani, hogy vagy valami. Mondjuk eldöntötted, hogy rendkívül nőies vagy.

Mi van, ha nem kell bizonyítanod, hogy nőies vagy? Mi lenne, ha csak önmagad lennél – és ez volna a nőiesség tetőfoka? A legvonzóbb dolog az emberek számára benned az, hogy te te vagy.

Ahelyett, hogy azok lennénk, akik vagyunk, mindenféle imidzset veszünk magunkra, hogy bizonyítsuk, hogy azok vagyunk, akiknek szerintünk lennünk kellene. Próbáljuk bizonyítani, hogy vagyunk valami, ahelyett, hogy egyszerűen azok lennénk, akik vagyunk. Ez a lényég. Másfelől a lényég nem más, mint lényég. Addig, amíg nem létezel, nem tudsz érdekes nézőpont lenni.

Dain: Ez érdekes. Ha bármilyen mértékben fantáziáid vannak, nem vagy érdekes nézőpont.

Gary: Pontosan.

Dain: Ha bármilyen lényéget működtetsz, nem vagy érdekes nézőpont.

Gary: Aha.

Milyen fantáziát és lényéget használsz, hogy elnyomd és eltipord a kvantum-összefonódásokat, amelyek lehetővé tennék, hogy az érdekes nézőpont a valóságod legyen? Mindent, amit ez felhoz, elpusztítod és nem teremtetté teszed? Helyes, helytelen, jó, rossz, POD, POC, mind a 9, rövidek, fiúk és túlontúl.

Dain: A kvantum-összefonódások röviden azok, amikkel kapcsolódtok az univerzum kreatív, generatív elemeivel.

Gary: Ezek segítségével tudtok kommunikálni a többi emberrel. Ha nem lennének kvantum-összefonódások, nem lenne pszichikus éberségetek, intuíciótok sem, és nem lennétek képesek hallani más emberek gondolatait sem. A kvantum-összefonódások alapvetően az univerzum húrelméletét jelentik. Rajtuk keresztül kapcsolódik minden össze. Kérhetsz valamit az univerzumnak ezektől a tudatos elemeitől, és az a dolog megjelenik pusztán azáltal, hogy kéred. Sokkal nagyszerűbb képességeink vannak arra, hogy ezt megtegyük, amikor a tíz kulcsból működünk, különösen, ha az érdekes nézőpontból.

Dain: Eltiporjátok és elnyomjátok ezeket a kvantum-összefonódásokat a fantáziáitokkal és a lénységetekkel.

Milyen fantáziát és lénységet használsz, hogy eltipord és elnyomd a kvantum-összefonódásokat, amelyek lehetővé tennék, hogy érdekes nézőpont legyél? Mindent, ami ez, elpusztítod és nemteremtetté teszed? Helyes, helytelen, jó, rossz, POC, POD, mind a kilenc, rövidek, fiúk és túlontúl.

Gary: Valaki nemrég azt mondta: „Próbálom csinálni az érdekes nézőpontot, de csak azokkal a dolgokkal teszem, amikről már eleve eldöntöttem, hogy érdekes nézőpontok."

Azt válaszoltam neki: „Azokkal a dolgokkal kapcsolatban hajlandó vagy csinálni az érdekes nézőpontot, amikről eldöntötted, hogy nem tetszenek, de azokkal kapcsolatban nem, amikről azt döntötted el, hogy tetszenek. Ebből fakad, hogy soha nem éred el az érdekes nézőpontot."

Nem arról szól a dolog, hogy miről döntötted el, hogy érdekes nézőpontnak kellene lennie; hanem arról, hogy minden egyes gondolatod, érzésed és érzelmed csak egy érdekes nézőpont.

Minden nézőponttal ezt kell tenned – nem pedig megítélni, hogy melyik nézőpont helyes, melyik helytelen, melyik jó és melyik rossz, melyik tetszik és melyik nem.

Milyen fantáziát és lénységet használsz, hogy eltipord és elnyomd a kvantum-összefonódásokat, amelyek lehetővé tennék, hogy érdekes nézőpont legyél? Mindent, ami ez, elpusztítod és nemteremtetté teszed Isten tudja hányszorosan? Helyes, helytelen, jó, rossz, POC, POD, mind a kilenc, rövidek, fiúk és túlontúl.

Az emberek néha így beszélnek a nézőpontokról: „Nos, ha nekem van egy nézőpontom, POC-POD-olom." Nem arról szól a dolog, hogy pocpodoljuk a nézőpontot. Ahhoz, hogy pocpodolj egy nézőpontot, szilárddá és valóságossá kell tenned. Az érdekes nézőpont, van egy ilyen nézőpontom, valami más. Ez arról szól, hogy a te nézőpontodnak érdekes nézőpontnak kell lennie. Nem kell olyan szilárdnak lennie, hogy pocpodolni kelljen. Ha próbálod pocpodolni, akkor összehangolódsz vele annak érdekében, hogy megszabadulj tőle. Ez nem igazán működik.

Az elképzelés az, hogy tisztázzuk le, a nézőpont csak egy nézőpont. Nem helyes vagy helytelen, jó vagy rossz, igaz vagy valós, csak egy nézőpont.

Dain: „Ez nem helyes, helytelen, jó, rossz, valós, vagy igaz, csak egy nézőpont." Ezt elmondhatnátok egy nap 100-szor.

Milyen fantáziát és lénységet használsz, hogy eltipord és elnyomd a kvantum-összefonódásokat, amelyek lehetővé tennék, hogy érdekes nézőpont legyél? Mindent, ami ez, elpusztítod és nemteremtetté teszed Isten tudja hányszorosan? Helyes, helytelen, jó, rossz, POC, POD, mind a kilenc, rövidek, fiúk és túlontúl.

Kérdés: Tanácsadóként szerződésben állok egy céggel, aki tartozik nekem 9.000 dollárral. Most hallottam az ügyvédjüktől, hogy átszervezik a céget, és lehet, hogy nem fognak tudni fizetni nekem. Úgy áll a helyzet, hogy néhány hónapja szerződtem le velük, és azt várják tőlem, hogy továbbra is dolgozzak nekik, de lehet, hogy azért sem fizetnek majd.

Gary: Álljunk meg egy percre. Ebben a történetben hol van az érdekes nézőpont? Érdekes nézőpont, hogy irányíthatnak engem. Én azt mondanám nekik:„Ha nem tudtok fizetni, én nem tudok nektek dolgozni.", vagy „kevesebbet dolgozom, amíg meg nem fizetitek, amit eddig csináltam. Ti azt csináltok az átszervezéssel, amit csak akartok, de nekem élnem kell valamiből és el kell tartanom a családomat."

Érdekes nézőpontba kell menned. Csináld az érdekes nézőpontot, amikor ez történik, ne menj bele abba, hogy „ők irányítanak".

De aggaszt a dolog.

Gary: Nem, nem, nem. Az aggódás nem érdekes nézőpont. Bele kell menned, és csinálni az érdekes nézőpontot arra, hogy aggódom.

Dain: Állj neki, és csináld az érdekes nézőpontot! Állj neki, és csináld!

Gary: Amikor csinálod az érdekes nézőpontot minden érzelemre, gondolatra és más nézőpontra, ajtót nyitsz egy olyan térűrre, ami egy más lehetőséget mutat meg.

Addig, amíg azt mondod, hogy: „Ez van, ez van, vagy ez van.", addig következtetésekből működsz. Bármilyen mértékig összehangolódsz és egyetértesz azzal, hogy nem tudnak neked fizetni, az akadályoz abban, hogy megkapd a pénzed. Amikor érdekes nézőpontozol, és tényleg érdekes nézőponttá válsz, lehet, hogy találnak egy kis pénzt valahol, és tudják veled rendezni a dolgot.

Dain: Köszönöm, hogy feltesziték a kérdéseiteket. Sokszor könnyebb meglátni ezeket a dolgokat a mások életében, ezért a kérdéseitek mindenkinek megmutatják, hogy mi az érdekes nézőpont energiája, és mi nem az. A kérdéseitek rámutatnak arra, hogy hogyan hozunk létre olyan helyzeteket, amelyek nemkívánatosak az életünkben. Ha egyszer eljutsz az érdekes nézőponthoz, még ha 100-szor kell is megcsinálnod, a töltés, ami az őrületet hozza létre a helyzet körül, eltűnik. Egy másik helyzet lehetősége teremtődik meg, és békésebb lesz az életed. Ha nem az érdekes nézőpontból működsz, akkor lehetetlen békében élni az életet. Hogyan lehetne még ennél is jobb?

Milyen fantáziát és lénységet használsz, hogy eltipord és elnyomd a kvantum-összefonódásokat, amelyek lehetővé tennék, hogy érdekes nézőpont legyél? Mindent, ami ez, elpusztítod és nemteremtetté teszed Isten tudja hányszorosan? Helyes, helytelen, jó, rossz, POC, POD, mind a kilenc, rövidek, fiúk és túlontúl.

Kérdés: *Ha sok ember között vagyok, akiknek ugyanaz a nézőpontja valamiről, és én érdekes nézőpontozok, ez elég ahhoz, hogy mindenki más nézőpontja megváltozzon?*

Gary: Minél többet érdekes nézőpontozol, annál nehezebb lesz nekik ragaszkodni a nézőpontjukhoz. Ha egyetlen ember érdekes nézőpontozik, az 500 ember számára teszi egyre nehezebbé, hogy ragaszkodjon a nézőpontjához. És ha nem hangolódsz össze, és nem értesz egyet semmivel, amit mondanak, a helyzet abban a pillanatban könnyebbé válik számodra. Addig, amíg neked könnyebb, megjelenhet egy másik lehetőség.

Amikor azt gondoljuk, hogy egy nézőpont valós, megrekedünk. Egy nézőpont nem más, csak egy nézőpont. Ha veszel húsz embert, akik összehangolódnak és egyetértenek egy nézőponttal, akkor az az ő nézőpontjuk lesz. De attól még nem lesz valós. Nem kell összehangolódnod és egyetértened ezzel. De nem is kell ellenállnod, és reakcióba menned. Csak azt kell észrevenned, hogy „Ez csupán az ő nézőpontjuk." Az ő nézőpontjuk nem tesz semmit valóssá.

Kérdés: *Gary, néhány héttel ezelőtt láttam a tévében egy műsort, ahol a pénzről beszéltél. A két riporter nem értette egy szavadat sem. Átadtad nekik a „Hogy lehet még ettől is jobb?" eszközt, ami egyáltalán nem esett le nekik. Néztem, és azt gondoltam: „A mindenit, ezt meg hogy csinálja?" Folyamatosan arra gondoltam „Mit lát Gary, amit én nem?" Nekem totális időpazarlásnak tűnt az egész beszélgetés.*

Gary: Számomra semmi sem időpazarlás, mert az én nézőpontom szerint ez csak egy érdekes nézőpont. Mindenki azt választja, amit választ. Én ránézek valamire, és azt mondom: „Oké, mi egyéb lehetséges? Tudok neki mondani valamit, ami segíthet abban, hogy változzon valami számára?"

Ez után a műsor után többen is felhívtak azzal, hogy: „Nagyon köszönöm. Nagyszerű volt." Ezek nem Access Consciousness emberek voltak. Meglepődtek, hogy egy ennyire egyszerű eszközt használhatnak, és ez valóban tenni fog valamit értük.

Amikor az érdekes nézőpont az életeddé és valóságoddá válik, az emberek nem tudják fenntartani azoknak a fantáziáknak a szilárdságát, ami valós számukra. Ha érdekes nézőpontozol, senki nem tudja fenntartani a fix nézőpontjait.

Kérdés: *Hogyan működik az érdekes nézőpont azokkal a dolgainkkal, amik jól működnek, vagy amiket nagyon élvezünk?*

Gary: Ha élvezel valamit, és csinálod az érdekes nézőpontot, az általában még jobb lesz.

Mi van, ha az, amikor nem csinálod az érdekes nézőpontot, korlátozást teremt? Például, ha azt mondod: „Teljesen rendben vannak a pénzügyeim", ilyenkor érdekes nézőpont vagy?

Dain: Nem, ez egy következtetés.

Gary: Igen, és ha egyszer következtetésre jutsz, korlátozod azt, ami megjelenhet. Tényleg korlátozni akarod azt, hogy mennyi pénz vagy öröm jelenhet meg az életedben, vagy bármi mást, ami lehetséges? Az érdekes nézőpont arról szól, hogy mindent kiterjeszt az életedben, nem csak azokat a dolgokat, amiket meg akarsz változtatni.

Szóval, bármikor olyan következtetésre jutunk, hogy „Ez nagyszerű" vagy „Ez fantasztikus", vagy „ez szívás", az érdekes nézőpont fel tudja ezeket oldani?

Gary: Igen, és amikor kiold valamit, megnyílik egy ajtó egy másik lehetőségre.

Dain: Mondjuk, hogy van pénzed, és jön egy gazdasági válság. Te tudod, hogy fel vagy készülve; a pénz neked nem probléma. Csinálhatod azt: „Érdekes, hogy ez a sok ember azt gondolja, hogy ez egy probléma."

Vagy valaki beszél a fizikai problémájáról és azt gondolod: „Az én testem pont olyan, amilyennek szeretném." Lehetsz érdekes nézőpontban mindenki más testével kapcsolatban, és így könnyed lehetsz ezzel kapcsolatban. Az érdekes nézőponttal könnyedséget teremtesz.

Gary: De még ennél is fontosabb, hogy érdekes nézőpontban legyél azzal kapcsolatban, amiről azt gondolod, hogy a te nézőpontod. Amikor én elkezdtem használni az érdekes nézőpontot, olyanokat gondoltam, hogy „Hogy én mennyire utálom a burkákat. Annyira rondák, hogy nem igaz." Aztán azt mondtam: „Húha, ez érdekes nézőpont, mert soha életemben nem volt egy gondolatom sem a burkákról. Soha."

Észrevettem, hogy nagyon sok minden, ami akkor zajlott az univerzumomban, abból származott, amit felszedtem más emberek gondolataiból, érzéseiből és érzelmeiből. Kilencvenkilencezer százaléka az emberek gondolatainak, érzéseinek, érzelmeinek olyan nézőpontokból áll, amit felvettek, amiket osztanak, vagy amivel kapcsolatban következtetésre jutottak. Ettől azonban ezek a nézőpontok még nem valósak.

Egyszer azt találtam mondani: „Ezek a típusú virágok nem tetszenek nekem." aztán azt mondtam: „Nahát, ez érdekes nézőpont, hogy nem tetszenek az ilyen virágok." Miután ezt kimondtam háromszor, észrevettem, hogy igazából nincs is nézőpontom azokról a virágokról. Egyszerűen azt gondoltam, hogy kellene, hogy legyen. Miért? Mert másoknak van nézőpontja ezekről a virágokról.

Észrevehetitek, hogy a legtöbb nézőpontotokat azért hoztátok létre, mert azt gondoltátok, hogy ezt kell tennetek. Én sokszor beszélek olyanokkal, akik összevissza beszélnek mindenfélét más dolgokról vagy emberekről.

Az én kérdésem az: „Tényleg ez a nézőpontod? Tényleg van egy ilyen nézőpontod, vagy azt gondolod, hogy ezt kell gondolnod?"

Erre azt mondják? „Oh! Soha nem gondoltam ezt. Ez egy olyan nézőpont, amit várnak tőlem."

Pontosan! Egyszer elkezded az érdekes nézőpontot, és azt veszed észre: „Azért teremtettem majdnem az összes nézőpontomat, mert azt gondoltam, hogy ezeket kell gondolnom."

És ha felfogod az érdekes nézőpontot, választássá válik: „Tényleg ragaszkodni akarok ehhez a nézőponthoz? Hozzájárulás ez az életemhez? Vagy van valami, ami ennél is jobban fog működni?"

Dain: Az érdekes nézőpont terének megteremtéséről beszélünk most, és egy olyan könnyedségről, amely eddig nem létezett. Lehet, hogy nem vagytok ebben a pillanatban érdekes nézőpont, de azzal, ha választjátok, könnyedséget teremtetek. Azt a fajta könnyedséget, amit akkor érzel, ha valami rendben van, még akkor is, ha másoknak más erről a nézőpontja. Mi lenne, ha az életed minden területén a tied lehetne ez a könnyedség?

Amikor az emberek hallanak erről az eszközről, gyakran mondják: „Úgy tűnik, nekem nem megy ez az érdekes nézőpont."

Erre én azt mondom: „Mert sosem próbáltad. Ezért nem megy... még." Ez olyasvalami, amit soha nem tanítottak, és nem képvisel semmilyen értéket a világ többi része számára. Arról beszélünk, hogy teremtsünk egy másik térűrt, ahol bármi feljön – minden egyes nézőpont, ami megjelenik a fejedben – legyen az bármi, meg tud változni.

Minden érdekes nézőponttá válik. Gondolj egy rossz emlékre a múltadból. Vedd az összes érzésedet ezzel kapcsolatban, és mondd: „Érdekes nézőpont. Van egy ilyen nézőpontom erről az élményről." Aztán mondd újra...

Kérdés: *Azt mondod, hogy ha bármilyen területen azt érezzük, hogy nem vagyunk önmagunk, azonnal el kellene mondanunk háromszor, hogy érdekes nézőpont?*

Gary: Igen, ez az egyetlen módja annak, hogy szabad legyél, és meg tudj változtatni bármit. A tíz kulcs mindegyikét arra találták ki, hogy segítsen megváltoztatni az életednek azon területeit, amelyek megrekedtek és nem működnek. Alkalmazod ezeket az eszközöket ezen a területen, és megnyitod az ajtóit minden lehetőségnek, amiket eddig nem voltál képes látni, mert be voltál merevedve egy nézőpontba. Vagy mert nem tetted fel a kérdést, hogy „kihez tartozik?" Ez az összes kulcsra igaz. Minden kulcs lehetővé teszi, hogy egy más irányból nézz rá ezekre az élethelyzetekre, hogy ezáltal legyen egy másik választásod és más lehetőséged, hogy az univerzum olyan módokon lehessen hozzájárulás, amiket soha el sem tudtál képzelni.

Kérdés: Néha összekeveredik bennem az éberség és a nézőpont. Most szomorú vagyok éppen, mert valaki meghalt, és az a nézőpontom, hogy ez elég nehéz. Ez nézőpont vagy éberség?

Gary: Úgy tűnik, hogy az első egy nézőpont, a második pedig egy következtetés.

Néha ránézek az autómra, és látom, hogy koszos. Nem szeretem, hogy koszos. Szeretném, ha tiszta lenne. Ez nézőpont?

Dain: Az, hogy „Szeretném, ha tiszta lenne" egy preferencia. Az pedig, hogy „Nem szeretem, hogy koszos" egy nézőpont.

Gary: Én nem szeretem, ha koszos a házam, nem szeretem a rendetlenséget. Amikor a lányom áthívja a barátait, és rumlit hagynak a konyhában, azt sem szeretem. Ha ez történik, van választásom: ordibálhatok vele, és elmondhatom neki, hogy mennyire rossz lány, próbálhatom rávenni, hogy takarítson össze, vagy két és fél perc alatt összetakaríthatok én magam.

De épp most fogalmaztál úgy, hogy „nem szeretem". Ellentmondasz saját magadnak.

Gary: Nem szeretem. De amikor észreveszem, hogy nem tetszik, és az a nézőpontom, hogy „nem akarom, hogy ez így maradjon", akkor meg tudom változtatni.

Dain: Vegyétek észre, hogy abban, hogy nem szereti, nincs benne az ellenállás és reagálás a helyzet energiájára. Ez a lényeg. Garynek az a nézőpontja, hogy „nem szeretem ezt." Aztán felteszi a kérdést, hogy „Mit tehetek, hogy megváltoztassam?". Nincs ellenállás és reakció benne. Nem teszi magát kevesebbé, vagy rendez hisztit. Az ő részéről az egy éberség, amikor azt mondja, hogy „Nem akarom, hogy ez a dolog így maradjon. Mit tehetek, hogy megváltoztassam?"

Ez nem egy nézőpont?

Dain: Mi nem azt mondjuk, hogy ne legyen nézőpontod. Mi azt mondjuk, legyen érdekes nézőpontod. Lehet az a nézőpontod, hogy nem akarod, hogy koszos legyen a kocsid, de vedd észre, hogy ezt a nézőpontodat „érdekes nézőpontból" is felveheted. Amikor ezt teszed, csinálsz valamit, hogy megváltozzon – vagy nem.

Mondjuk, hogy nincs időd a következő három napban bármit tenni a kocsidért. Ha érdekes nézőpontban vagy, akkor ez nem fog megbotránkozást, ítélkezést, fájdalmat és szenvedést okozni a világodban. Az mondod, „Ok, majd sor kerül arra is, amikor sor kerül rá." Egyfajta könnyedség van a világodban, amikor érdekes nézőpont valami.

Gary: Igen, amikor ellenállsz és reagálsz valamire, vagy összehangolódsz és egyetértesz, meg kell próbálnod előidézni valamit. Általában arról szól a dolog, hogy próbálsz rávenni valakit arra, hogy változzon, ahelyett, hogy észrevennéd, hogy az egyetlen személy, akit meg tudsz változtatni, te vagy.

Elég keskeny mezsgyének tűnik ez nekem. Az autóm koszos volt, el kellett mennem egy hétre, és baromi ideges voltam emiatt.

Dain: Ez nem érdekes nézőpont.

Gary: A „baromi ideges voltam" nem érdekes nézőpont. Érdekes nézőpont az, amikor azt mondod: „Oké. Le kell mosatnom a kocsimat." Amikor érdekes nézőpontba megyek, új lehetőségek nyílnak meg.

Akkor nem teszed értékessé a preferenciáidat?

Gary: Egyáltalán nem teszed jelentőségtelivé. „Mi más lehetek, mi mást tehetek itt?"

Bocs, tudom, hogy szőrszálhasogató vagyok, csak...

Gary: Örülök, hogy szőrszálhasogató vagy, mert ez másoknak is sokat segít majd.

Nem világos nekem, hogy mi a különbség érték, preferencia és jelentőség között.

Gary: Mondjuk, hogy eldöntöd, hogy igazán értékes számodra a ház előtt lévő rózsabokor. Ez a legértékesebb dolog számodra. A kertész viszont nem tudja, hogy kell rózsát metszeni, ezért az évnek nem a megfelelő szakaszában metszi meg. Csutkára lenyirbálja.

Ha te azt mondod: „Nem tudom elhinni, hogy tönkretette a rózsabokromat!", mi fog történni? A kertész minden áldott évben tönkreteszi a rózsát, mert nem tud mást tenni.

De ha te azt mondod: „Nahát, érdekes nézőpont. Hogyan lehetne változtatni a végeredményen?", azt fogod látni, hogy tudsz vele beszélni, és el tudod mondani neki, hogy a rózsát másik évszakban kell megmetszeni. Megteszed, és ő is rendben lesz.

Ha nem vagy érdekes nézőpont, hanem ellenállásban és reagálásban vagy, a kertész is ellenállásban és reagálásban lesz. Mindenki próbálja úgy alakítani a dolgokat, ahogy ő szeretné, mert értékes számára a saját nézőpontja. Amikor azzal a nézőponttal végzed az érdekes nézőpontozást, amelyik igazán értékes számodra, ez elkezdi mindenki más lehetőségeit elmozdítani egy másik végeredmény megteremtésére.

Azt mondod: „Nagyon szeretem nézegetni a rózsabokrot. Bárcsak egész évben virágozna." Ezt még mindig nézőpont nélkül. Nem arról van szó, hogy rávedd a rózsát, hogy egész évben virágozzon, és arról sem, hogy feltételeznéd, hogy egy bizonyos módon kell annak a rózsának létezni. Egyszerűen az van, ami van.

Dain: És arról sincs szó, hogy kiakadj, vagy frusztrált legyél attól, ha nem virágzik egész évben.

Gary: Leveszed róla a csinált és kitalált értéket. A kitalált érték olyan érték, amit te találtál ki. Valójában nem igaz.

Milyen kitalált értéket használsz arra, hogy elpusztítsd az érdekes nézőpont választását? Mindent, ami ez, elpusztítod és nem teremtetté teszed Isten tudja hányszorosan? Helyes, helytelen, jó, rossz, POD, POC, mind a 9, rövidek és túlontúl.

Észrevettétek, hogy *választást* mondtam, nem pedig *kiválasztást?* Azért, mert a totális választást keresem, nem pedig egyetlen aprócska választást.

Ha ezt meg tudom változtatni, tudom, hogy az egész életem megváltozik. Fojtogatott a sírás egész idő alatt, amíg beszéltünk róla, egyértelműen változik a dolog.

Gary: Mennyire tetted értékessé a dolgokkal szembeni ellenállást? Amikor az ellenállást valamivel szemben értékessé teszed, állandóan ellenállásban kell lenned, hogy ez az érték meglegyen az életedben. Ha ezt teszed, blokkolod a képességeidet valami nagyszerűbb megjelenésére.

Milyen kitalált értéket használsz arra, hogy elpusztítsd az érdekes nézőpont választását? Mindent, ami ez, elpusztítod és nem teremtetté teszed Isten tudja hányszorosan? Helyes, helytelen, jó, rossz, POD, POC, mind a 9, rövidek és túlontúl.

Dainnel nem szeretjük a poros autókat. Gyakran két hétig is távol vagyunk otthonról, és amikor visszaérünk, poros az autó. Ezért aztán azt mondtuk a személyi asszisztensünknek: „Azt szeretnénk, hogy amikor hazajövünk, tiszta legyen a kocsi, hogy jól érezhessük magunkat. Az asszisztensünk pedig kitisztíttatja az autónkat – és úgy térünk haza, hogy teljesen tiszta a kocsi.

Érdekes nézőpont, hogy nem lehet tiszta kocsink, és az is érdekes nézőpont, hogy a kocsinknak tisztának kell lenni. Ugyanakkor hajlandóak vagyunk bármire, hogy meglegyen az, amit szeretnénk. Nem abból működünk, hogy frusztráltak lennénk amiatt, hogy nem tiszta az autó. Ha volna olyan körülmény, ami miatt a személyi titkár nem tudná ezt megtenni mondjuk mert esett az eső előző nap, akkor sem akadunk ki, és nem esünk neki, hogy: „Hogy lehet, hogy nincs lemosva a kocsi?". Azt mondjuk: „Hát jó, holnap majd megcsináltatjuk.".

Az ellenállás és reagálás bezár abba, hogy az esemény hatása alatt legyél. Valahányszor kiakadsz valamin, a hatása alatt vagy. Az érdekes nézőpont a választások széles skáláját biztosítja számodra, amiről eddig nem is vetted észre, hogy elérhetőek, mert volt egy olyan nézőpontod, ami nem engedte, hogy lásd.

Milyen kitalált értéket használsz arra, hogy elpusztítsd az érdekes nézőpont választását? Mindent, ami ez, elpusztítod és nem teremtetté teszed Isten tudja hányszorosan? Helyes, helytelen, jó, rossz, POD, POC, mind a 9, rövidek és túlontúl.

Gary: Minden nézőpont csak egy kitalálmány; nem valóság. Amikor érdekes nézőpontba mégy, letisztul, hogy az emberek kitalálnak dolgokat, amik fontosak számukra. Bizonyos dolgokat az emberek fontossá tettek. Értékessé tették őket. Totálisan kitalált nézőpontok ezek. Teljes kitalációk – azon alapulnak, hogy bizonyítani akarják egy korábbi választásuk értékét vagy helyességét – és ez egy olyan korlátozást teremt, amin nem tudnak felülkerekedni.

Milyen kitalált értéket használsz arra, hogy elpusztítsd az érdekes nézőpont választását? Mindent, ami ez, elpusztítod és nem teremtetté teszed Isten tudja hányszorosan? Helyes, helytelen, jó, rossz, POD, POC, mind a 9, rövidek és túlontúl.

Kérdés: A preferenciákról szeretnék még beszélni egy kicsit. Mintha azt mondtad volna, hogy a preferenciához nincs érték kapcsolva. Csak egy preferencia.

Gary: Aha, csak preferencia. Amikor bementem ma reggel a gardróbba, egyszerűen választottam egy inget az alapján, hogy melyiket preferálom, nem azért, mert az egyik ing értékesebb lenne, mint a másik.

Szóval akkor, ha valamit jól akarunk csinálni, akadályozzuk, hogy preferálni tudjunk valamit?

Gary: Ezen a ponton találjátok ki, hogy ez a dolog értékesebb annál, ami azt jelenti, hogy ítélkezned kell, ami azt jelenti, hogy valójában nem választasz. Jól kel csinálnod. A megfelelő dolgot kell tenned, és annak kell lennie – és annak kell lenni – és annak kell lenni – és annak kell lenni. Mikor valójában annyi, hogy:

„Érdekes nézőpont, hogy azt gondolom, hogy ennek kell lennie a nézőpontomnak."

Köszönöm.

Kérdés: *Érzelmek és harag esetében azt használod, hogy „Választaná-e egy végtelen lény a haragot?", vagy „Érdekes nézőpont, van egy ilyen nézőpontom, hogy haragszom."*

Gary: A harag egy zavaró implantátum. Úgyhogy nem érsz el vele semmit. Arra használod, hogy legyűrd, vagy felülírd valaki másnak a nézőpontját. Egy végtelen lény választaná a haragot? Nem.

Egyetlen esetben van helye a haragnak, ha valaki nem mond igazat. Amikor valaki hazudik neked, dühös leszel. Azt kell ilyenkor kérdezned, hogy: „Valaki hazudik itt most nekem? Van itt valamilyen hazugság?" Ha van valamilyen hazugság, dühös leszel. Ez rendben van.

Dain: Azért leszel dühös, hogy ki tudd szúrni a hazugságot, és ha kiszúrtad a hazugságot, a harag is elmúlik, mert megvan az információ és az éberség, amit kerestél.

Gary: És ez is érdekes nézőponttá válik.

Kipróbálhatod ezt: „Van ez az érzelmem. Mi az, ami ezt érdekes nézőponttá tenné? Van ez a gondolatom. Mi tenné ezt érdekes nézőponttá? Van ez az érzelmem. Mi tenné ezt érdekes nézőponttá? Van ez a szex és no szex. Mi tenné ezt érdekes nézőponttá?

Elkezded majd észrevenni, hogy a gondolataid, érzéseid, érzelmeid, a szex és no szex érdekes nézőpontok, amiből teremtesz. Ezek olyan dolgok, amiket kitaláltál, és amikből próbáltál teremteni. Semmi közük a valódi választáshoz.

Milyen kitalált értéket használsz arra, hogy elpusztítsd az érdekes nézőpont választását? Mindent, ami ez, elpusztítod és nem teremtetté teszed Isten tudja hányszorosan? Helyes, helytelen, jó, rossz, POD, POC, mind a 9, rövidek és túlontúl.

Kérdés: *Néha, amikor érdekes nézőpontban vagyok, és nem tudok felvenni egy nézőpontot, az emberek idegesek lesznek.*

Gary: Nagyon sokan lesznek idegesek, amikor érdekes nézőpontban vagy. Azt akarják, hogy legyen nézőpontod, hogy aztán ellenkezhessenek vele, vagy összehangolódjanak és egyetértsenek vele, vagy belekényszerítsenek téged valamibe, amit helyénvalónak gondolnak.

Mit csinálsz ilyenkor?

Gary: Azt mondom: „Tudom, hogy rohadt irritáló vagyok".

Mostanában nem volt nézőpontom arról, hogy hova menjek enni, és amikor az emberek azt kérdezték: „Hova menjünk?", nem érdekelt. Ma már más a nézőpontom. Mostanra egy másik nézőpontot alakítottam ki.

Dain: Mi az?

Gary: Bárhova elmegyek, ahol tartanak Don Julio Reposado margarita Grand Marnier-t.

Kérdés: Az érdekes nézőpont hogyan vonatkozik gyász vagy veszteség esetére? Amikor valaki például meghal, és az adott személy nem tud ezen túljutni.

Gary: Érdekes, hogy ezt említed, mert épp a hívás előtt kaptam ezt az emailt.

Dain (olvassa): Sziasztok Gary és Dain, ez nem egy kérdés. Csak szeretném kifejezni elismerésemet és köszönetemet. Az elmúlt hetet egy kedves barátom, Tina ágya mellett töltöttem, megtestesítve az Access Consciousness eszközeit, támogatva őt, megengedésben azzal, hogy eltávozzon. Vasárnap este halt meg, amikor mindannyian az ágya mellett voltunk. Ahogy sétáltam vissza az autómhoz, láttam, hogy milyen gyönyörű ez az élet, és igen, igen, igen, ezekben a nagyszerű időkben. Köszönet és hála azért, hogy itt vagytok és folyamatosan segítségünkre vagytok a választásainkkal kapcsolatban.

Gary: Szóval, mi lenne, ha a halál egy választás lenne, amit meghoznak az emberek?

Nekem ezzel nincs problémám. Gyakran segítek az embereknek túllépni a gyászukon, a kérdésem arra vonatkozik, ahogyan érzékelik mások a halált, és hogy hogy lehet segíteni nekik abban, hogy ezt egy következő lépésként lássák, ne pedig veszteségként. Úgy tűnik, hogy egy csomó másik ember energiáját cipelik azzal kapcsolatban, hogy ennek hogyan kell kinézni.

Gary: Az alapvető nézőpont, amivel mindenki összehangolódik és egyetért, hogy ha valaki meghal a családodban, akkor borzasztóan gyászolnod kell. Hiányoznia kell ennek az embernek. Körülbelül egy évig megállás nélkül erről kell beszélned. Ezek után aztán lassan majd elkezd múlni a gyász. 5000 éve ez a „civilizált világ" nézőpontja.

Régebben, ha elvesztettél valakit, egy évig feketében kellett járnod. De a ruhásboltok nagyon kiakadtak ezen, úgyhogy lecsökkentették 6 hónapra. Aztán az 1920-as években három hónapra csökkentették, aztán az ötvenes években három napra. Ma már csak a temetésen viselünk feketét. A temetés után már nem kell.

Volt idő, amikor le kellett takarni a tükröt, hogy nehogy arra hívd a kedves elhunyt lelkét, hogy valami másik valóságba menjen el. Ezek erőteljes nézőpontok, amelyekbe beleragadtak az emberek. Nem tartják érdekes nézőpontnak, de te megteheted. Hajlandónak kell lenned látni, hogy mi az ő nézőpontjuk.

Ennek az érdekes nézőpontnak ahhoz van köze, hogy dolgoztam valakivel, akinek volt kapcsolata olyan emberekkel, akik gyászolókat foglalkoztattak. A siratóasszonyok régen mások számára gyászoltak. Ez egy szolgáltatás volt. A kliensemnek nyilvánvalóan volt valami kapcsolata velük a múltban – és folyamatosan csak gyászolt és gyászolt. Én úgy voltam vele, hogy „Oké, befejezted?" Nem akartam rögtön előállni azzal, hogy „Na, elég volt már ebből a nézőpontból?" Ez elég ridegül hangzana az ő helyzetében. Van-e valami gyengédebb módja annak, hogy az érdekes nézőpontot bevezessem neki, és ne érezze azt, hogy arcul csaptam?

Gary: Hát, lehet, hogy felismerhetnéd, hogy vannak olyanok, akik soha nem hallják meg, amit tudnál nekik mondani, felesleges bármit mondani. Én ilyenkor nem mondok semmit.

Dain: Felismered, hogy „nahát, ez az ember valójában semmit nem akar megváltoztatni". Ez egy érdekes nézőpont. Ez van az ő univerzumában, és valamiért ez igazolja a nem érdekes nézőpontot, amit választott.

Gary: Ezért tartja meg.

Dain: Ha eljutsz arra a pontra, ahol csak egy érdekes nézőpont vagy, és azt tudod mondani: „Na jó, ez az ember valójában nem akarja elengedni ezt a dolgot", a te világod sokkal könnyebbé válik. És lehet, hogy az, hogy csinálod az érdekes nézőpontot, az egyetlen dolog, ami megteremti azt az energiát, ami lehetővé teszi számára, hogy elengedje. El tudja engedni, mert megengedésben vagy az ő nézőpontjával is.

Gary: Az érdekes nézőpont nem arról szól, hogy mondogatod, inkább arról, hogy az legyél, vagy azzá válj. Amikor érdekes nézőpont vagy, azzá az energiává válsz, ami nem követeli meg tőled, hogy összehangolódj vagy egyetérts egy nézőponttal, és azt sem, hogy ellenállj, vagy reagálj rá. Többet tudsz látni abból, ami van, és választhatsz. Az érdekes nézőpont lényege, hogy van választásod.

Dain: Arra kérünk, hogy mondd: „Érdekes nézőpont", és nézd meg, mi mozdul el az energiában, hogy egy olyan helyre juss, ahol elkezded nagyobb könnyedséggel megélni az érdekes nézőpontot. Ahogy Gary is mondta, nem mindig a kimondásról szól a dolog; hanem arról, hogy ez legyél. Ezen a ponton az, hogy kimondod, segít meglátni, hogy milyen lenne az energia, ha helyet adnál az érdekes nézőpont lehetőségének. Ahogy kimondod, elkezdesz azzá válni.

Kérdés: Néha, amikor használom az Access Consciousness eszközeit a fejemben, különösen, amikor az érdekes nézőpontot, hallok, vagy inkább van egy olyan energiám, ami érvénytelenít engem. Olyan, mintha nem hinnék saját magamnak. Olyan, mintha valami azt mondaná, „Nem hiszek neked." Ez is egy újabb érdekes nézőpont? Vagy egy entitás, vagy valami lényég?

Gary: Felteszed a kérdést: „Ez az enyém, vagy valaki másé?"
Ah, oké!

Gary: Addig, amíg észre nem veszed, hogy felszeded a mások gondolatait, érzéseit és érzelmeit, azt fogod hinni, hogy a tieid. Az emberek többsége hajlandó egy szempillantás alatt széthullani. Hajlandóak ítélkezni maguk felett. Azt feltételezed, hogy az ítélet a tiéd. Ki kell jönnöd ebből, és azt mondani: „Oké, érdekes nézőpont, hogy van ez az ítéletem." Az esetek 99 százalékában az ítélet még csak nem is a tiéd.

Ez jó hír. Köszönöm.

Gary: Remélem, hogy most már van némi éberségetek arról, hogy mi is az érdekes nézőpont.

Kérdés: *Négy Bars kezelést adtam körülbelül 6 hét alatt egy kliensnek. Két héttel ezelőtt odaadtam neki az érdekes nézőpont eszközt, mert nem bírt egy asztalnál ülni a 80 éves anyósával, amikor az anyós megállás nélkül a barátairól beszélt. A kliensem elutazott a hegyekbe Észak-Karolinába a férjével, az anyósával és egyéb családtagokkal. Két napja találkoztunk, és egyetlenegyszer sem említette a helyzetet az anyósával. Csak a hegyekről beszélt, meg a madarakról, a szélről, és a folyóról, és csak olyan dolgokra lett figyelmes, amit eddig sosem látott meg, mert nem volt végre mindenki más dolgaiba belecsavarodva. Nagyon érdekes volt.*

Dain: Köszönjük, hogy elmondtad. Nagyon fontos dolgot említettél. Amikor érdekes nézőpont vagy, elkezdesz érzékelni dolgokat magad körül, amiknek a létezéséről eddig nem is tudtál.

Gary: És amihez nem volt könnyű eddig hozzáférned. Ezért hívjuk hozzáférésnek (Access)!

Dain: Ez az apró kifejezés, érdekes nézőpont, az egyik legnagyobb kulcsa a királyságnak.

Gary régóta mondja, hogy ha hajlandó vagy csinálni azt, hogy „Érdekes nézőpont. Van egy ilyen nézőpontom." egy éven át, soha nem lesz semmi nehézség az életedben. Abban a térben lennél, ami lehetővé tenné a teljes könnyedséget.

Hajlandó lennél alkalmazni ezt az életedben a következő héten? Minden nézőpontra, ami feljön, mindenre, amit gondolsz, mondd azt: „Érdekes nézőpont. Van egy ilyen nézőpontom."

Gary: Oké, srácok, most befejezzük a beszélgetést. Mindannyiótokat imádunk. Hamarosan újra beszélünk.

A harmadik kulcs a teljes szabadsághoz

ÉLJ TÍZ MÁSODPERCES SZAKASZOKBAN

Gary: A harmadik kulcs az, hogy élj tíz másodperces szakaszokban, ami arról szól, hogy végtelen számú választási lehetőséged van. Amikor 10 másodperces szakaszokban élsz, nincs olyan választás, amit helyessé vagy helytelenné tennél, nincs jó választás vagy rossz választás. A választás csak egy választás, és minden tíz másodpercben hozhatsz egy újat.

Egyszer ismertem egy embert, aki azt mondta: „a választás éberséget teremt, az éberség nem hoz létre választást." Azt hiszem, Dr. Dain Heer volt az, de nem vagyok biztos benne, mert az első adandó alkalommal elloptam a mondást.

Dain: Volt valaki, aki ezt mondta, arra emlékszem.

Hallasz az Access Consciusnessben a végtelen lehetőségekről, de kicsit kételkedsz benne. Aztán éled az életed, és kételkedsz benne. Aztán látod, hogy más emberek mit választanak, és már tényleg kételkedsz. Mindannyiunknak az az elképzelése, hogy a végtelen választás igazából nem létezhet. Még a totális éberség és tudatosság fényében is hisztek abban a fantázia, lénység és titkos szándék nézőpontban, hogy a végtelen lehetőség valójában nem létezhet.

Gary: Most, amikor beszélgetünk, épp Texasban vagyok, Dain pedig Kaliforniában. Ez nem egy olyan választás, amit általában szeretni szoktam. De most mégis itt vagyok, a lovaimmal foglalkozom. Következtetésben vagyok ezzel kapcsolatban? Nem, minden tíz másodpercben választok, hogy mit tegyek a lovakkal, milyen dolgokra nézzek rá a lovakkal kapcsolatban, és hogy mi egyéb lehetséges a lovakkal. Minden alkalommal, amikor hozok egy választást, megnyitom a lehetőségeket az éberség választásának egy másik szintje felé. A tíz másodperces választás arról szól, hogy ha választasz valamit, az megnyitja az ajtót a végtelen választásokra – nem pedig még több korlátozott számú választásra.

Folyamatosan következtetésre akarunk jutni a helyes vagy a helytelen választással kapcsolatban. Nem akarunk úgynevezett hibás választásokat hozni. Azt hisszük, hogy ha kiküszöböljük a „hibákat" a választásainkból, akkor több választásunk lesz. Ez nem így működik. A tíz másodperces választás végtelen választási lehetőséget ad a végtelen lehetőségekre, amelyek valami nagyszerűbbet hozhatnak létre az életedben, mint eddig valaha.

Dain: Gary azt mondja, hogy a választás mindig még több választáshoz vezet. Félreazonosítjuk azt a hazugságot, hogy ha egyszer választunk valamit, akkor nekünk annyi, mert soha nem választhatunk semmi mást. Valójában ennek pont az ellenkezője igaz. Választanod kell ahhoz, hogy még több választás váljon elérhetővé. Amikor nem választasz, elkerülöd a számodra elérhető választási lehetőségeket.

Gary: Ahhoz, hogy a „helyes", vagy a „helytelen" dolgot tudd választani, ítélkezned kell. Amikor ítélkezel, automatikuson eltörlöd a választást. Eltörlöd a lehetőségeket. Az ítélkezés minden lehetőséget elpusztít.

Ahhoz, hogy a végtelen választás soha ne legyen a valóságod, milyen fantáziát, lénységet és titkos tervet tettél annyira valóságossá, hogy még a totális éberség fényében sem változtatod meg, választod vagy módosítod? Mindent, ami ez, elpusztítod és nem teremtetté teszed? Helyes, helytelen, jó, rossz, POC, POD, mind a kilenc, rövidek, fiúk és túlontúl.

Kérdés: Tisztán emlékszem egy pillanatra gyerekkoromból, amikor anyukám azt mondta: „Ha hozzáérsz egy ételhez a boltban, meg kell *tartanod. És ennyi. Ez minden, amit egy boltból megtarthatsz. És ez minden, amit a vacsoraasztalnál megtarthatsz. Tudnánk erre tisztítani egy kicsit?*

Gary: Ez a processz erre jó lesz.

Rendben.

Dain: Valahányszor beveszünk valamit, amit mondtak nekünk, az, amit bevettünk, kitörli a lehetőségeket az életünkből. Abban a példában, amit most mondtál, azt mondták neked, hogy ha valamihez hozzáértél, akkor ennyi – ezt választottad – és ez minden, ami a tied lehet.

Ennek az elképzelésnek a másik oldala az, hogy ha nem tudsz megérinteni valamit, akkor soha nem lehet a tied. Ez az elképzelés kitörli a lehetőségét mindannak, ami nem létezik eleve ebben a fizikai valóságban. Azt mondja, hogy ha valami nincs a szemed előtt, (ami azt jelenti, hogy nem érhetsz hozzá), akkor soha nem lehet a valóságod része. Ez az elképzelés vezet oda, hogy elhidd, hogy nem választhatsz semmit, amit nem látsz – vagy nem tudsz megérinteni.

Gary: Ha ennek csak olyasvalaminek kellene lenni, ami látható, vagy amit meg tudsz érinteni, akkor el kellene vágnod magad a végtelen lehetőségektől és végtelen választástól, ami azt jelenti, hogy nem lennél képes birtokolni azt a generatív energiát, amivel azt az életet tudnád teremteni, amit valójában élni akarsz. Soha nem választhatnád mindazt a generatív energiát és lehetőséget, ami elérhető számodra. Arra lennél korlátozva, hogy ennek a valóságnak a véges lehetőségeiből válassz.

Ahhoz, hogy a végtelen választás soha ne legyen a valóságod, milyen fantáziát, lénységet és titkos tervet tettél annyira valóságossá, hogy még a totális éberség fényében sem változtatod meg, választod vagy módosítod? Mindent, ami ez, elpusztítod és nem teremtetté teszed? Helyes, helytelen, jó, rossz, POC, POD, mind a kilenc, rövidek, fiúk és túlontúl.

Szerintem ez még azzal a ténnyel is keveredik, hogy nagyon sokrétűek vagyunk, akik mindent akarnak, és belemegyünk abba, hogy ellenállunk annak, ami nem lehet a miénk, amikor az, amit akarunk, valójában több.

Gary: Pont ez az elképzelés áll a 10 másodperces választások hátterében. Mindannyian végtelen lények vagyunk, akik többet akarnak. Kinézel a világba, és azt mondod: „Ez a hely nem lehet elég. Ha ez minden, Istenem, kérlek, engedj ki innen!"

Amíg nem kezdesz tíz másodperces szakaszokban választani, nem tudod megnyitni az ajtót a végtelen választásokra. És amíg nincs totálisan végtelen választásod és totálisan végtelen lényed, nem lehet a tied az érdekes nézőpont és nem lehet valóságod. Hoppá! Úgy érted, ezek a dolgok egymásra épülnek? Igen. A tíz kulcs olyan, mint a tudatosság piramisai.

Dain: Nagyon tetszik, amit mondtál. Ezek a dolgok kapcsolódnak, összeköttetésben állnak egymással.

Kérdés: *Az első két kulcsról szóló hívást egy csomószor meghallgattam, de olyan, mintha az érdekes nézőponthoz nem kerülnék közelebb. Egyre jobban összezavarodok ahelyett, hogy egyre okosabb lennék. Például, ha a türelmetlenségemen akarok dolgozni, nem tudom, melyiket használjam: Egy végtelen lény választaná azt, hogy türelmetlen? vagy Kihez tartozik? vagy Érdekes nézőpont, van egy ilyen nézőpontom. Lehet, hogy ez már túlságosan haladó szint nekem.*

Dain: Ez nem ennyire bonyolult. Ezek alapvető dolgok, de ahogy mondtuk, minden összefügg egymással. Ezek a kulcsai a királyságnak. Mi történik, amikor odamégy a bezárt ajtóhoz, és van egy kulcscsomód? Amikor kipróbálsz egy kulcsot, és nem jó, eldöntöd, hogy nem mégy be az ajtón? Vagy minden áldott kulcsot kipróbálsz egészen addig, amíg az a rohadt ajtó ki nem nyílik? Minden kulcsot belepróbálsz, amíg ki nem nyílik.

Ezek itt a kulcsok azokhoz az ajtókhoz, amik egész életedben zárva voltak. Mindig is ki akartad nyitni ezeket az ajtókat. Csak addig próbáld a másik kulcsot, meg a másikat, meg a másikat, amíg valami könnyedség teremtődik. Amint megvan a megfelelő kulcs, könnyebbséget fogsz érezni. Ami neked igaz, az mindig könnyebb érzés.

Sok ember nem fogta még fel, hogy ez hogy működik. Az Access Consciousness csapatának néhány tagjával futtattam ezt – azokkal az emberekkel, akikkel dolgozunk látástól vakulásig – és mind azt mondta: „Tudod milyen az, amikor azt érzed, lenni kell még valami másnak is, mert nem értünk el arra a pontra, ahol könnyebbé vált volna a dolog? Tudom, hogy nem vagyunk azon a ponton, ami megrekeszt, vagy ami a problémát jelenti számomra. Tudom, hogy amivel most dolgozunk, az valamilyen szinten része a hazugságnak – de azt is tudom, hogy van egy hely, ahová el kell még jutnunk."

Ezekkel az eszközökkel is ugyanez van. Amikor használod a kulcsokat, az, amelyiktől könnyebbnek érzed magad – vagy a legkönnyebbnek – az lesz az, ami megváltoztatja a helyzetet, vagy azt a dolgot, ami összegabalyodott. Amikor használod, kibogozódik.

Ahhoz, hogy a végtelen választás soha ne legyen a valóságod, milyen fantáziát, lénységet és titkos tervet tettél annyira valóságossá, hogy még a totális éberség fényében sem változtatod meg, választod vagy módosítod? Mindent, ami ez, elpusztítod és nem teremtetté teszed? Helyes, helytelen, jó, rossz, POC, POD, mind a kilenc, rövidek, fiúk és túlontúl.

Kérdés: Ellenállást váltott ki belőlem ez a tíz másodperces szakaszokban élés, mert egész életemben azt hallottam, hogy úgy váltogatom a véleményemet, mint más a fehérneműt. Olvasok az energiában, és állandóan meggondolom magam. Próbálom eldönteni, hogy Access Consciousness facilitátor legyek-e, és menjek-e Costa Ricára. Egyik nap könnyű, másnap nehéz. Szeretnék ebben egy kis segítséget.

Gary: Mi a baj azzal, ha meggondolod magad?

Ha folyton meggondolod magad, akkor mégis hogyan választasz?

Gary: Az alapján próbálsz választani, hogy „Igen, akarok menni" vagy „Nem, nem akarok menni." Nem abból a kérdésből választasz, hogy: „Mit teremt ez a választás?" Azt a kérdést kell feltenned, hogy

„Ha ezt választom, az kiterjeszti a valóságomat, és minden jobb lesz számomra?"

Értem. Nem a megfelelő kérdést teszem fel.

Gary: Igen. Nem léptél tovább, nem tetted fel azt a kérdést, hogy „Mit fog ez a választás létrehozni?" A tíz másodperces szakaszok mögötti elképzelés az, hogy vedd észre, hogy minden választásod teremt valamit.

Azt kell kérdezned: „Mit teremt ez a választás? Többet, vagy kevesebbet teremt az életemben?" Ha többet teremt, akkor megvan a döntés. De nem is igazán döntés; hanem egyfajta szintje az éberségnek.

Erről jut eszembe, az, hogy folyton meggondolod magad, jó dolog, nem rossz. Csak eddig hiányzott a kirakósból egy darab, méghozzá ez a *Kérdés:* „Mit teremt az életemben ez a választás?"

Igen, ez igaz. Soha nem éreztem, hogy én lennék az első helyen, és választhatnék a magam számára. Mindig másoknak választottam.

Gary: Ez az egyik része annak a problémának, hogy humanoid vagy. Mindig éber vagy mindenki más szükségleteire, akaratára, igényeire és vágyaira, és fogalmad sincs, hogy mik a te saját igényeid, akaratod, vágyaid, mert azt mondod: „Én bármit választhatnék!"

Igaz, hogy bármit választhatnál; azért, mert hajlandó vagy többet birtokolni, mint más emberek. A legtöbben azzal töltik az életüket, hogy próbálják elkerülni a választást, hogy csak véges kínálatból választhassanak. Csak a McDonald's-ba hajlandóak menni, mert ott ismerik a kínálatot. Nem mennek máshová, és nem próbálnak ki új dolgokat.

Dain: A legtöbben ezen a bolygón nem tudják, hogy a működésnek ez a módja lehetséges. Úgyhogy, amikor hallasz valamit, és könnyebbnek érzed magad tőle, tudhatod: „Szuper, lehet, hogy ez egy másik lehetőség, amit integrálhatok az életembe, és megnézem, hogy ez hogy működik nekem."

A végtelen választást fantáziává tesszük. Lénységgé tesszük. Titkos tervvé tesszük, amit soha nem fejtünk meg. Ez egy ilyen dolog.

Ahhoz, hogy a végtelen választás soha ne legyen a valóságod, milyen fantáziát, lénységet és titkos tervet tettél annyira valóságossá, hogy még a totális éberség fényében sem változtatod meg, választod vagy módosítod? Mindent, ami ez, elpusztítod és nem teremtetté teszed? Helyes, helytelen, jó, rossz, POC, POD, mind a kilenc, rövidek, fiúk és túlontúl.

Gary: Nem hozod meg a választást, hacsak nem tudod, hogy mi lesz a végkimenetele, vagy hogy milyen hatással lesz valaki másra. Nem teszed fel a kérdést: „Mit fog ez teremteni az én életemben?" A választás a teremtés forrása – de ahelyett, hogy választanánk, megpróbálunk kitörölni dolgokat az életünkből, hogy ne legyen „rossz" végük.

Dain: Kiiktatunk rengeteg valójában lehetséges választást, így végül egy csöppnyi univerzumban találjuk magunkat, ahol alig történik valami. Lekorlátozzuk magunkat, hogy csak olyan kicsi befolyásunk lehessen a dolgokra, amit még képesek vagyunk kontrollálni, ahelyett, hogy megengednénk magunknak a végtelen választásokat, amik lehetségesek.

Gary: Például azt szokták mondani, hogy a technológia forradalmát éljük. Ha nem értesz a jelenkori technológiához, akkor nem tudod megközelíteni a választható dolgokat.

Nem tudsz olyan dolgokat választani, amik nem olyan technológiai szinten vannak, mint amihez értesz, és téged is kevesebben választhatnak. A technikai kapacitásaid hiányával lekorlátoztad a választásaidat.

Mindig a hiány korlátoz, soha nem a lehetőség. Egy lehetőség nem korlátoz soha.

Kérdés: *Fiatalabb koromban lenéztek engem, vagy hibáztattak, úgyhogy össze kellett zsugorítanom magam, hogy kitaláljam, miért* *vagyok hibás, vagy hogy ez a dolog miért nem volt jó a családom többi tagjának.*

Gary: Aha, ezt tanuljuk itt meg. A rosszallás az elsőszámú forrása a választás teremtésének ebben a valóságban.

A tíz másodperces szakaszok mögött az az elképzelés, hogy kinyissa az ajtót egy másik lehetőségre. Be is veheted, hogy a családodnak igaza van, vagy választhatsz a magad számára.

Dain: Nahát, ez micsoda ötlet! Jobb lesz az élet, ha elkezdesz magadnak választani.

Gary: Igen, tudom.

Ahhoz, hogy a végtelen választás soha ne legyen a valóságod, milyen fantáziát, lénységet és titkos tervet tettél annyira valóságossá, hogy még a totális éberség fényében sem változtatod meg, választod vagy módosítod? Mindent, ami ez, elpusztítod és nem teremtetté teszed? Helyes, helytelen, jó, rossz, POC, POD, mind a kilenc, rövidek, fiúk és túlontúl.

Gary: Dain, honnan vetted azt, hogy a boldogság is a választható dolgok között van?

Dain: Na, pont erről van szó! Ahogy futtattuk ezt a processzt, észrevettem, hogy a boldogság nincs a választási lehetőségek között. Ha nem fogod fel, hogy van választásod, nem lehetsz boldog.

Gary: Így van.

Dain: És ha nem választunk 10 másodpercenként, nem juthatunk el arra a helyre, ahol a boldogság választható számunkra. Bele vagyunk ragadva mindennek a boldogtalanságába, amit magunk körül látunk a többiek világában. Úgy teszünk, mintha valóságos és igaz lenne, és be kellene vennünk, vagy e szerint kellene élnünk.

Gary: Tudom. Lenyűgöző, nem igaz?

Mindent, ami ez, elpusztítod és nem teremtetté teszed? Helyes, helytelen, jó, rossz, POD, POC, mind a 9, rövidek, fiúk és túlontúl.

Ahhoz, hogy a végtelen választás soha ne legyen a valóságod, milyen fantáziát, lénységet és titkos tervet tettél annyira valóságossá, hogy még a totális éberség fényében sem változtatod meg, választod vagy módosítod? Mindent, ami ez, elpusztítod és nem teremtetté teszed? Helyes, helytelen, jó, rossz, POC, POD, mind a kilenc, rövidek, fiúk és túlontúl.

Kérdés: *A lényég szó ebben a tisztításban való használatáról beszélnél egy kicsit bővebben?*

Gary: A létezés az, amikor valóban jelen vagy. A lényég pedig az, amikor azért teszel valamit, hogy bizonyíts. Például: „Nézd, ezt csinálom, ezért tehát ez a dolog vagyok."

Hányszor takarítottál már? Amikor takarítasz, akkor a cseléd lényégébe lépsz be? Egy takarító lényégébe? A „de utálom ezt" lényégébe? A tökéletes házvezetőnő lényégébe? Vagy egyszerűen kitakarítasz? Jelen vagy és gyorsan túlleszel rajta?

Köszönöm! Ez fantasztikus.

Dain: Ahhoz, hogy a végtelen választás soha ne legyen a valóságod, milyen fantáziát, lényéget és titkos tervet tettél annyira valóságossá, hogy még a totális éberség fényében sem változtatod meg, választod vagy módosítod? Mindent, ami ez, elpusztítod és nem teremtetté teszed? Helyes, helytelen, jó, rossz, POC, POD, mind a kilenc, rövidek, fiúk és túlontúl.

Gary: Köszi a kérdést. Mélyebbre tudott menni a tisztítás ezzel.

Dain: Ahhoz, hogy a végtelen választás soha ne legyen a valóságod, milyen fantáziát, lényéget és titkos tervet tettél annyira valóságossá, hogy még a totális éberség fényében sem változtatod meg, választod vagy módosítod? Mindent, ami ez, elpusztítod és nem teremtetté teszed? Helyes, helytelen, jó, rossz, POC, POD, mind a kilenc, rövidek, fiúk és túlontúl.

Kérdés: *Amikor én takarítok valamit, én automatikusan azt szeretném, hogy legyen tiszta, vagy azt gondolom, hogy jó ember vagyok, amiért szépen megcsinálom. Ez szinte automatikus. Ez a példa nagyon* *világos volt, és sokat segített. Arra kérnélek, hogy mondj még valamit erről, hogy még jobban meg tudjam érteni.*

Gary: A lényég az, amivel bizonyítod, hogy valamiként létezel. Amikor létezel valamiként, arról nem gondolkodsz. Egyszerűen az vagy. Nincs róla nézőpontod. Azt adod, ami szükséges.

Ha meghallgatod még néhányszor ezt a hívást, miután futtatunk még néhány processzt, kitisztul majd neked is. Egy egész más szinten fogod érteni. Ez a processz kikulcsol abból, hogy „ezzel kell bizonyítani, hogy jó kislány vagyok", vagy hogy „bizonyítanom kell, hogy törődök a dolgokkal", vagy éppen „bizonyítanom kell bármit". A lényég mindig arról szól, hogy próbálod bizonyítani, hogy vagy valami; sosem arról, hogy azért teszel valamit, mert szereted csinálni.

Mielőtt megismertem volna a 10 másodperces választásokat, mindig úgy éreztem, hogy be kell néznem mindenki más negatív világába, hogy eldöntsem, mit kell tennem, vagy minek kell lennem, hogy ne kelljen ezekkel a negatív dolgokkal bajlódniuk. Azt gondoltam, hogy ha valahogy ki tudnám venni a negatív dolgokat a világukból, akkor nem kellene negatívnak lennem, és nekik sem.

Dain: Ebben a nézőpontban semmi könnyedség sincs; állandó ítélkezés van benne.

Gary: Igen, és folyamatosan más emberek szükségletei, akarata, igényei vagy vágyai alapján próbálsz választani, soha nem a sajátod alapján.

Kérdés: *Ha olyan dolgokról van szó, mint az orrom kifújása, vagy a kézmosás, nem esik nehezemre tíz másodpercenként választani. Nincsenek hosszútávú következmények.*

Gary: Amikor hosszútávú következményekről beszélsz, akkor egyetértesz azzal a következtetéssel, hogy ha választasz valamit, az örökké fog tartani, ahelyett, hogy tíz másodpercig tartana.

Nos, nehéz a felmondásomat vagy a válásomat tíz másodperces választásokban elképzelni.

Gary: Amikor 10 másodperces szakaszokban válsz, vagy mondasz fel, azt kell megválasztanod, hogy valójában akarsz-e abban a kapcsolatban, vagy munkában, vagy üzletben lenni.

Kérdés: Ott akadok el, hogy eldöntöttem, hogy milyen korlátozott lehetőségek vannak, ahelyett, hogy minden lehetőségre megnyílnék. Alkalmazhatom a 10 másodperces választásokat olyan területeken, ahol meg vagyok rekedve, például azokkal az elképzelésekkel, hogy hogyan kezdjek bele a vállalkozásomba? Használhatom arra, hogy megszakítsam a korlátozott választásaim ördögi körét, amit úgy tűnik, hogy magamra szabtam?

Dain: Próbáld ezt futtatni:

Ahhoz, hogy a végtelen választás soha ne legyen a valóságod, milyen fantáziát, lénységet és titkos tervet tettél annyira valóságossá, hogy még a totális éberség fényében sem változtatod meg, választod vagy módosítod? Mindent, ami ez, elpusztítod és nem teremtetté teszed? Helyes, helytelen, jó, rossz, POC, POD, mind a kilenc, rövidek, fiúk és túlontúl.

Kérdés: Vannak pillanatok, amikor nem nagyon tudom, hogy mit válasszak, például amikor jegyet veszek, vagy ilyesmi. Ránézek az energiára, és felteszem a kérdést: „Ha ezt választom, milyen lesz az életem három hónap, vagy hat hónap, vagy kilenc hónap múlva?" Ezt javasoljátok? Van még valami, amit kérdezhetnék?

Gary: Észrevetted, hogy amikor így választasz, ez megnyit dolgokat az életed különböző területén?

Igen.

Gary: Amikor választasz, akkor azt választod ki, hogy mi lesz a jövőd. Nem valaki más valósága alapján választasz.

Igen, pont ilyen érzés.

Dain: Az elmementes térűr, végtelen választás és tíz másodperces szakaszokban választás abszolút nem valóságának milyen generálását és létrehozását használod, hogy létezésbe zárd a helyzeti FEPASOP-okat, amiket azért intézményesítesz, hogy belehelyezzen más emberek választás nélküli nem létezés valóságainak negatív elemeibe? Mindent, ami ez, elpusztítod és nemteremtetté teszed? Helyes, helytelen, jó, rossz, POD, POC, mind a 9, rövidek, fiúk és túlontúl.

Gary: Nem kell, hogy értsétek. Arra való, hogy kisüsse az agyatokat, hogy végre változhassatok, és teljes szabadságotok legyen a választásra.

Kérdés: *Mik azok a helyzeti FEPASOP-ok?*

Dain: Valahányszor felveszel egy pozíciót vagy fix nézőpontot, FEPASOP-ot teremtesz. F mint fogyatékossá tévő, E mint entrópia, PA mint paralízis, SO mint sorvadás, P mint pusztulás.

Valahányszor nem vagy érdekes nézőpontban valamivel kapcsolatban, helyzeti FEPASOP-okat hozol létre. Nagyrészt ezek okozzák azt, hogy az emberek bezárnak dolgokat a testükbe, amitől látszólag nem hajlékonyak többé. A FEPASOP-ok hozzájárulnak a testek és az elmék betegségeihez is.

Gary: A FEPASOP-ok teremtik ezt az életet korlátozott valósággá. Azokat a módokat nevezzük így, amivel megakadályozod azt, hogy korlátok nélküli valóságod legyen.

Én úgy tekintettem a 10 másodperces választásokra és a többi ilyen eszközre, mint pofonegyszerű dolgokra, el sem tudtam képzelni azt, hogy az emberek nem tudják őket alkalmazni. Ez a Tíz kulcs kurzus nagy ajándék volt nekem. Ráláthattam általa arra, hogy az emberek miért nem tudják alkalmazni azt, ami nekem annyira egyenesnek és magától értetődőnek látszott.

Dain: Tizenegy éve vagyok már itt, láttam, hogy te teljesen máshonnan működsz, mint bárki más, akit ismerek, vagy akiről hallottam itt ezen a bolygón. Ezekkel a hívásokkal kapcsolatban én azt ismertem fel, hogy mindannyiunknak megvannak a képességei, hogy ugyanerről a helyről működjünk, mégpedig könnyedén. Legtöbben valószínűleg azt sem tudják, hogy ez milyen lehet.

Azoknak, akik nem ismerik Garyt, szeretném elmondani, hogy mindegy, hogy mi jön fel az életében – és neki is éppen ugyanúgy jönnek fel dolgok, ahogy bármelyikünknek – ő nem választja a nehézséget, vagy a dolgok traumáját és drámáját. Mindegy, mi jön fel, még ha valaki másnak a világában ez trauma és dráma is, ő mindig valamiféle könnyedséggel bánik a dolgokkal. Azt látom, hogy olyan dolgokat választ, ami nagyszerűbb jövőt teremt, még akkor is, ha ma úgy is tűnik, hogy semmi értelme nincs a dolognak. Ezt részben azért tudja megtenni, mert ebből a tíz kulcsból működik.

Úgyhogy, ha most itt vagy a híváson, és azt gondolod,"Valamicskét felfogom ezt, de azért annyira nem, és nem akarom, hogy kiderüljön bárki számára is, hogy nekem nem esett még le, mert én jól akarom csinálni az Access Consciousnesst", légy szíves ne menj ebbe bele. Ne ítélkezz magad felett! Csak vedd észre, hogy van lehetőség arra, hogy azt válaszd, hogy egy teljesen már helyről működsz. Ez itt a könnyedségről, az örömről, és az élet túláradó kifejeződéséről szól. Arról, hogy megengedjük, hogy a nehézségek elhalványodjanak, ahogy a könnyedség egyre inkább jelen lesz.

Gary: Beszélgettem egy hölggyel Új-Zélandon, aki ki volt akadva az unokájára, aki hozzáköltözött, és minden alkalommal kupit hagyott a konyhában.

Megkérdeztem tőle:"Mit kezdesz a helyzettel?"

Azt mondta: „Hát... kitakarítok, aztán elmondom neki a véleményemet. Elmondom, hogy milyen rossz, és hogy nem lenne szabad ezt csinálnia, és hogy ezt abba kell hagynia, meg ilyenek. De soha nem változik."

Azt kérdeztem tőle: „Kinek takarítod ki a konyhát – neki, vagy magadnak?" Azt mondta:"Hát persze, hogy magamnak".

Mondom:"Tényleg? Akkor miért tiltakozol? Ő szereti, ha koszos. Ő azt hiszi, hogy nagyobb buli, ha koszos. Úgyhogy nem neki takarítasz ki, hanem saját magadnak."

Azt mondta:"De őutána takarítok."

Mire én: „Nem így van. Magadnak takarítod ki. Ha nem lenne az a nézőpontod, hogy utána takarítasz, az megváltoztatna mindent abban, ahogy ez működik köztetek?"

Egy hét múlva felhívott, és azt mondta: „Köszönöm. Amint rájöttem, hogy magamnak takarítom ki a konyhát, eltűnt a töltés. Nem volt nézőpontom. Egyszerűen azt mondtam: „Oké, kupi van", és kitakarítottam. Aztán egyszer csak az unokám elkezdett maga után kitakarítani."

Én pedig azt mondtam:„Igen, változtasd meg a nézőpontodat; ők pedig megváltoztatják a sajátjukat."

Dain: Az elmementes térűr, végtelen választás és tíz másodperces szakaszokban választás abszolút nem valóságának milyen generálását és létrehozását használod, hogy létezésbe zárd a helyzeti FEPASOP-okat, amiket azért intézményesítesz, hogy belehelyezzen más emberek választás nélküli nem létezés valóságainak negatív elemeibe? Mindent, ami ez, elpusztítod és nemteremtetté teszed? Helyes, helytelen, jó, rossz, POD, POC, mind a 9, rövidek, fiúk és túlontúl.

Gary: Az egyik oka annak, hogy beszélünk ezekről a 10 másodperces szakaszokról éppen az elmementes térűr, mert az emberek folyton azt kérdezik: „Na és mi van az elmémmel? Nem tudom az elmémet tíz másodpercekre beállítani. Most akkor meggondoltam magam?"

Nem az elmédről szól ez a dolog, hanem arról, hogy egy másfajta valóságot hozz létre magadnak. A végtelen lehetőség terében egy másik valóság kezd el megteremtődni. Másfajta valóságot akarsz? Ez a módja, hogy odajuss.

Mindent, ami ez, Isten tudja hányszorosan, elpusztítod és nem teremtetté teszed? Helyes, helytelen, jó, rossz, POD, POC, mind a 9, rövidek, fiúk és túlontúl.

Kérdés: Beszélnél még egy kicsit az elmementes térűrről, Gary?

Gary: Folyamatosan az elménket próbáljuk a teremtés forrásának tekinteni. De az elménk csak azt tudja definiálni, amit már eleve tud. Az elménk a létezés tettetése. Egy lényég. Az elméd alapvetően egy lényég, amivel próbálod definiálni azt, amit választottál. Amikor az elmementes térűrből működsz, belépsz a teljes választás térűrjébe. A totális választás a térűrből jön. Az elmementesség kezdi el megteremteni ezt a térűrt. A térűrből választás mindig megmutatja, hogy mit teremt az a választás, amit hozol.

A választás teremt, nem az elme?

Gary: Így van. Az elméd csak definiál; nem tud teremteni. A választásod tud teremteni, de csakis akkor teremted az életedet és a valóságodat, amikor a totális választás térűrjében vagy.

Köszönöm.

Dain: Az elménk teremti a lénységet, úgyhogy azt gondoljuk, hogy az elménk vagyunk. Az elme egymás után pumpálja fel egyik lénységet a másik után, mert amikor az eméből működünk, sosem jutunk el a lényünkig.

Vannak ezek a lénységeink, amik semmit nem teremtenek. Ezek a lényégek olyan definíciókon alapulnak, amelyeket az elme állít fel. A lényégeket ezen definíciók alapján fektetjük le, aztán csodálkozunk, hogy nem teremtünk többet annál, mint ami a múltban volt. Te mint lény kreatív és generatív vagy, a választásod is kreatív és generatív. Az elméd mindig fix döntéseket hoz és definiál.

Az elmementes térűr, végtelen választás és tíz másodperces szakaszokban választás abszolút nem valóságának milyen generálását és létrehozását használod, hogy létezésbe zárd a helyzeti FEPASOP-okat, amiket azért intézményesítesz, hogy belehelyezzen más emberek választás nélküli nem létezés valóságainak negatív elemeibe? Mindent, ami ez, elpusztítod és nemteremtetté teszed? Helyes, helytelen, jó, rossz, POD, POC, mind a 9, rövidek, fiúk és túlontúl.

Gary: Az emberek próbálnak az elméjükből működni ahelyett, hogy abból a térűrből működnének, ami az elmementesség. Amikor eljutsz ehhez a térűrhöz, akkor a tíz másodperces szakaszokból működsz.

Az istállóban voltam a lovakkal, odajött egy lány, és azt mondta: „Utállak, blablabla"

Mondtam neki: „Jó."

Erre ő: „Hogy érted azt, hogy 'Jó'?"

Azt mondtam: „Nos, ha utálni akarsz, rendben van. Nem érdekel. A te választásod."

Azt mondta: „Nem akarom ezt választani."

Erre én azt kérdeztem: „Akkor miért választod?"

Ott állt, és azt hebegte: „Hát... öööö..."

Azt kérdeztem: „Pszichikusan éber vagy?"

„Igen."

Én azt kérdeztem: „Ez az utálat egyáltalán a tiéd – vagy valaki másé?"

Azt mondta: „Valaki másé!"

Erre én: „Akkor tényleg utálsz engem?"

Mire ő: „Nem, én szeretlek téged!"

Mondtam neki: „Oké, szuper."

Ha az elmémből működtem volna, nem tudtam volna úgy reagálni, ahogy megtettem. Az elmém próbálta volna kitalálni, mi történik vele, és miért választja azt. Az elméd mindössze azt csinálja, hogy belevisz a valóság *miértjeibe*. Folyton körbe-körbe szaladgálsz, hogy benne tudj maradni az elmének nevezett útvesztőben. Az elméd egy csodálatos útvesztő.

Dain: És ha megnézitek, az elme mindig ítélkezésekből áll össze arról, hogy mi a helyes, helytelen, jó, rossz, helyes, helytelen, pozitív, negatív, igen vagy nem.

Az elmementes térűr, végtelen választás és tíz másodperces szakaszokban választás abszolút nem valóságának milyen generálását és létrehozását használod, hogy létezésbe zárd a helyzeti

FEPASOP-okat, amiket azért intézményesítesz, hogy belehelyezzen más emberek választás nélküli nem létezés valóságainak negatív elemeibe? Mindent, ami ez, elpusztítod és nem teremtetté teszed? Helyes, helytelen, jó, rossz, POD, POC, mind a 9, rövidek, fiúk és túlontúl.

Kérdés: *Amikor az elme konfigurálásának terében találod magad, hogy mozdulsz ki abból a térből?*

Gary: Felteheted a kérdést: „Rendben, továbbra is ezt akarom választani?" Igen vagy nem? Nem? Jó, rendben. Vagy kérdezheted azt: „Egy végtelen lény választaná ezt?" Vagy mondhatod azt: „Érdekes nézőpont, van egy ilyen nézőpontom." Van választásod.

Visszatérve ahhoz, amit korábban mondtál a jelenlétről, ez a totális választás térűrje?

Gary: Igen. Amikor teljesen jelen vagy, és tökéletesen éber vagy, akkor a totális választás térűrjét teremted.

Mi kellene ahhoz, hogy folyamatosan ez legyek?

Gary: Ha használod ezeket az eszközöket, elkezded ezt teremteni. De használni kell őket. Azt látom, hogy az Alapozót és Egyes szintet végzettek nagy része átolvasta egyszer az eszközöket, és azt mondja: „Nos, elolvastam, és nem használt."

Nem, minden nap használni kell őket egész nap, legalább hat hónapig, vagy egy évig. Az év végére olyan fokú szabadságot élsz meg, amit egész eddigi életedben nem.

Folyamatosan használom azt, hogy érdekes nézőpont, van egy ilyen nézőpontom. Ez lehetővé teszi, hogy egy sokkal nagyobb térűrbe mozduljak el. Azt mondtad, hogy „Válasszatok ki egy eszközt, és csináljátok azt." Én ezt csinálom, és ez sokkal nagyobb könnyedséget teremt.

Gary: Szuper. Ha kiválasztasz egy eszközt, és hat hónapig folyamatosan használod, az egész életed megváltozik. Ha mindet külön-külön hat hónapig csinálnád, minden megváltozna a világodban. De ez minden esetben választás kérdése.

Megismételnéd ezt még egyszer?

Gary: Válassz ki egy eszközt, és menj vele hat hónapig. Mondjuk hat hónapig csinálod azt, hogy „érdekes nézőpont, van egy ilyen nézőpontom". Ez egy olyan helyet teremt, ahol nem leszel képes többé fenntartani azt a nézőpontot, hogy bármelyik nézőpont számít neked. Többségeteknek talán három hónap is jól működne, de az biztosan működne, ha hat hónapig csinálnátok.

Oké! Én ezt választom. Rengeteg kivetítés van mindenfelé körülöttem, és az érdekes nézőpont...

Gary: Az emberek mindenféle dolgot ránk vetítenek folyamatosan. Amikor érdekes nézőpontozol, hirtelen azt mondod: „Ez engem nem érdekel. Miért tulajdonítok neki jelentőséget?" Ez megkönnyíti a dolgokat.

Kérdés: *A múltkor kaptam tőled egy beszólást, egy jó nagyot. Akkoriban nem tudtam még, hogy ez az, de azt vettem észre, hogy annyira kontroll mániás vagyok, hogy elzárom magam a választásoktól, és beszűkítem az életemet. Egyszerűen nem tudtam kontrollon kívül kerülni, nem tudtam túl sok dolgot csinálni egyszerre, nem voltam képes annyi pénzt birtokolni, hogy kontrollon kívül legyek. Tegnap elhatároztam, hogy megkövetelem magamtól, hogy elengedjem ezt a kontrollt, és úgy tűnik, hogy egyre inkább az elmementesség teréből működök. És ez annyira más!*

Gary: Ugye milyen jó buli?

Igen! Köszönöm!

Dain: Jaj, ne! Jól érzi magát! Jaj, ne!

Gary: A kontroll mániásokkal az a helyzet, hogy azért próbálják irányítani a dolgokat, hogy ne érezhessék túl jól magukat.

Gary: Dain, futtassuk a processzt még egyszer.

Dain: Az elmementes térűr, végtelen választás és tíz másodperces szakaszokban választás abszolút nem valóságának milyen generálását és létrehozását használod, hogy létezésbe zárd a helyzeti FEPASOP-okat, amiket azért intézményesítesz, hogy belehelyezzen más emberek választás nélküli nem létezés valóságainak negatív elemeibe? Mindent, ami ez, elpusztítod és nemteremtetté teszed? Helyes, helytelen, jó, rossz, POD, POC, mind a 9, rövidek, fiúk és túlontúl.

Kérdés: Mondanátok példát arra, hogy milyen az, amikor 10 másodperces szakaszokban élünk? Mint amikor azt kérdezzük, hogy „Mi más?" minden 10 másodpercben?

Dain: Oké, mondok egy példát. Sokat beszélgetek a kommunikációs koordinátorommal a tanfolyami tervekről, vagy azokról az eseményekről, amelyek lehet, hogy akár 6 hónap múlva lesznek. Amikor először elkezdtük a közös munkát, azzal az információval mentünk, amelyek abban a pillanatban elérhetőek voltak számunkra. Valóssá és szilárddá tettük – és következtetéssé vált. Egy a következtetésből működtünk, amit kiküldtünk a világba ahelyett, hogy állandóan kérdésben lettünk volna.

Ez akkor kezdett el változni, amikor kezdtünk megnyílni arra a tényre, hogy lehetnének más választásaink is, és hogy lehet, hogy a dolgok változhatnak az idő előrehaladtával. Néha egy energia könnyedséget hozott az univerzumunkba, vagy kaptunk néhány új információt, és azt mondtuk:

„Egy pillanat. Van itt valami, amire rá kell néznünk. Lehet, hogy meg kell változtatnunk a címét, vagy a helyszínt, vagy az is lehet, hogy törölni kell a kurzust."

Volt egy olyan eset, hogy több workshopot is kellett volna tartanom egy svédországi konferencia központban. Eredetileg egy „Létezz önmagadként, és megváltozik a világ" tanfolyamot tartottam volna. Kicsit később azt mondtam, „Tudjátok mit? Ezt meg kell változtatnom." Még nem készek rá az emberek.

Kicsivel később a kommunikációs koordinátorom azt mondta: „Valami hívja a figyelmemet. Mit kellene másképp csinálni itt?" Ez része a tíz másodpercre történő választásoknak. Ránézett az általunk már megtervezett tanfolyamra, és azt mondta: „Bármit fogunk csinálni, nem fog működni. Vissza kell térnünk ahhoz, hogy

„Létezz önmagadként, és megváltozik a világ". Ez fog működni, mert az Univerzum megváltozott, és valami más elérhetővé vált.

Úgyhogy megváltoztattuk a tanfolyam címét, és most ez jónak érződik. Lesznek emberek, akik értik majd, amire hónapokkal azelőtt nem lettek volna képesek.

Gary: Miután egy ideje már csináltam az Access Consciousnesst, eljutottam arra a pontra, hogy nem érdekel, hogy mit csinálok. Semmi nem érdekelt. Hol szeretnél enni? Nem érdekel. Mit szeretnél csinálni? Nem érdekel. Mit szeretnél nézni a TV-ben? Nem érdekel. Semmi nem számított, semminek nem volt jelentősége, semmi nem volt fontos, semmi nem jelentett kihívást.

Úgyhogy azt mondtam: „Oké, 10 másodperc van hátra az életemből. Mit választok most?" Észrevettem, hogy az egész addigi életemet azzal töltöttem, hogy mások szükségleteit, akaratát, igényeit és kívánságait kielégítsem, mert ez könnyű volt. Soha nem ültem le, és nem választottam saját magam számára, amióta csak megnősültem.

Azt mondtam, „Oké, most kimegyek a szabadba. Ez 10 másodperc. És most mit csinálok? Megszagolom azt a rózsát. Oké. Ezt is megcsináltam. Van 10 másodpercem, most mit szeretnék csinálni? Kezdtem rájönni, hogy elvesztettem annak a képességét, hogy 3 dolognál többet válasszak.

Nem volt meg a végtelen választás lehetősége számomra. Nem is volt benne a világomban, hogy ez egyáltalán lehetséges. Most már tudom, hogy birtokolhatok dolgokat, és tudom, hogy bármit megkaphatok, amit csak akarok. Tudom, hogy bármi, amit kérek, elérkezik hozzám, és ezért pontosan ez is történik.

Még mindig tíz másodperces szakaszokban működök. Ma a farmon voltam a lovaimmal, és tudtam, hogy részt kell vennem ezen a híváson. Elmehettem volna Annie házába, ahol a lovak vannak, és onnan is bejelentkezhettem volna a hívásra. Az légkondicionált, kényelmes és szép lett volna. A másik lehetőség az volt, hogy visszamegyek a hotelbe. Feltettem a kérdést. „Ház? Hotel?" És

azt mondtam: „A hotel könnyebbnek érződik. Azt választom."
Visszamentem a hotelbe, és jó volt, hogy ezt tettem, mert egy csomó
tennivalóm volt még a farm és a hotel között. Soha nem tudtam
volna elvégezni azokat, ha nem mentem volna vissza a hotelbe.
Volt egy pillanat, amikor tudtam, hogy a megfelelő dolog az lesz,
ha visszamegyek a hotelbe. Onnan tudtam, hogy ez lesz a jó, hogy
ez érződött könnyűnek. Ez a választás nyitotta meg a lehetőséget
tizenkét másik lehetőségnek kevesebb mint tizenöt perc alatt.

Dain: A másik dolog ezzel kapcsolatban, hogy nem volt
következtetés a világodban. Nem mondtad azt, hogy „Itt kell
megcsinálnom a hívást", vagy, hogy „ott kell megcsinálnom". Nyitott
voltál bármire, ami a legtöbb könnyedséget, vagy legnagyobb számú
lehetőséget teremti. Úgy tűnik, egy csomó ember azt mondja: „Add
nekem a megfelelő következtetést, hogy legyen egy, ami helyes lesz
az örökkévalóságon át."

Gary: Amikor először adtam oda ezt az eszközt az embereknek,
azt mondtam: „A világ tele van oroszlánokkal, tigrisekkel, medvékkel
és mérgeskígyókkal, és ha kisétálsz ezen az ajtón, találkozni fogsz
velük. Mit választanál most, ha a következő tíz másodpercben
megenne valami? Mi lenne, ha tudnád, hogy meg fogsz halni tíz
másodperc múlva?"

Apám akkor halt meg, amikor 17 voltam. A halála előtt feldühített
valamivel, és nem beszéltem vele két éven keresztül. Abban a két
évben próbált engem „kiengesztelni", de én ezt nem fogadtam el. Az
én hozzáállásom az volt, hogy „Megbántottál, seggfej, nem beszélek
veled többet."

Ő meghalt, én meg ráébredtem, „Húha, két évvel ezelőtt hoztam
egy döntést, és olyan vehemenciával ragaszkodtam hozzá, hogy
elszalasztottam annak a lehetőségét, hogy az apámmal tölthessem
az utolsó perceit, amitől talán kicsit tisztábban láthattam volna,
milyen volt ott lenni, ahol ő volt akkor."

Megtudtam, hogy két éve tudta, hogy haldoklik. Lehetett volna
jobb a kapcsolatunk? Jobban megismerhettem volna? Igen. Egy

csomó dolog más lehetett volna. Nem mondtam el neki a halála előtt, hogy szeretem.

Nekem ez egy felismerés volt arra nézve, hogy ki kell mondani, hogy mi igaz neked ma, nem pedig holnapig várni. Mi van, ha valaki tíz másodperccel azután meghal, hogy beszélt veled? Azt akarod, hogy az legyen az utolsó dolog, amit mondasz neki, hogy „Te rohadt seggfej"? Vagy azt szeretnéd, hogy az legyen az utolsó dolog, amit mondasz neki, hogy „Hálás vagyok azért, hogy az életem része vagy"?

Mi az, amit az életed utolsó tíz másodpercében mondani szeretnél? Mi az, amit az utolsó tíz másodpercben hallani szeretnél? Mi az, amit ebben az utolsó 10 másodpercben tenni szeretnél? Ha meghalnál, és tudnád, hogy csak tíz másodperc van hátra, mi lenne számodra a legfontosabb dolog? Mikor erre ránézel, rájössz, hogy mi az, ami fontos számodra, és mi az, ami nem, mi az, amit jelentőssé szeretnél tenni, és mi az, ami nem számít.

Dain: Ez sokat segít.

Kérdés: Néhány héttel ezelőtt sok problémám volt az iskolával, ahol dolgozom, és azzal, hogy milyen tekintélyelvűen bánnak velem. Hazamentem, és meghallgattam az első „Létezés energetikai szintézise" tanfolyamot, és valami történt. Azt mondtam: „Hűha, össze fogok kapcsolódni az iskolával, a tanárokkal és a gyerekekkel", és ezt is tettem. Olyan sok változott ezzel a tíz másodperces választással. Most nagyon kedvesek az emberek, és teljes könnyedség van az iskolában.

Gary: Ez nem igényel erőfeszítést; ez nem olyasvalami, amit teszel. Csak létezel, és megengeded magadnak, hogy azt válaszd, amit választottál, és ez az egész valóságot megváltoztatja.

Igen, ez egy teljesen más valóság. Ez ennyire egyszerű.

Gary: Most azt kell mondanod: „Rendben, ez egy jó tíz másodperces választás volt. Milyen más választásaim vannak most? És hogyan használhatok mindent, ami elérhető számomra, és mindent, amit tudok, másképpen, mint ahogyan eddig bárki használta?"

Kérdés: *Mit csinálsz, amikor valaki haldoklik, és próbálsz tíz másodperces szakaszokban élni, vagy megmutatni neki: „Hé, csak tíz másodperc van hátra", de ő nem hallja meg?*

Gary: Nem kényszeríthetsz senkit arra, hogy meghalljon valamit, amit nem akar meghallani. Volt egy 92 éves barátunk, Mary, aki velünk lakott. Mary haldoklott, és azt mondta: „Most már szeretnék elmenni."

Megkérdeztem tőle: „Szóval, mi az, ami itt tart?" Azt válaszolta: „Nem vagyok biztos benne".

Azt kérdeztem: „Van valami, amire szeretnél éber lenni, mielőtt elmész?"

Azt mondta: „Igen, tudni akarom, hová megyek ez után".

Azt mondtam neki: „Miért nem döntöd te el, mit szeretnél legközelebb? Ha a következő életedbe mennél, milyennek szeretnéd azt?"

Egy csomó dolgot mondott, én pedig azt mondtam neki: „Ha akarod, ez mind a tied lehet."

Azt kérdezte: „Tényleg?"

Azt mondtam: „Igen. Ez mind választás kérdése. A te választásod. Ha azt akarod, hogy ez legyen az életed, tedd meg, kérd. Követeld meg, hogy ez jelenjen meg számodra."

Azt felelte: „Ez nagyszerű." és körülbelül egy hónap múlva végül képes volt elengedni. A hajlandóság kitisztítása, hogy hajlandó legyen a következő életére is célokat kijelölni, képessé tette arra, hogy ezt megtegye.

Sokak számára szükséges, különösen, ha katolikusok, vagy metafizika iránt érdeklődők, hogy célokat jelöljenek ki a következő életükre. Meg kell tenniük még az előtt, hogy elmennének. Akkor a tíz másodperces szakasz így néz ki: „Rendben. A következő tíz másodpercben meghalsz. Mi következik? Mit választasz?"

És ahogy mondod, ha nem akarnak mást választani, akkor az az ő választásuk, igaz?

Gary: Aha, ez az ő választásuk. Az ő nézőpontjukból a tíz másodperces választás nem valóságos. Azt gondolják, hogy a helyes, vagy a helytelen választást kell meghozniuk. Ha valaki nem hajlandó meghallani, hogy vannak tíz másodpercenként történő választások, akkor el kell ismerned a tényt, azt, amit ők választottak, és azt mondani: „Érdekes választás, ez a te választásod.", nem abból a nézőpontból, hogy ez helyes, vagy helytelen, hanem abból, hogy „Én nem választanám ezt, de te nyugodtan tedd meg. Csináld azt, ami neked működik."

Dain: Hadd térjek ki egy másik processzre, amivel Gary jött elő, mert ez is zseniális.

Milyen generálását és teremtését használod annak, hogy eltörlöd a valóságodat azáltal, hogy nem létezel, cselekszel, birtokolsz, teremtesz, generálsz és intézményesítesz tetszésed szerint, hogy létezésbe zárd a helyzeti FEPASOP-okat, amiket azért intézményesítesz, hogy magadat okold azért, hogy nem javítod meg a világot? Mindent, ami ez, elpusztítod és nem teremtetté teszed isten tudja hányszorosan? Helyes, helytelen, jó, rossz, POD, POC, mind a 9, rövidek, fiúk és túlontúl.

Gary: Észrevette valamelyikőtök, hogy magatokat okoljátok azért, hogy nem a megfelelő dolgot választottátok annak érdekében, hogy jobb hellyé tegyétek ezt a világot?

Aha.

Gary: Jó.

Dain: Milyen generálását és teremtését használod annak, hogy eltörlöd a valóságodat azáltal, hogy nem létezel, cselekszel, birtokolsz, teremtesz, generálsz és intézményesítesz tetszésed szerint, hogy létezésbe zárd a helyzeti FEPASOP-okat, amiket azért intézményesítesz, hogy magadat okold azért, hogy nem javítod meg a világot? Mindent, ami ez, elpusztítod és nem teremtetté teszed isten tudja hányszorosan? Helyes, helytelen, jó, rossz, POD, POC, mind a 9, rövidek, fiúk és túlontúl.

Gary: Ha nem tíz másodperces szakaszokban választasz, nem tudod megjavítani a világot. Csak a múltat tudod megjavítani – mert amikor nem vagy tíz másodperces szakaszokban, többé nem vagy a jelenben.

Dain: Más szóval, ahhoz, hogy jelen legyél, tíz másodperces szakaszokban kell működnöd.

Gary: Ha nem tíz másodperces szakaszokban működsz, akkor a múltból működsz. Ha pedig a múltból működsz, akkor nem tudsz semmit megjavítani, nem tudsz semmit jobbá tenni, és egyáltalán semmit nem tudsz generálni.

Dain: Ha nem tíz másodperes szakaszokban működsz, akkor vagy a múltból működsz, vagy kivetítesz a jövőbe...

Gary: Ami azt jelenti, hogy abból működsz, amilyen a jövő lehet.

Dain: Milyen generálását és teremtését használod annak, hogy eltörlöd a valóságodat azáltal, hogy nem létezel, cselekszel, birtokolsz, teremtesz, generálsz és intézményesítesz tetszésed szerint, hogy létezésbe zárd a helyzeti FEPASOP-okat, amiket azért intézményesítesz, hogy magadat okold azért, hogy nem javítod meg a világot? Mindent, ami ez, elpusztítod és nem teremtetté teszed isten tudja hányszorosan? Helyes, helytelen, jó, rossz, POD, POC, mind a 9, rövidek, fiúk és túlontúl.

Gary: Régóta próbálom rávenni az embereket, hogy teremtsék meg a saját valóságukat. Nem tudtam rájönni, hogy miért nem tudják megtenni. Aztán észrevettem, hogy azért, mert nem értenek semmit ebből a Tíz kulcsból. Ha nem tíz másodpercenként hoznak választásokat, nem tudják megteremteni a saját valóságukat. Csak egy olyan valóságot tudnak megteremteni, amelynek az alapja a múlt, aminek pedig semmi köze a jelenbéli önmagukhoz.

Dain: Ez a lényege a múltból való működésnek. Semmi köze nincs a jelenbeli önmagadhoz. Mindenféle más dologból működsz, amiket te raktál a helyükre, fantazmagóriák, lényégek, és titkos szándékok. Semmi közük ahhoz, hogy önmagad legyél. Ez őrület!

Kérdés: *Három olyan terület van, ahol úgy érzem, hogy korlátozva vagyok a tíz másodperces választásokat illetőleg. Szeretném ezt felhozni, mert szeretnék egy másfajta tapasztalatot. Először is, lámpalázas leszek ezektől a tíz másodpercenkénti választásoktól. Éber vagyok arra, hogy sokkal több telik el tíz másodpercnél, mielőtt valami mást választok. Mi kellene ahhoz, hogy belelazuljak ebbe, és tényleg éber legyek a tíz másodpercekre, ahogy tovaszállnak?*

Gary: Úgy tekintesz a tíz másodpercekre, mintha fix időegységek lennének. Valójában csak arról a választásról van szó, amit ebben a pillanatban kell meghoznod. „Mit szeretnék ebben a pillanatban választani?" Gyakorolnod kell ennek a kérdésnek a használatát. Mondjuk beszállsz a fürdőkádba. Azt kérdezed: „Rendben, most mit szeretnék választani? Melegebb vizet szeretnék." Jó, rendben. Ez a tíz másodperc eltelt. Aztán: „Ez nem elég meleg." Oké, még tíz másodpercig folyatom a meleg vizet. „Még mindig nem elég." Rendben, adok még tíz másodpercet.

Folyamatosan próbálsz következtetésre jutni arról, hogy mi a tíz másodperc ahelyett, hogy meglátnád, hogy ez arról szól, hogy megtanulj választani. Soha nem tanítottak meg választani; azt tanították, hogy azt tedd, ami helyes. Úgyhogy a lámpalázad a tíz másodperces választásokkal nem abnormális. Normális, mert soha nem tanítottak meg választani.

Köszönöm. Látom, hogy eddig nagy részben nincs választás univerzumból működtem. Ez elvezet a második részhez. Mi a tényleges választás, vagy igazi választás? Amikor példát mondasz, az mindig valami olyasmi, ami egy cselekedet, valami, amit megtehetsz, mint például beállítani a víz hőmérsékletét. De ha ezek az én tíz másodperceim lennének, ha én megkérdezném magam, mit szeretnék választani, az első gondolatom az lenne: „Szeretnék az óceánban lenni, szeretnék úszni a delfinekkel." De ez nem fog megtörténni ebben a tíz másodpercben.

Gary: Ott kell elkezdeni, ahol most vagy, és meg kell tanulnod választani. Az egész mögött az az elképzelés van, hogy tanulj meg választani. Még mindig a legjobb választásokat akarod meghozni.

Azokat, amiket én jobban szeretnék.

Gary: Nem, nem azokat, amiket jobban szeretnél. Meg kell tanulnod tíz másodpercenként választani. Te azt csinálod, hogy: „Ez lesz a legjobb választás." Ez következtetés; nem választás. Félreértelmezted és félrealkalmaztad a következtetést választásként. Hányan vagytok, akik félreértelmeztétek és félrealkalmaztátok a választást következtetésként, a következtetést pedig választásként?

Mindent, ami ez, isten tudja hányszorosan, elpusztítod és nem teremtetté teszed? Helyes, helytelen, jó, rossz, POD, POC, mind a 9, rövidek, fiúk és túlontúl.

A kérdésem utolsó része a térűrből történő választásról szól, mert legtöbbször úgy érzem, hogy egy energetikai kényszerzubbonyban választok. Tényleg szeretném a térűr érzetét.

Gary: Ahhoz, hogy megkapd a térűr érzetét, csak annyit kell tenned, hogy kisétálj az ajtón, és megkérdezd: „Rendben, a jobb lábamat akarom a bal lábam elé tenni, vagy a bal lábamat a jobb elé?" Haladj kis lépésekben. Azt tanultad, hogy hogyan kell következtetésekre jutni, jól csinálni, és mindig csak a megfelelő dolgot tenni. Ez nem választás. Ez ítélkezés. Ez a másik dolog, amit félreértelmeztél és félrealkalmaztál a választással kapcsolatban. Azt hiszed, hogy az ítélkezés választás, és a választás ítélkezés.

Mindent, ami ez, isten tudja hányszorosan, elpusztítod és nem teremtetté teszed? Helyes, helytelen, jó, rossz, POD, POC, mind a 9, rövidek, fiúk és túlontúl.

Ez arról szól, hogy megtanulj választani. Van tíz másodpercem, hogy válasszak az életem hátralévő részére, mit választok? Rendben, ennek a tíz másodpercnek vége. Megtanulsz választani. A célja ennek, hogy megtanítson arra, hogy hogyan válassz, nem pedig arra, hogy a megfelelő választást hozd meg.

Azt mondod, hogy választasz valamit, amit tényleg meg is tehetsz abban a tíz másodpercben?

Gary: Igen, mert ez az egyetlen módja annak, hogy megtanulj választani.

Rendben, köszönöm.

Gary: A te verziód valami ilyesmi: „Mi lenne a legjobb, amit tehetek?" Ez ítélkezésen alapul, és azon, hogy mit szeretnél csinálni, amit eddig nem csináltál.

Dain: Nem arról szól a dolog, hogy jól csináld. Hanem arról, hogy megtanulj választani. Mi lenne, ha a tíz kulcsra ebből a nézőpontból tekintenél: „Máris tökéletesen kell alkalmaznom a tíz kulcsot, úgyhogy hadd menjek el a hívássorozatra."

Mi lenne, ha így tekintenél rá: „Itt az idő, hogy tanuljak valamit erről a tíz kulcsról, és arról, hogy hogyan választhatom, intézményesíthetem és használhatom őket az életemben." Gary egyik lánya balett órákat akart venni, de mielőtt elment a balettiskolába, magánórákat akart venni balettből. Tudni akarta, hogyan kell balettozni, mielőtt beiratkozott az iskolába. Folyton ezt csináljuk. Azt gondoljuk, hogy tökéletesnek kell lennünk valamiben, amiről még nem is tudjuk, hogy hogyan kell csinálni. Mielőtt iskolába mentél, tudtad, hogy hogyan kell olvasni? Vagy azért mentél iskolába, hogy megtanulj egy-két dolgot?

Mindent, amit tettél, hogy bevedd azt, hogy tökéletesnek kell lenned ezzel a tíz kulccsal, és ezért vagy itt a híváson, elpusztítod és nem teremtetté teszed, és megengeded magadnak, hogy megtanuld ezeket a dolgokat, és azt is, hogy hogyan használd és intézményesítsd őket? Helyes, helytelen, jó, rossz, POD, POC, mind a 9, rövidek, fiúk és túlontúl.

Gary: Mindez arról szól, hogy megtanulj végtelen lény lenni. Egy végtelen lény tényleg ezt választaná? Arról szól, hogy meglásd, mit választana egy végtelen lény. Az érdekes nézőpont, van egy ilyen nézőpontom arról szól, hogy észrevedd, kilencven százaléka annak, amit érzékelek, nem az enyém.

A tíz másodpercekkel való foglalkozás arról szól, hogy kijöjj az ítélkezésből. Arról, hogy ítélkezés nélkül válassz. Ez egy nagyszerű ajándék. Sokkal könnyebbé teszi az életedet. Le fog nyűgözni. De ítélkezés nélkül kell csinálnod. Csak választanod kell.

És kerekedjetek felül azon a félelmen, hogy elrontjátok.

Gary: Ha csak tíz másodpercre választanál, nem igazán tudnál hibázni. Azt mondanád: „Oké. Rossz választás. Mit akarok most választani?" Nem tudsz ítélkezni a tíz másodpercekben. Csak választani tudsz.

Dain: Más szóval, a tíz másodpercenkénti választás eltörli az ítélkezést. Ha valóban felfogod, hogy választhatsz valami mást tíz másodperc múlva, miért kellene megítélned ezt a választásodat? Csak tovább mész valami másra. Ebben az eszközben van a kiút abból a korlátozásból, amire használod.

Ez gyönyörű.

Dain: Milyen generálását és teremtését használod annak, hogy eltörlöd a valóságodat azáltal, hogy nem létezel, cselekszel, birtokolsz, teremtesz, generálsz és intézményesítesz tetszésed szerint, hogy létezésbe zárd a helyzeti FEPASOP-okat, amiket azért intézményesítesz, hogy magadat okold azért, hogy nem javítod meg a világot? Mindent, ami ez, elpusztítod és nem teremtetté teszed isten tudja hányszorosan? Helyes, helytelen, jó, rossz, POD, POC, mind a 9, rövidek, fiúk és túlontúl.

Felmerült bennem itt egy érdekes éberség. Ha nem hiszed, hogy minden egyes választásod önmagában elegendő ahhoz, hogy megjavítsd a világot, az valahogyan közömbösíti a hajlandóságodat, a kapacitásodat, a képességeidet, és a választásod értékét?

Gary: Csak teljes mértékben, abszolút és visszafordíthatatlanul.

Dain: Mindent, amit azért tettél, hogy bevedd, hogy minden választásod túl pici ahhoz, hogy a világot megváltoztassa, és mindent, amit azért tettél, hogy bevedd, hogy minden választás, amit együtt hozhatunk, összeadva, megváltoztatná a világot, de ez soha nem jöhet létre, elpusztítod és nemteremtetté teszed? Helyes, helytelen, jó, rossz, POD, POC, mind a 9, rövidek, fiúk és túlontúl.

Gary: Szóval, Dain, ez az éleselméjűség az egyik oka annak, hogy csodállak.

Minden alkalommal, amikor választasz, minden egyes alkalom, amikor választasz, megnyit egy ajtót a nagyobb lehetőségeknek. A választásod valójában egy ajándék az univerzumnak. Választanod kell – és meg kell tanulni választani – hogy minden választás megnyisson egy ajtót még több lehetőségnek, ami segít a világnak.

Dain: Ez a potenciál, ami eddig nem voltunk hajlandóak lenni.

Gary: Amikor felfogod, hogy a választásod megnyit egy ajtót, akkor hozhatsz egy választást, és aztán azt mondhatod: „Oh, ez a választás nem működött! Következő választás!" Mindezt ítélkezés nélkül teszed. Nem ragasztod bele ezt a választást a világba, mint olyasvalamit, amit nem lehet megváltoztatni. Megnyitod az ajtót egy másik lehetőségnek azáltal, hogy újra választasz.

Dain: Milyen generálását és teremtését használod annak, hogy eltörlöd a valóságodat azáltal, hogy nem létezel, cselekszel, birtokolsz, teremtesz, generálsz és intézményesítesz tetszésed szerint, hogy létezésbe zárd a helyzeti FEPASOP-okat, amiket azért intézményesítesz, hogy magadat okold azért, hogy nem javítod meg a világot? Mindent, ami ez, elpusztítod és nem teremtetté teszed isten tudja hányszorosan? Helyes, helytelen, jó, rossz, POD, POC, mind a 9, rövidek, fiúk és túlontúl.

Gary: Ha meg akarod javítani a világot, tanulj meg választani – nem ítélkezésből, hanem választásból.

Dain: Válassz választásból, csak mert megteheted. Miután egy ideje már használod ezeket az eszközöket, és a választásaid nem szippantanak be többé, azt gondolhatod: „Mi a baj?" Ilyenkor az történik, hogy eljutottál arra a helyre, amiről Gary beszélt, amikor nem foglalkozol azzal, hogy hol egyél. Ülhetsz a kanapén egész nap, és nézhetsz TV-t. Fura érzés, mert nem húznak-vonnak mindenféle irányba úgy, ahogyan eddig. Régebben azt gondoltad, hogy ez azt jelzi, hogy választanod kell valamit, de valójában ez az, ahol az igazi választás kezdődik.

A választás ebből a térből jön, nem a szilárdságból, ami fejbe ver, amit próbálsz a világba tenni. Ez egy olyan térűr, amelyben nincs semmiféle szilárdság, semmilyen konstrukciója az elmének, és semmi olyan nehézség, amihez lehet, hogy hozzá vagy szokva.

Milyen generálását és teremtését használod annak, hogy eltörlöd a valóságodat azáltal, hogy nem létezel, cselekszel, birtokolsz, teremtesz, generálsz és intézményesítesz tetszésed szerint, hogy létezésbe zárd a helyzeti FEPASOP-okat, amiket azért intézményesítesz, hogy magadat okold azért, hogy nem javítod meg a világot? Mindent, ami ez, elpusztítod és nem teremtetté teszed isten tudja hányszorosan? Helyes, helytelen, jó, rossz, POD, POC, mind a 9, rövidek, fiúk és túlontúl.

Gary: Most mennünk kell. Nagyon hálás vagyok a kérdéseitekért, és remélem, hogy látjátok, hogy a választás megtanulásának a célja az, hogy ne kelljen ugyanazt a problémát választanod újra meg újra, de legyen valami más választásod. Választhatsz másképpen minden tíz másodpercben. Ez a legfontosabb elképzelés, amit kaphatsz az életben.

Dain: És tényleg a gyakorlás a lényeg. Most tanuljátok ezt, és én is még többet tanulok minden nap. Nem kell tökéletesnek lennetek benne máris. Lehet, hogy eddig nem választottatok. Lehet, hogy ebben a pillanatban nem is tudjátok, mi az a választás – de ha gyakoroljátok, meg fogjátok látni.

Ezt eddig nem tanultátok meg. És ez rendben van. Ez nem jelenti azt, hogy valami nincs rendben veletek. Kérlek benneteket, válasszatok folyamatosan, és élvezzétek ezt a szuper kalandot, amelyben egy olyan helyről működtök, amelyről eddig szinte senki nem működött ezen a bolygón. A bolygónak szüksége van rátok. És most jött el a mi időnk.

A negyedik kulcs a teljes szabadsághoz

ÉLJ KÉRDÉSKÉNT

Gary: Üdv mindenkinek, ma este a negyedik kulcsról fogunk beszélni: élj kérdésként.

Dain: Ebben a valóságban mindannyiunknak azt tanították, hogy ne kérdésként éljünk. Azt tanultuk, hogy kifejezetten ne kérdésként működjünk. Azt várják tőlünk, hogy válaszok legyünk.

Gary: Minden arról szól, hogy legyen válaszod. Azt tanultuk, hogy keressük a választ, találjuk meg a választ, és cselekedjük a választ – mert ha megtaláljuk a helyes választ, minden jó lesz az életünkben. Ami egyébként nem igaz.

Dain: Beadták nekünk azt a hazugságot, hogy ha kérdezünk, akkor rosszak vagyunk – nem lehet igazad, ha kérdéseid vannak. Ez totális hülyeség.

Gary: Az első lépés ahhoz, hogy kérdésként élj, az, hogy kérdéseket teszel fel.

Ha folyamatosan kérdezel, el fogsz jutni egy olyan pontra, ahol te magad válsz kérdéssé, és hirtelen eltűnik a kérdezés szüksége, mert kérdésből működsz, és ezt úgy nevezik, totális éberség. A totális éberség mindig kérdés. Többé nem kell kérdést feltenned, mert az egész életed a kérdésben létezés lesz.

Ezt értjük azalatt, hogy kérdésben élni.

Kérdés: Gyerekkoromtól kezdve fiatal felnőtt koromig ösztönösen kérdeztem. Ahogy idősebb lettem, kinevettek, vagy nem is figyeltek rám, mert túl sokat kérdeztem, és fokozatosan abba is hagytam. Nem voltam kérdésben többé, pedig akkor éreztem a legtöbb örömet, növekedést és kiterjeszkedést. Adnátok nekem egy processzt, hogy visszacsináljam a sok év ítélkezését arról, hogy hülyének, butának, lassúnak, vagy nem elég eszesnek érzem magam?

Gary: A kérdésnek mint veleszületett rosszaságnak milyen generálását és teremtését használod arra, hogy igazold a helyzeti FEPASOP-okat, amiket arra használsz, hogy a válaszokat tedd valósággá, a kérdéseket pedig a hülyeség, a butaság és a lassúság megtestesítőivé? Mindent, ami ez, hajlandó vagy-e elpusztítani és nem teremtetté tenni? Helyes, helytelen, jó, rossz, POD, POC, mind a 9, rövidek, fiúk és túlontúl.

Kérdés: *Mit értesz butaság alatt?*

Gary: A butaság az az elképzelés, hogy nem vagy elég éles elméjű ahhoz, hogy tudd, mi igaz. Ez nem éberség. Valójában nem vagy buta – de tehetsz úgy, mintha az lennél, ha akarsz! A butaság az, ahol valójában arra használod az energiákat, hogy kevesebb legyél, mint amikor éber vagy.

Hatalmas mennyiségű energiát használtál, hogy elég butává tedd magad ahhoz, hogy ebben a valóságban létezz? Hoppá, kimondtam? Elpusztítanád és nem teremtetté tennéd mindezt? Helyes, helytelen, jó, rossz, POD, POC, mind a 9, rövidek, fiúk és túlontúl.

A kérdésnek mint veleszületett rosszaságnak milyen generálását és teremtését használod arra, hogy igazold a helyzeti FEPASOP-okat, amiket arra használsz, hogy a válaszokat tedd valósággá, a kérdéseket pedig a hülyeség, a butaság és a lassúság megtestesítőivé? Mindent, ami ez, hajlandó vagy-e elpusztítani és nem teremtetté tenni? Helyes, helytelen, jó, rossz, POD, POC, mind a 9, rövidek, fiúk és túlontúl.

Kérdés: *Amikor gyerekkoromban kérdést tettem fel, a családom azt mondta: „A kérdés főbenjáró bűn. Ne kérdezz!"*

Gary: Igen, az én családomban azt mondták: „A kíváncsiság lett a veszte a macskának. Remélem, te leszel a következő." Erre varrjál gombot!

Arra jöttem rá, hogy azért akartak rávenni, hogy ne kérdezzek, mert sosem tudtak olyan választ adni, ami számomra értelmes lett volna. Addig tettem fel kérdéseket, amíg az adott dolog értelmessé nem vált, és csak ezután hagytam abba a kérdezést. Mivel nem tudtak olyan értelmes válaszokat adni, hogy abbahagyjam, próbálták megakadályozni, hogy kérdezzek. Nektek is volt ilyen tapasztalatotok?

Mindent, ami ez, isten tudja hányszorosan hajlandóak vagytok elpusztítani és nem teremtetté tenni? Helyes, helytelen, jó, rossz, POD, POC, mind a kilenc, rövidek, fiúk és túlontúl.

Az emberek hülye válaszokat adnak, amiknek nincs értelme, te pedig azt gondolod: „Hogy lehet ez a válasz?" Ha egy grammnyi éberséged van, felismered, hogy a válaszaik hülyék és értéktelenek.

Miért nem tudták megválaszolni a kérdéseidet? Mert neked húsz grammnyi éberséged van, mindenki másnak pedig egy grammnyi! A kérdésed túl okos volt ahhoz, hogy meg tudják válaszolni!

Azt mondta nekem egy hölgy: „Én voltam a családomban a legbutább."

Azt kérdeztem: „Ezt a döntést mi alapján hoztad?"

Azt felelte: „Ötéves koromban azt mondták, hogy túlteljesítek."

Azt kérdeztem: „Tudod ki az, aki túlteljesít?"

Ez megakasztotta, és azt mondta: „Valaki, aki keményebben küzd, mert butább."

Azt mondtam: „Nem, valaki, aki annyira okos, hogy többet kell tennie, mint amennyit bárki más képes!"

Azt kérdezte: „Mi? Nem voltam hülye?"

Ez akkor történt, amikor öt éves volt, és ez a hölgy most ötven éves. Az elmúlt negyvenöt évben azt gondolta, hogy ő a legbutább tagja a családnak, mert túlteljesített – de nem tudta, hogy ez mi volt valójában.

Az emberek mindenféle dolgokat mondanak neked, amikor gyerek vagy, neked pedig fogalmad sincs, hogy az mit jelent, úgyhogy csavarsz egyet azon, amit mondanak. Azt feltételezed, hogy a túlteljesítés rossz dolog. Úgyhogy, ha rossz vagyok, valószínűleg tévedek, és ha tévedek, valószínűleg hülye vagyok.

Mindenhol, ahol ezt eldöntötted, elpusztítanád és nem teremtetté tennéd isten tudja hányszorosan? Helyes, helytelen, jó, rossz, POD, POC, mind a 9, rövidek, fiúk és túlontúl.

A kérdésnek mint veleszületett rosszaságnak milyen generálását és teremtését használod arra, hogy igazold a helyzeti FEPASOP-okat, amiket arra használsz, hogy a válaszokat tedd valósággá, a kérdéseket pedig a hülyeség, a butaság és a lassúság megtestesítőivé? Mindent, ami ez, hajlandó vagy-e elpusztítani és nem teremtetté tenni? Helyes, helytelen, jó, rossz, POD, POC, mind a 9, rövidek, fiúk és túlontúl.

Kérdés: Úgy éreztem, mintha megállítottak volna, mikor a túlteljesítésről beszéltél. Nagyon erős érzelmi reakció jött fel. Visszahozta azt, amit a szüleimmel tapasztaltam, minden alkalommal, amikor feltettem egy kérdést nekik, mindig borzasztóan megijedtek. Még mindig azt érzem, hogy bűntényt követek el, amikor kérdezek. Valami nagy dolognak tűnik, még a tenyerem is izzad. Mit tehetnék, hogy elpusztítsam és nem teremtetté tegyem ezt mint automatikus választ arra, hogy felteszek egy kérdést?

Gary: Mennyi hazugságot vettél be arról, hogy kérdezni rossz? Mindent, ami ez, hajlandó vagy-e elpusztítani és nem teremtetté tenni? Helyes, helytelen, jó, rossz, POD, POC, mind a 9, rövidek, fiúk és túlontúl.

Bevettél egy hazugságot a kérdezés rosszaságával kapcsolatban? Hány hazugságot használsz arra, hogy rosszá tedd a kérdezést, vagy a kérdésként létezést, ami valójában vagy? Mindent, ami ez, hajlandó vagy-e elpusztítani és nem teremtetté tenni? Helyes, helytelen, jó, rossz, POD, POC, mind a 9, rövidek, fiúk és túlontúl.

Beszéltél az eszességről. A családom elismerte és ünnepelte, hogy eszes vagyok, de ettől tehetetlennek éreztem magam, mert az éberségem és az eszem ellenére, nem tűnt úgy, hogy pozitív hatásom van. Mit tehetek, hogy kimozduljak ebből az identitásból, hogy mindegy mi van, mindegy, milyen okos vagy éber vagyok, be vagyok ragadva ebbe a kudarcba?

Gary: Lehet, hogy valami szörnyűséget kell tenned.

Például?

Gary: A családod ellen választani.

Ah...

Gary: Apám akkor halt meg, amikor tizenhét voltam. Be akartam vonulni a seregbe. Tengerész akartam lenni. Anyám azt mondta: „Főiskolára kell menned. Ha nem mész főiskolára, apád forogni fog a sírjában. Ez volt az egyetlen dolog, amit szeretett volna tőled." Úgyhogy elmentem a főiskolára.

Három évig jártam oda. Hazamentem látogatóba, a húgom egy protestáns szekta tagja lett. Ezek azok az emberek, akik röhögve vonulnak végig a templom folyosóján és kiabálják, hogy „Igen, Jézus! Igen, Jézus!"

Akkoriban húsz lehettem. A húgom azt mondta: „Ha nem hiszel Jézusban, pokolra fogsz jutni!".

Azt feleltem: „Hát, hogy őszinte legyek, nem biztos, hogy hiszek Istenben." Berohant a házba sikoltozva és ordítva, mert nem hittem Istenben.

Anyám azt mondta neki: „Ne aggódj, drágám. Ez csak valami hülyeség, amit a főiskolán szedett össze".

Anyám azért kényszerített főiskolára, mert apám forgott volna a sírjában, ha nem megyek, de az volt a nézőpontja, hogy hülye nézeteket szedek össze a főiskolán.

Ránéztem erre, és azt mondtam: „Ez őrültség. Azt mondod a húgomnak, hogy hülyeségeket tanulok a főiskolán, ugyanakkor azt mondod, hogy főiskolára kell járnom, mert különben hülye leszek. Már elnézést, de ez a hülyeség".

Elkezdtem bukdácsolni a főiskolán, csak hogy bebizonyítsam, hogy tévedsz. Végül erre is ránéztem, és azt mondtam: „Tudod mit? Ez is hülyeség. Miért próbálom bebizonyítani, hogy anyámnak igaza van, azzal, hogy hülye vagyok ahhoz, hogy iskolába járjak, és hogy hülye vagyok azért, hogy nem járok iskolába, és hogy hülye vagyok, mert kibukok az iskolából, és mi a fenét próbálok itt elhinni?"

Úgyhogy, közületek bárki, aki még mindig az élő, vagy már rég nem élő szüleiteknek próbáltok a kedvére tenni, abbahagynátok ezt, és helyette feltennétek ezt a kérdést:

Mennyire voltak hülyék a szüleim? Mindent, ami ez, hajlandó vagy-e elpusztítani és nemteremtetté tenni? Helyes, helytelen, jó, rossz, POD, POC, mind a 9, rövidek, fiúk és túlontúl.

Kérdés: Amikor először tapasztaltam meg a kérdésben levést, semmit nem éreztem. Nem éreztem azt, amiről ti beszéltek. Amikor kérdezek, úgy tűnik, mintha a sárban lennék. Olyan, mintha az elmémben lennék.

Dain: Minden, amit eldöntöttél arról, hogy mit jelent kérdésben élni – és minden, amit arról gondolsz, hogy milyen érzés, amikor csinálod – egy nézőpontból való kivetítés. Nem kérdés.

Gary: Mindent, amit eldöntöttél arról, hogy milyen lesz kérdésként élni, és hogy hogy fog kinézi, elpusztítanál és nem teremtetté tennél-e? Helyes, helytelen, jó, rossz, POD, POC, mind a 9, rövidek, fiúk és túlontúl.

Dain: Amikor a létmódod erről a valóságról szól, akkor válaszból működsz. Kicsavarod magad annak a hajlandóságából, hogy kérdés legyél, mintha ezt ki nem állhatnád.

Amikor ezt teszed, a testedet arra állítod be, hogy ennek a valóságnak a fizikai megtestesítője legyen, és vigye ennek a terhét, hogy ne kelljen kicsavarnod magad a kérdésből minden nap minden pillanatában.

Gary: A testednek ugyanannyira részt kell vennie a tudatosság útján, ahogy neked. Lenyűgöző változások tudnak létrejönni a testedben és a kapcsolatodban minden körülötted lévő dologgal, amikor kérdésben élsz. A tested egy érzékszerv, amely információval lát el. Elmondja, mi folyik körülötted. Ha nem vagy hajlandó egységközösségben lenni vele, kilencven százalékától elvágod magad annak, amit képes vagy érzékelni, tudni, létezni és befogadni. Ez az, amiben élni akarsz?

Dain: A tested egy hozzájárulás annak az energiának az összességéhez, amiként ebben a valóságban érzékeled magad.

Gary: Ez az, amiként megteremted magad. Ezért futtatjuk ezt a processzt – segít kérdésben élni. A haladó test tanfolyam elvégzése is segít ebben.

Dain: Az emberek azt kérdezik: „Mi a fene köze van a haladó test tanfolyamnak ahhoz, hogy kérdésben tudjak élni?"

A haladó test tanfolyam kezelései kioldanak dolgokat, úgy, hogy ahelyett, hogy egy szuper-nehéz elefánt ülne a válladon, amit úgy hívnak „ez a valóság", az elefántod elkezd fogyni. Könnyebb lesz, hogy azokká a dolgokká válhass, amikről korábban beszéltünk.

Kérdés: *Voltam haladó test tanfolyamon, ami több volt, mint lenyűgöző, és észrevettem, hogy a kérdéseim az elmémből jöttek. Most úgy tűnik, hogy egy másik térűrből jönnek.*

Gary: Igen. Pontosan így működik. A testednek ugyanazon az úton kell mennie, amelyen neked. Megcsinálod a Barst, az Alapozót, az Első szintet, a Második szintet, a Harmadik szintet és az Alap Test tanfolyamot, amit legalább kétszer meg kell csinálnod ahhoz, hogy elmehess a Haladó Test tanfolyamra, mert ha nem végeztél elegendő testkezelést, fele annyira jó eredményeket sem fogsz elérni, mint mások. És aztán a Létezés energetikai szintézise kurzus. Ezek mindegyikével esélyt kapsz arra, hogy egy teljesen más valóságot válassz – ha ez az, amit szeretnél. Na, elmondtam. Ez volt az én 30 másodperces reklám szünetem.

Kérdés: *Hallgattam egy tanfolyamot arról, hogy Gary elment Dain rendelőjébe csontkovácsolásra. Ez volt az első alkalom, hogy találkoztak. Dain úgy dolgozott a Gary testén, hogy nem érintette meg, és nagyon eredményes volt.*

Ezt elhinni vak hit volna részemről. Nem hiszek semmit, amíg nem láttam. Ez olyan, mint gyerekkoromban. Sokszor sírtam este lefekvéskor, mert nem hittem Jézusban. Azt mondták, hogy pokolra jutok, mert nem hiszek benne, úgyhogy biztosítottam, hogy azt higgyem, hogy hittem, holott valahol mélyen tudtam, hogy nem.

Szóval, ha nem hiszem el, miért mentem el mégis Dain A létezés energetikai szintézise tanfolyamára múlt hónapban? Miért próbálok elhinni dolgokat, amiket nem hiszek? Nagyon sokat kapok az energetikai tisztításokból és a testkezelésből. Én magam is testekkel dolgozom. Hiszek az energia gyógyító erejében. De hacsak nem érzem, látom, vagy tapintom, nem hiszem el. Ez a bizalom hiánya és a nézőpontom helyessége a vak hittel kapcsolatban? Mi van ebben a sztoriban, aminek ennyire ellenállok?

Gary: Mi van, ha a vak hitről alkotott elképzelés az, ahogyan megvakítod magad az önmagadban való hitedben? Hoppá.

Mindent, ami ez, isten tudja hányszorosan, hajlandó vagy-e elpusztítani és nem teremtetté tenni? Helyes, helytelen, jó, rossz, POD, POC, mind a 9, rövidek, fiúk és túlontúl.

Ellenállásban vagyok a befogadással és a Létezés energetikai szintézisével. Arról van szó, hogy nem vagyok képes valamit befogadni, amit nem értek? A kontrollal van kapcsolatban? Több információra van szükségem? Mi egyéb lehetséges itt?

Gary: Amikor azt kérdezed: „A kontrollal van kapcsolatban?", ez egy kérdés, vagy egy válasz, aminek tettél egy kérdőjelet a végére, mintha ez majd tisztánlátást adna neked?

Dain: Ezt nagyon sokan csinálják. Van egy válaszuk, vagy egy következtetésük, és tesznek a végére egy kérdőjelet. Úgy tesznek, mintha kérdést tennének fel, és csodálkoznak, hogy ez miért nem nyit meg egy ajtót sem. Egy kérdés mindig megnyitja az éberség ajtóit. A válasz mindig még többet ad abból, amit már előre eldöntöttél.

Gary: És a kérdés mindig ugyanazon a nyomvonalon tart, amelyből eddig is működtél – ami első körben sem működött.

Dain: A kérdés megnyitja az ajtót, hogy le tudj térni a pályáról, amin haladsz.

Gary: A „Több információra van szükségem?" nem kérdés. Ha zavarodott vagy, vagy feszült, vagy úgy érzed, hogy valami nincs rendben, több információra van szükséged. Nem „Több információra van szükségem?", hanem „Hol találom meg az információt, amire szükségem van, ami több könnyedséghez és tisztánlátáshoz juttat?"

Próbáld meg feltenni a kérdést: „Mi egyéb lehetséges itt?" Ez a valódi kérdés. Mi egyéb lehetséges, amit eddig nem voltam hajlandó érzékelni, tudni, létezni és befogadni? Miről döntötted el, hogy hinned kell benne, amit ha nem hiszel, akkor nem lehetsz az?

Mi lenne, ha olyan nagy lennél, hogy azt határoztad meg a nagyság feltételeként, hogy hinned kell a nagyságodban? Bevetted, hogy csak akkor lehetsz az, ha tudod definiálni? Mindent, ami ez, Isten tudja hányszorosan elpusztítod és nem teremtetté teszed? Helyes, helytelen, jó, rossz, POD, POC, mind a 9, rövidek, fiúk és túlontúl.

Dain: Azt mondtad, a nagyságodat azért kell meghatároznod, hogy azzá válhass, de nyilvánvalóan ez a kérdés arra is fényt derít, hogy ahhoz, hogy valamiben hinni tudj, definiálnod kell mielőtt hihetsz benne, mielőtt birtokolhatod, mielőtt azzá válhatsz.

Gary: Mindent, ami ez, Isten tudja hányszorosan, elpusztítod és nemteremtetté teszed? Helyes, helytelen, jó, rossz, POD, POC, mind a 9, rövidek, fiúk és túlontúl.

Dain: Mi lenne, ha nem kellene elhinned, vagy definiálnod valamit ahhoz, hogy azzá válhass?

Gary: Dain, amikor először elmentem a rendelődbe, elhitted, hogy tudom, miről beszélek?

Dain: Jaj, nem.

Gary: Azt gondoltad, bolond vagyok?

Dain: Igen, eléggé. Kezeléseket cseréltünk, és amikor te dolgoztál rajtam, tudtam, hogy valami történik. De egyáltalán nem hittem, hogy én magam képes vagyok ajándékozni vagy hozzájárulás lenni. Nem számított. A hitnek nem volt köze hozzá.

Gary: Szóval, mi lenne, ha nem a hitről szólna? Mi van, ha arról szól, hogy választasz valamit? Azon az első kezelésen azt mondtam neked: „Csak bízz a tudásodban, és kérdezd meg a testemet mit tehetsz érte." Igaz?

Dain: Igen, azt mondtad: „Tudni fogod, mit tegyél." Volt egy részem, ami a régi hiedelem és kétség helyéből jött, de volt egy részem, amelyiknek ez kecsegtető volt, és amelyik izgatott volt. Az a részem azt mondta: „Tényleg? Tudni fogom, mit tegyek?" Ez túlment azon a hiedelmen, hogy nem vagyok képes, és nem tudok hozzájárulás lenni valakinek.

Gary: Ez a legfontosabb aspektusa ennek. Hajlandónak kell lenned feltenni a kérdést, és túlmenni a korlátolt hiedelmeiden. Az egyetlen módja annak, hogy meghaladd a hiedelmeidet, hogy felteszel egy kérdést.

Dain: Ami túl van a hiedelmeiden, az az, ami valójában lehetséges. Ami túl van a hiedelmeiden, az a valódi tudásod. Az az, amit érzékelhetsz, amit befogadhatsz, és ami lehetsz.

Gary: A tíz másodpercenkénti választásban élés a kezdete annak, hogy felfedezd, végtelen választási lehetőséged van. Sajnos a legtöbb ember nem érti ezt. Próbálják megteremteni azt a következtetést, ítélkezést, vagy választ, ami mindent működővé tesz számukra, mintha ez lehetséges lenne. Én azt javaslom, tedd fel a kérdést: „Ha ezt választom, mit fogok teremteni?" Tudsz valami példát erre az életedből, Dain?

Dain: Valami konkrét dologra gondoltál, barátom?

Gary: Volt egy nő, aki veled akarta tölteni az éjszakát, ránéztél a dologra, és feltetted a kérdést...

Dain: Igen. Azt kérdeztem: „Ha ezt választom, az hozzájárulás lesz az életemhez? Többet teremt ez nekem, vagy kevesebbet?" Feltenni ezt a kérdést, teljesen más, mint abból a következtetésből működni, amiből általában működtem, nevezetesen: „Szex? Igen. Nők? Igen. Határozottan."

Úgyhogy, feltettem ezt a kérdést, és teljesen más éberséghez jutottam, mint amit hajlandó voltam látni azelőtt. Az energiát figyeled ilyenkor. Amikor azt kérdezed, "Ha ezt választom, hozzájárulás lesz ez az életemhez?" érzékelni vagy érezni fogod azt, hogy milyen lesz, ha választod az adott dolgot.

Azt láttam, hogy ha együtt leszek ezzel a nővel, az nem azt az energiát teremti, amit szeretnék az életemben tudni. Az, ha szexelek vele, nem lesz hozzájárulás az életemhez. Úgy éreztem, hogy inkább elvesz majd az életemből. Azt mondtam: "Tudod, mit? Még ha szexről is van szó, én most ezt nem választom."

Ez egy hatalmas változás nekem. Úgy tűnik, mindannyiunknak van legalább egy terület, ahol nem vagyunk hajlandóak kérdezni, ránézni a dolgokra, és azt választani, ami valóban hozzájárulás nekünk. Bármi legyen is ez a terület neked, ránézhetsz, és felteheted a kérdést: "Ha ezt választom, hozzájárulás lesz?"

Legyél hajlandó feltenni ezt a kérdést. Ha felteszed, és aszerint az éberség szerint működsz, amit kapsz, még inkább éber leszel arra, hogy mit jelent kérdésben lenni.

Kérdés: *Amikor kérdéseket teszek fel, úgy érzem, hogy le kell rendeznem azokat a dolgokat, amikre éber leszek. Olyan, mintha az én felelősségem lenne, hogy megjavítsak dolgokat.*

Gary: Ez egy feltételezett nézőpont. Nincs köze a kérdésekhez. A kérdések arról szólnak, hogy nagyobb éberséghez juss. Amikor nagyobb az éberséged, egy másik lehetőség válik elérhetővé. Hajlandónak kell lenned ránézni valamire, és megkérdezni: "Rendben, mi az, ami valóban lehetséges itt, amit nem érzékelek, tudok, létezek vagy fogadok be?"

Az Access Consciousnessben minden kiterjeszti az éberségedet. Túl kell lépned azon a nézőponton, hogy te vagy mindenért a felelős, ami megjelenik, és hogy minden éberségeddel tenni kell valamit. Különben meg fogsz őrülni.

Az, hogy éber vagy valamire, nem jelenti azt, hogy tenned is kell vele valamit. Annyit kell tenned, hogy felteszed ezt a kérdést: "Van-e bármi, amit itt szükséges tennem, kell tennem, vagy bármi, amit tehetnék?"

Az esetek kilencven százalékában azt fogod találni, hogy semmit sem kell tenned. Például én könnyen meglátom, ha valaki azt választotta, hogy meg fog halni. Ilyenkor megkérdezem: „Tehetek valamit ezzel? Igen? Nem? Nem, rendben. Van itt valami, amit meg tudok változtatni Igen? Nem? Nem, rendben. Ő ezt akarja? Igen vagy nem? Igen, rendben."

Ezen a ponton nem próbálok semmit sem tenni. Felismerem, hogy egyszerűen csak éber vagyok valamire. Aztán felteszem a kérdést: „Mikor fog meghalni?" Amikor felteszel egy ilyen kérdést, éber leszel a halál energiájára, és arra, hogy mikor fog bekövetkezni. Ha ezt megérted, az rengeteget változtat.

Dain: Ha nem kérdésből működsz, vagy nem teszel fel valódi kérdést, akkor egy irányba mész. Olyan, mintha falak lennének a bal oldaladon, és falak lennének a jobb oldaladon. Nem látsz át a falak fölött, nem látsz el mellettük, nem látsz át rajtuk, nem látsz át közöttük. Csak ebbe az egy irányba mehetsz.

Amint felteszel egy kérdést, ajtók nyílnak meg balról és jobbról, és meglátod a lehetőségeket, amikre addig nem is gondoltál. A kérdés az, ami megnyitja ezeket a lehetőségeket. A kérdés a kulcs ahhoz, hogy megengedd ezeknek a lehetőségeknek, hogy létezzenek.

Úgy teszünk, mintha nem lenne választásunk, és nem lennének lehetőségeink. Egy szűk folyosón haladsz, amit úgy hívnak, az életed. Mindkét oldalon falak vannak, és nem látsz semmilyen más lehetőséget. Ha felteszel egy kérdést, ajtók nyílnak meg jobbról és balról. Ha kérdésként létezel, nincsenek falak, hogy korlátozzák az éberségedet arról, hogy mid lehet, vagy te mi lehetsz. A falak megszűnnek létezni. És vajon nem a falak voltak azok, amikbe egész életedben beleverted a fejed, miközben azon tűnődtél: „Hogy jutok át ezen a falon? Hogy jutok át ezen a falon? Hogy jutok át ezen a falon? Hogy jutok át ezen a falon?"

Úgy jutsz át a falon, hogy kérdésként létezel, ami úgy kezdődik, hogy felteszel egy kérdést.

Kérdés: *Mi a különbség az intuitív tudás és a társadalmilag elfogadott tudás között? Amikor például intuitív módon tudod a választ, vagy amikor egy társadalmilag elfogadott nézőpontból tudod?*

Gary: Az intuíció önmagában egy hazugság. Nem intuíciód van, hanem éberséged.

Az intuíciót úgy definiálod, mint ami jön és megy, nem úgy, mint az éberséget, ami mindig ott van. Az intuícióról az az elképzelés, hogy varázslatszerűen érkezik el hozzád. Az éberség viszont nem varázslatszerűen érkezik; hanem része annak, ami vagy. Addig, amíg az éberséget intuícióként definiálod, olyasvalaminek látod, ami nem azonnali, és nem érhető el számodra minden egyes pillanatban.

Hajlandónak kell lenned arra, hogy minden, ami megjelenik, elérhető legyen számodra minden időben. A kérdés ez: „Hogyan terjesztem ki ezt az éberséget?" Minden alkalommal, amikor ráérzel valamire, tedd fel a kérdést, hogy ez éberség-e. Kérdezd meg: „Hogyan terjesztem ki ezt az éberséget addig, amíg mindig velem lesz?"

Kérdés: *Az anyám múlt héten meghalt és van egy kis örökségem. A családom szeretné ennek egy részét. Nem tudom, mit tegyek. Próbáltam kitalálni valami kérdést, hogy rájöjjek...*

Gary: A kérdés ez: „Miféle hülyék gondolják, hogy ők ezt megérdemlik?" Az anyád rád hagyta. Vagy rájuk hagyta?

Nem.

Gary: Miért érdemelnek ők bármit?

Nincs pénzük.

Gary: Az összes olyan ember, akinek nincs pénze, azt gondolja, hogy mindent megérdemel attól, akinek van.

Annyit kell csak mondanod: „Rettenetesen sajnálom, annyira szegény vagyok, hogy az összes pénzt fel kell használnom a számláim kifizetésére." vagy „Már az összes pénzt elköltöttem a számláim befizetésére."

A nővérem azt mondta: „Ha sok pénzről van szó, meg kell velem osztanod."

Gary: És megkérdezted: „Miért?"

Igen, és aztán olyan bűntudatom lett.

Gary: Ez a bűntudat nem a tiéd. Rád vetítik, kedves. Hányan próbálnak bűntudatot ébreszteni benned a családodból, mert te kaptad meg?

Mindenki.

Gary: Azért kaptad, mert rossz gyerek voltál, vagy azért, mert jó? Ők azért nem kapták meg, mert rossz gyerekek voltak, vagy azért, mert jók?

Nem tudom.

Gary: De igen. Ők azért nem kapták meg, mert folyamatosan próbálták elvenni az anyádtól mielőtt itt lett volna az ideje.

Igen.

Gary: Egész életében próbálták megszerezni tőle. Azt, hogy „Meg kellene halnod, hogy megkaphassam a pénzedet", nem túl szép dolog rávetíteni egy szegény öreg hölgyre. Te viszont szeretted őt attól függetlenül, hogy neked adja-e a pénzét, vagy nem.

Igen.

Gary: Te valóban törődtél vele?

Igen, azt hiszem.

Gary: Nem gondolod, hanem tudod. Ezt hagyd abba. Amíg gondolod, nem vagy kérdésben. Tedd fel a kérdést, "Gondoskodó voltam?" Tényleg a pénze érdekelt? Igazság?

Nem. Igen. Nem.

Gary: Nem, nem csak a pénze érdekelt. Azért kedvelted, ami volt. Mindenki más a pénzéért szerette. Gondolhatod, hogy talán elég éber volt, hogy azt mondja: „Csesszék meg. Nem hagyok rájuk semmit."

Így van.

Gary: Vagy csak azért akart mindent rád hagyni, hogy halálra kínozzon?

Dain: Vagy lehet, hogy azért hagyott rád mindent, hogy kínozhasson téged és őket is.

(Nevetés) Erre a lehetőségre is gondoltam.

Gary: Mindent, amit nem vagy hajlandó ezzel kapcsolatban érzékelni, tudni, létezni és befogadni, elpusztítanád és nem teremtetté tennéd-e Isten tudja hányszorosan? Helyes, helytelen, jó, rossz, POD, POC, mind a 9, rövidek, fiúk és túlontúl.

Dain: Amikor azt mondtam: „Azért hagyott mindent rád, hogy kínozni tudjon téged és őket", nevettél. Ilyen érzés, amikor éber leszel attól, hogy kérdésben vagy, és hogy kérdezel. Ez annak az ébersége, hogy mi az igaz. Könnyebbnek érzed magad tőle, és gyakran nevetésre késztet.

Gary: Ha könnyebb leszel tőle, vagy nevetned kell, akkor igaz. Ha nehéz leszel, és szörnyen érzed magad, akkor nem igaz.

Szerintem nagyszerű, hogy a kezedbe adta a kantárt, hogy a család többi tagját kínozhasd. Most kínozhatod őket, ha szeretnéd. Vagy hazudhatsz, és úgy tehetsz, mintha annyira szörnyű nagy adósságaid lennének, hogy az összes pénzt arra kell fordítanod, hogy kifizesd a számláidat. Mondhatod azt is, hogy tökéletesen megérted, hogy ők is szörnyű nagy adósságban vannak, és nem tudják fizetni a számláikat – és nagyon sajnálod, de már az összes pénz elment.

És miért ne hazudnál a csúnya embereknek? Úgyhogy az összes csúnya embernek, akinek nem vagy hajlandó hazudni, és nem vagy hajlandó kérdésbe menni velük kapcsolatban, ez valójában valami mást teremtene és generálna az ő világukban?

És ha adnál nekik pénzt, az tényleg valami nagyszerűbbet teremtene az ő világukban? Vagy ez lenne a megoldás, amire egész életükben vártak? Megoldana ez valójában bármit? Igazság?

Nem.

Gary: Rendben, akkor csesszék meg.

Mindent, ami ez, elpusztítod és nemteremtetté teszed Isten tudja hányszorosan? Helyes, helytelen, jó, rossz, POD, POC, mind a kilenc, rövidek, fiúk és túlontúl.

Kérdés: *Olyan sokáig voltam boldogtalanságban, hogy nem volt kérdés az univerzumomban azzal kapcsolatban, hogy van-e bármilyen másik lehetőség. Aztán elkezdtem a Haladó test tanfolyam kezeléseit, és egyik reggel hihetetlen boldogsággal ébredtem. Azt kérdeztem: „Mi ez?" Annyira hozzászoktam a boldogtalansághoz és a fájdalomhoz, hogy azt gondoltam, „Nos, ez már csak ilyen." Nem ismertem semmi mást.*

Gary: Az milyen kérdés, hogy „Nos, ez már csak ilyen"?

Pontosan, nem volt kérdés a világomban ezzel kapcsolatban. Addig a pontig nem voltam éber arra, hogy feltehetnék egy olyan kérdést, hogy „Hogyan lehetnék boldogabb?"

Gary: Ahogy mondtad, a kérdésről szól. Feltehetnéd azt a kérdést, hogy „Boldog vagyok?" De ez nem kérdés. Ez egy helyes vagy helytelen nézőpont. Egy nyitva hagyott lehetőségnek kellene lennie. A nyitott kérdés az lenne: „Mi kellene ahhoz, hogy boldog legyek?"

Mindent, amit helyessé vagy helytelenné tettél a boldogságoddal kapcsolatban, Isten tudja hányszorosan, elpusztítod és nem teremtetté teszed? Helyes, helytelen, jó rossz, POD, POC, mind a 9, rövidek, fiúk és túlontúl.

Kérdés: *Azon dilemmázom, hogy feltegyek-e egy kérdést, vagy csak hagyjam, hogy valami legyen. Beszélgettem valakivel néhányszor, aki azt mondta: „Szeretnék eljönni az Access Consciousness Bars tanfolyamodra. „Egy barátom felhívott ma, és azt mondta: „Beszéltem ma vele, és nem fog elmenni a tanfolyamodra, mert túlzottan áradozó* *vagy."* Azt gondoltam, *„Fel kéne tennem egy kérdést ezzel kapcsolatban?"* Aztán azt kaptam, *„Nem, egyszerűen elengedem."*

Gary: Ő kérdésben volt, következtetésben vagy válaszban?

Következtetésben. De nekem kell ezzel valamit csinálni?

Gary: Nem. Sajnálom, ki veszít azzal, ha nem jön el a tanfolyamodra? Ő vagy te?

Mindketten. Én veszítek egy klienst.

Gary: Nem, nem, nem. Azt feltételezed, hogy a pénz, amit fizetne neked a tanfolyamért, megoldana dolgokat. Nem azt a tényt nézed, hogy az a választása, hogy nem él, amit választ azzal, hogy nem megy el, valamiféleképpen azt jelenti, hogy te veszítesz. Azt kell látnod, hogy néhányan csakis azt hajlandóak választani, ami lehetővé teszi, hogy veszítsenek. Én folyton ezt látom.

Mindent, ami ez, Isten tudja hányszorosan, elpusztítod és nem teremtetté teszed? Helyes, helytelen, jó, rossz, POD, POC, mind a 9, rövidek, fiúk és túlontúl.

Milyen kérdés lehetsz, ami nem vagy hajlandó lenni, ami ha hajlandó lennél lenni, az megváltoztatna minden valóságot? Mindent, ami ez, Isten tudja hányszorosan, elpusztítod és nem teremtetté teszed? Helyes, helytelen, jó, rossz, POD, POC, mind a 9, rövidek, fiúk és túlontúl.

Dain: Mennyi tudatosság ellenesség kell ahhoz, hogy annyira kivegyen a kérdésben létezésből, ami a természetes állapotod, hogy most már természetellenesnek tűnik?

Gary: Részben ez volt az, amit kivertek belőled, amikor azt mondták: „Maradj csendben, ne tedd fel azt a kérdést." Azt tanították, hogy ne kérdezz. Ösztönös képességed a kérdezés.

Dain: Anyukám ragtapaszt tett a számra gyerekkoromban, mert mindig kérdeztem. Szerinted működött? Persze, hogy nem! Megtaláltam a módját, hogy ragtapasszal a számon beszéljek. Csak egy kicsit kell, hogy felváljon, hogy elég levegő jöjjön be, és tudsz beszélni.

Gary: Ez nagyon vicces.

Mindent, ami ez, Isten tudja hányszorosan, elpusztítod és nem teremtetté teszed? Helyes, helytelen, jó, rossz, POD, POC, mind a 9, rövidek, fiúk és túlontúl.

Dain: Szóval egyezzünk meg ebben: Ha a ragtapasz nem tudta belőlem kiölni a kérdést, és még mindig idegesítően kérdésben tudok lenni, ahogyan vagyok is, akkor te is képes vagy erre.

Gary: Az egyik dolog, amiben Dain mindenki mástól különbözött, aki az Access Consciousnessbe jött, az volt, hogy feltett egy kérdést, előjöttünk egy processzel, kitisztítottuk a dolgot valami fontos témával az életében – és harminc másodperccel később azt mondta: „Nos, most hogy ezzel megvagyunk, mit szólnál ehhez?"

Én azt mondtam: „Nem tudnád élvezni a békességet és a lehetőséget, amit épp most hoztál létre, csak egy pillanatig?"

Mire ő: „Nem, még van más is, amit ki kell tisztítani." Ez a hajlandóság arra, hogy mindig keresd a többet, maga a kérdésben élés. Amikor abbahagyod a több keresését, meghalsz. Ha nem hisztek nekem, nézzétek meg azokat az embereket, akik nagyon öregek, és még mindig a többet keresik. A több alapvetően annak a működési elve, aki hajlandó kérdésben lenni.

Kérdés: Az egész gyerekkoromban azt mondták, hogy ne legyek több, ne kérjek többet, ne várjak többet, úgyhogy alapvetően azt mondták, hogy legyek egy zombi?

Gary: Azt mondták, hogy ne létezz.

Dain: Több, több, több. Többnek lenni, többet befogadni, többet kérni, alapvetően egy létállapot. Te mint lény, mindig többre vágysz, többet teremtesz, többet generálsz.

Gary: Ha valóban hajlandó vagy létezni, van-e olyan hely, ahol nem vagy kérdésben azzal kapcsolatban, hogy hogyan érzékelj, tudj, létezz és fogadj be többet?

Ez olyan, mint egy új koncepció. A régi létezésmódom a feje tetejére állt. Fantasztikus.

Gary: Ezt próbáljuk itt csinálni. A Tíz kulcs önmagában megteremti azt, hogy keresni fogod, mi egyéb lehetséges az életedben, hogyan lehetne több, és azt, hogy kérdésben legyél.

Dain: Észrevettem, hogy néha, amikor a tíz kulcsról beszélünk, ha az embereknek gondjuk van valaminek a megértésével, elkezdenek ítélkezni maguk felett. Olyan, mintha azt hinnék, hogy azt mondjuk nekik: „Hülye vagy. Nem vagy tudatos."

Ez mind ennek a valóságnak a nézőpontja. Ez az, amit a kezünkbe adtak. Egy hely, amiből működünk, bevesszük ezt a cuccot, és folyamatosan teremtjük önmagunk rosszaságát.

Gary: Azt kell kérdezned: „Mi a jó bennem, amit nem veszek észre?"

Hibáztattak azért, mert kérdéseket tettél fel, és mert többet akartál, hibáztattak azért, mert érzékelted, hogy lennie kell valami nagyszerűbbnek, és mert nagyobb életre vágytál, mint ami a legtöbb embernek van."

Az életem egy bizonyos pontján megvolt mindenem, amiről anyám azt gondolta, hogy a tökéletes 130 négyzetméteres otthon. A város rossz negyedében volt, de mégis volt egy 130 négyzetméteres házam. Anyám nézőpontja az volt: „Mi többet akarna ennél bárki?"

Eladtam azt a házat, és beköltöztem a város legjobb negyedében egy lepusztult lyukba. Az a jó abban, ha a város legjobb részén laksz, hogy „helyes" lakcímed van, amit elmondhatsz az embereknek, hogy jobbnak gondoljanak, mint amilyen valójában vagy.

Anyám nézőpontja ez volt: „Tökéletesen megfelelő házad van. Miért költözöl el?"

Az én nézőpontom ez volt: „Mert ez nem elég. Többet akarok." Az ő nézőpontja az volt: „Meg kell elégedned azzal, amid van." Nekem soha nem volt ez a nézőpontom, mert egész életemben minden pillanatban kérdésben éltem.

És kiderült, hogy többért tudtam eladni a lepusztult lyukat, mint amit fizettem érte, és ezen is kerestem.

Kérdés: *Milyen kérdések és tisztítások lehetnek szolgálatára azoknak, akik olyan dolgokra vágyunk, amit látszólag nem engedhetünk meg magunknak?*

Gary: Amikor az emberek nem engedhetnek meg valamit, ez egy megoldás, amit arra hoztak létre, hogy soha ne váljanak többé.

Milyen megoldást teremtettél arra, hogy soha ne legyél több, hogy biztosan soha ne legyél az a több, ami valójában lehetnél? Mindent, ami ez, Isten tudja hányszorosan, elpusztítod és nem teremtetté teszed? Helyes, helytelen, jó, rossz, POD, POC, mind a 9, rövidek, fiúk és túlontúl.

Ez a processz azok számára, akik azt mondják, hogy nem engedhetnek meg többet.

Kérdés: *Ahogy érzékenyebb leszek, érzékelem a körülöttem élők érzéseit, érzelmeit és gondolatait. Nem igazán akarok mindent érzékelni. Mit tehetek ezzel kapcsolatban?*

Gary: Miért nem?

Mert fájni kezd a testem. Telefonon beszéltem ma reggel egy barátommal, aki beteg, és érzékeltem mindent, ami zajlik a testében.

Dain: Várj! Amikor azt mondod, hogy nem akarsz mindent érzékelni, kiemeled magad a képességből, hogy mindened meglegyen, és minden legyél, amit eddig kértél. Félreazonosítottad és tévesen alkalmaztad az érzékelésedet mint a probléma okozóját.

A probléma a fix nézőpontjaidból ered, és azokból a dolgokból, amiket az érzékeléseddel teszel. Gary mindent érzékel, és nincs a hatása alatt. Én lassan eljutok oda, hogy mindent érzékeljek, és ne legyek a hatása alatt. Ez egy más módja a létezésnek, ami mostanáig nem tudott megmutatkozni. Kérdésbe kell mennetek.

Gary: Egy barátom férjének egyre zavartabb az elméje. Elképzelhetetlenül dühös, és nagyon sok fegyvere van. Az volt az érzékelésem, hogy ha a barátom nem változtat valamit gyorsan a saját életén, a férje le fogja lőni. Szeretném, hogy ez megtörténjen? Nem. Meg tudom akadályozni? Nem. Csakis ő tudja. Elmondhatom neki? Nem. Mit tehetek ezzel? Legyél éber. Ez minden, amit tehetsz azzal a rengeteg információval, amid van.

Azt gondolod, hogy mivel van ez az éberséged, meg kell tapasztalnod a fájdalmat, megváltoztatni a fájdalmat, és tenni valamit azokkal az emberekkel, akiknek fájdalmai vannak. Ki tett téged Istenné? A totális éberség nem tesz Istenné. Olyan személlyé tesz, akinek megvannak Isten képességei – nem Isten felelőssége.

Mindent, amivel folyamatosan próbálod magad felelőssé tenni az éberség isteneként, elpusztítod és nem teremtetté teszed? Helyes, helytelen, jó, rossz, POD, POC, mind a 9, rövidek, fiúk és túlontúl.

Kérdés: *Valahányszor azt mondod, teremteni, rájövök, hogy nem tudom, hogy ez mit jelent. Vagy, hogy ez milyen érzés. Tudom, mi a generálás, de nem tudom mi a teremtés.*

Gary: A teremtés az a hely, ahol fogod azt a generatív energiát, amire éber vagy, és valamibe átfordítod. Hajlandó vagy éber lenni az energiára és hajlandó vagy megtenni a lépéseket, amelyek ahhoz kellenek, hogy mindezt virágzóvá tedd. Mondhatnád azt: „Ez generatív energia. Amit kívánok, annak egyszerűen létre kellene jönni." Igen, létre kellene, de nem fog. Valamit tenned kell, hogy megteremtsd. Be kell hoznod a létezésbe.

A generatív energiát jó, ha megérted, de hacsak nem vagy hajlandó fogni ezt a generatív energiát, és létrehozni valamit – behozni ebbe a valóságba – önmagában ez a generatív energia nem hoz létre semmit az életedben. Milyen generatív energiát szeretnél az életedben birtokolni? Azt kell megkérdezned: „Hogyan használjam ezt? Hogyan teszek szert előnyre ebből? Hogyan teszem számomra működővé a dolgokat?

Hallom a szavaidat, és értem is őket, de még mindig nem fogom fel. Egyszerűen nem vágom. Azt kérdezzem, hogy: „Mi kellene ahhoz, hogy felfogjam, mi a teremtés?" Vagy...

Gary: Kérdezd azt: „Mi az, ami nem vagyok hajlandó lenni, ami valójában lehetnék, ami ha lennék, az megváltoztatna minden valóságot?".

Nem vagy hajlandó valamivé válni, hogy ne kelljen egy másfajta valóságot létrehoznod. A legtöbbünknek van egy hely, ahol tudjuk, hogy egyszerűen csak vennünk kell valaminek az energiáját, és az ölünkbe kellene hullani a dolognak. Tudjuk, hogy ennek kellene lennie a valóságnak. De nem így működik.

Hogy jutunk el arra a helyre, ahol felismered, hogy hogyan vedd ezt a generatív energiát, és valósítsd meg úgy, hogy megjelenjen ebben a valóságban? Ez a teremtés – valami, ami megjelenik ebben a valóságban abból az energiából, amit képes vagy használni, irányítani, megváltoztatni és intézményesíteni.

Abban a kontextusban, hogy hogyan teremtesz egy kurzust, értem. Azt tudom, hogy hogyan csináljam.

Gary: Hasonló ahhoz, de az egész életednek ennek kellene lennie, nem csak a kurzusoknak.

Kérdés: *Hogyan lehetünk kérdésben – és addig, amíg oda eljutunk – milyen kérdéseket tehetünk fel?*

Gary: Ez lehet, hogy a teremtéssel kapcsolatos kérdésedre is vonatkozik:

Milyen energiákra vagyok éber, amit használhatnék arra, hogy teremtsek valamit, ami értékes lenne számomra?

Amint érzed és éber leszel arra, hogy mi lenne értékes számodra, elkezded intézményesíteni. Azt kérdezed: „Mit kellene ma intézményesítenem, hogy megteremtsem ezt most rögtön?"

Egy példa: A minap beszélgettem valakivel, akit érdekelt egy tanfolyam megteremtése. Azt kérdeztem tőle: „Egy tanfolyamot akarsz létrehozni. Mi a célja ennek a kurzusnak?"

Azt mondta: „Hogy felkeltsem az emberek érdeklődését ez meg ez iránt."

Azt kérdeztem: „Mi az a platform, amire építkezel?"

Azt kérdezte: „Mire gondolsz?"

Azt mondtam neki: „Lennie kell egy platformnak, amiről kiindulva megteremtesz valamit." Elmagyaráztam neki, hogy amikor

Velencében épületeket építettek, oszlopokat állítottak a sárba, aztán az oszlopokra építettek egy platformot. Aztán építettek egy házat két belső fallal, hogy megtartsa a fő szerkezetet, és két másik falat a másik irányba. A külső falakat a belső falak által adott szerkezetnek támasztották. A házaknak nem volt alapja. Platformot hoztak létre, erre építettek mindent. Ez a platform mindennek ellenállt. A platform akkor is állt, ha a szerkezet összedőlt.

A platform a teremtési rész. Van a generálás, ami az energiája annak, amit szeretnél létrehozni, és van a platform, és akkor kezdheted intézményesíteni azokat a részeket, amik működni fognak, és aminek következő lépésben meg kell történni a platformra alapozva. A platform a teremtés. Ahogy megvan a generálás, a teremtés a platform, amiről elkezded intézményesíteni azt, amit szeretnél létrehozni. Ez segít?

Igen, köszönöm.

Gary: Szívesen. Nagyon jó kérdések, egyébként. Gondolkodj el azon, milyen igazi kérdéseket tehetnél fel ahelyett, hogy „Mikor jön már a BMW-m?" Ezek nem kérdések. Ezek döntések kérdőjellel a végükön.

Arra kell ránéznetek: „Mit generálhatok, ami megteremti azt a platformot, amiről kiindulva intézményesíthetek mindent, amit szeretnék az életemként megteremteni?" Kérlek, használjatok nyitott kérdéseket!

Dain: Vagy így is nézhetjük: „Ha többé semmi miatt nem lennék hibás, milyen kérdéseket tehetnék fel? Milyen választásaim lehetnének, amelyek eddig nem voltak?"

Gary: Oké, srácok, remélem, ez néhány dolgot tisztába tett számotokra. Kérlek, ne feledjétek, hogy valahányszor feltesztek egy kérdést, egy másik választást hoztok létre. Amikor egy másik választást hoztok létre, az egy másik éberséghez vezet. Ahogy Dr. Dain mondta: „A választás éberséget teremt, az éberség nem teremt választást." Éljétek ezt.

Dain: Hát így!

Gary: Hát így! Nagyon szeretünk benneteket, és alig várjuk, hogy hamarosan beszélhessünk az ötödik kulcsról. Vigyázzatok magatokra!

Dain: Sziasztok.

Az ötödik kulcs a teljes szabadsághoz

NINCS FORMA, NINCS STRUKTÚRA, NINCS JELENTŐSÉG

Gary: Üdv mindenkinek. Ma este az ötödik kulcsról fogunk beszélni. Ez pedig: Nincs forma, nincs struktúra, nincs jelentőség.

A forma az alakja vagy megjelenése valaminek. És az is, ahogyan valamit csinálunk, vagy ahogyan cselekszünk.

A struktúra valami szervezésének, felépítésének vagy megszerkesztésének módja, amitől biztosan egy bizonyos módon fog működni. Ez valami, aminek az egy bizonyos módon való létezésében mindenki egyetért, és nincs jogod ezt megváltoztatni.

A jelentőség a fontosság, vagy jelentés. Valamit jelentőségtelivé teszünk, amikor jelentést adunk neki, fontossá, vagy fontos következményekkel járóvá tesszük.

Tegyük fel, hogy van egy új kapcsolatod, és azt mondod: „Kapcsolatban vagyok életem szerelmével. A kapcsolatunk tökéletes lesz."

A kapcsolat a forma.

A tökéletes kapcsolat egy olyan struktúra, amit próbálsz valóságossá és szilárddá és igazzá tenni, pedig lehet, hogy ezek közül egyik sem.

Az életem szerelme a jelentőség. Komolyan.

Ezek mind csak érdekes nézőpontok. Nincs szükség arra, hogy legyen forma (kapcsolat), nincs szükség arra, hogy legyen jelentőség (a tökéletes kapcsolat), nincs szükség a jelentőségre sem (ez a személy életed szerelme).

Hogy nézne ki a nincs forma, nincs struktúra, nincs jelentőség ebben a példában? „Ez a kapcsolat ma nagyszerű."

Ha belemész egy kapcsolatba, azt abból a nézőpontból teszed, hogy „Mit tudok ma létrehozni? Mit kívánok ma? Mit élvezhetek ma? És hogy lehet ebből több?"

Legtöbben nem vagyunk hajlandóak olyan kapcsolatban lenni, ami nem formán, struktúrán és jelentőségen alapul, amit mindannyian láttunk, amiről hallottunk, és amit mondtak, hogy milyennek kellene lennie.

Amikor a nincs forma, nincs struktúra, nincs jelentőségből kezdesz el teremteni egy kapcsolatot, nem leszel többé Hamupipőke, a herceg a fehér lovon, vagy a törpe, aki csak halottat csókolgat.

Amikor nincs forma, nincs struktúra, nincs jelentőségből teremted a kapcsolatodat, feladhatod a kapcsolatot – vagy teremtheted is, vágyhatsz rá, élvezheted és keresheted. Látod a szabadságot, amit ez ad neked? Állítsd ezt szembe a kapcsolat formából, struktúrából és jelentőségből működtetett verziójával: „Tökéletes kell, hogy legyen a kapcsolatom életem szerelmével."

Dain: Amikor nincs forma, nincs struktúra, nincs jelentősége semminek, nem kapcsolódik ítélkezés semmihez. Minden ítélet formát, struktúrát és jelentőséget teremt. Falakat húz fel köréd. Próbálod a fejeddel áttörni a falat, vagy körbemenni rajta, de nem tudsz.

Ha nincs forma, nincs struktúra, nincs jelentőség, nincs ítélet. Ez az érdekes nézőpont megtestesülése.

Gary: Látjátok, hogy működik ez?

Kérdés: Értem, hogy ha mi az, amikor nem teszek valamit jelentőssé, de az nem tiszta, hogy mi a forma és a struktúra. Például, azt gondoltam, hogy a Bars tanfolyamban van forma és struktúra, mert vannak olyan dolgok, amiket rendben kell csinálni ahhoz, hogy egy „jó" Bars tanfolyamot tarts. Azt mondtad, hogy nincs forma és struktúra, és ezt most nem értem. Mondanál többet erről?

Gary: Amiről a Bars tanfolyamnál beszélsz, az az a szisztéma, ami az egészet működteti.

Különbség van a szisztéma és a struktúra között. *A szisztéma valami olyasmi, amit meg tudsz változtatni, és módosíthatod, amikor nem működik. A struktúra olyan dolog, ami rögzítve van. Akkor van struktúra, amikor próbálsz mindent működővé tenni körülötted, mintha nem lenne más választásod.*

A tanárok gyakran mondják: „Így kell tanulni. Így kell csinálni." Ez egy merev formátum, amiben nem történhet változás és az éberség nem növekedhet. A szisztémát struktúrává változtatták.

A jelentőség az lenne: „Ez az egyetlen mód. Ez az egyetlen módja ennek, és ezt így kell csinálni. Csak így működik. Ez a legjobb mód. Ez a helyes mód."

Bármikor azt mondod: „Ez az egyetlen út", „ez a helyes út", vagy „ez a válasz", jelentőséget hozol létre, ami megteremti a struktúrát, ami helyén tartja azt, amit nem tudsz megváltoztatni – ez a forma, ami minden korlátozás forrása.

Dain: Ez zseniális volt.

Gary: Vannak jó pillanataim. Ritkán, de vannak.

Mondjuk, hogy ki akarod takarítani a vécét.

A vécétakarítás formája: Meg kell fognom a kefét, meg kell fognom a tisztítószert, szorgalmasan sikálnom kell, és valamilyen kemikáliát is kell használni, különben nem lesz tiszta. A vécé takarítás struktúrája ez: sikálom, sikálom, sikálom, amíg minden „tiszta" nem lesz. A vécé tisztításának jelentősége: senki ne szóljon meg azért, mert koszos a vécém.

Ha nem volna forma, struktúra, jelentőség, úgy tisztítanál vécét, ahogy csak akarsz – mert a nincs forma, nincs struktúra, nincs jelentőség totális választást teremt.

Kérdés: *Először is egy kis elismerés. Leírhatatlan békesség érzése van rajtam a San Fransiscó-i tanfolyam óta. Szabadnak érzem magam, vannak olyan pillanatok, amikor sikítani akarok: „Helló! Szabad vagyok!" Annyira könnyű vagyok és boldog. Köszönöm, köszönöm, köszönöm.*

Kérlek beszélj erről a fizikai formáról, amiben élünk. Ez valós, vagy a tudatosság kreálmánya? Hogyan teremtünk formát? Hogy néz ki egy életforma azon a skatulyán kívül, ahogy mi hisszük, hogy kinéz?

Gary: A fizikai formádat ennek a valóságnak a formájából, struktúrájából és jelentőségéből teremted. Te teremted, aztán olyanokat mondasz, hogy: „Tizennégy éves vagyok, úgyhogy nem rohangálhatok és játszhatok, mint egy kölyök. Mindent higgadtan és szépen kell csinálnom, és egy hattyúnak kell lennem, aki átrepül az élet tengerén." Ez a forma.

Amikor struktúrából működsz, ránézel a testedre, és azt mondod: „Nem vagyok kisportolt, mert ezt nem tudom megcsinálni."

A jelentőség ez lenne: „Most már öreg vagyok, és ez azt jelenti, hogy el kell híznom, mint az összes barátomnak." Ez a formája, struktúrája és jelentősége a testnek.

Dain: Imádom ezt a kérdést azzal kapcsolatban, hogy hogyan teremtődik – mert van választásod azzal kapcsolatban, hogy hogyan. Választhatod azt, hogy ebben a valóságban mindennek a formájából, struktúrájából és jelentőségéből teremtesz, vagy teremthetsz egy másik helyről. Amikor egy másik helyről teremtesz, akkor a dolgok nincsenek a helyükre rögzítve. Minden képlékeny.

Gary: Ez az, ahol az élet a teremtés szisztémájáról szól, nem pedig a teremtés struktúrájáról – mert a szisztéma igazítható. Ha ránéznél a testedre, és azt mondanád „Jó kövér vagyok. Milyen struktúrát kell használnom ahhoz, hogy ezt megváltoztassam?", vagy „Milyen formát kell felvennem, hogy ez változzon?", akkor kénytelen leszel diétázni, és minden ehhez hasonlót.

A szisztéma az volna: „Oké, testem, mi lenne az, amit ha megtennénk, mindezt megváltoztatná?" És akkor a tested elkezdi mondani „Tedd ezt és ezt és ezt." Hirtelen nem a formából, struktúrából és jelentőségből csinálod a dolgokat, ahogyan tanultad, és elkezdesz egy olyan szisztémát kialakítani, ami működik a testednek.

Dain: Amikor valamit abból teremtesz, hogy nincs forma, nincs struktúra, nincs jelentőség, meg tudod változtatni tíz másodperces szakaszokban. Ha formából, struktúrából, jelentőségből csinálod, akkor ezt nem tudod megtenni. Más szavakkal, létrehoztad a formádat olyannak, amilyen, azzal a jelentőséggel, amit hozzákapcsoltál, ami nem ad lehetőséget arra, hogy bármit megváltoztass.

Gary, érdekes, hogy pont a tizennégy éves kort említetted. Ez az az időszak, amikor a forma, struktúra és jelentőség valósággá kezd válni számunkra.

Gary: A gyerekek tizennégy éves koruk előtt minden napot másmilyennek várnak. Nincs az az elképzelésük, hogy valaminek egy bizonyos módon kell lezajlani, vagy hogy egy bizonyos módon kell cselekedni, vagy kinézni. De körülbelül tizennégy éves koruk körül a pubertás környékén elkezdik azt gondolni: „Úgy kell cselekednem, mint egy felnőttnek. El kell kezdenem úgy tenni...", ahelyett, hogy „Mit szeretnék ma választani? Mi lenne szórakoztató nekem és a testemnek?" A buli kimegy az életükből és a felnőttkor rabszolgasága átveszi a helyét.

Amikor a formát, struktúrát és jelentőséget műveled, elkezded bezárni a tested különböző részeit, és ez nem olyan jól működik.

Nagyon érdekes volt nézni Daint, ahogy megváltoztatta és átalakította a testét a szemem láttára úgy, ahogy nem is tudtam, hogy erre egy ember képes. Akkor csinálja ezt, amikor nincs forma, nincs struktúra, nincs jelentőségből működik. Aztán amikor belemegy a forma, struktúra, jelentőségbe, elkezdi kisebbíteni a testét.

Alacsonyabb lett egy szempillantás alatt nálam, mert valamivel kapcsolatban belement a formába, struktúrába és jelentőségbe.

Dain: Általában Garynek és nekem egy magasságban van a szemünk, ha szemben állunk egymással, de néha megtörténik, hogy a szemünk nincs egy magasságban. Hirtelen a száját nézem. Hirtelen mondom: „Mi a fene történt?" Aztán pedig visszaváltozok az átlagos magasságomra, vagy néha magasabb vagyok, mint Gary.

Ezt soha nem csináltam tudatosan. Nem úgy volt, hogy „Most pedig összezsugorítom a testem és úgy fogom érezni magam, mint egy kupac kaki." Mindig akkor történt ez, amikor formából, struktúrából, jelentőségből választottam.

Most, hogy ezt olvasod, talán azt mondod: „Hát én ezt nem vágom. Nem értem!" Ez rendben van. Ahogy beszélgetünk tovább, az éberséged is változik. Azt fogod mondani: „Várjunk csak egy percet. Ez valami olyasmi, ami másképp lehet az életemben. Létezik egy másik módja a teremtésnek."

Lehet, hogy nem válik teljesen a valóságoddá ebben a pillanatban, de minden egyes kulcs kinyit egy ajtót afelé, hogy a dolgok mások legyenek számodra.

Gary: A lányommal beszélgettem ma reggel. Azt mondta, hogy amikor látott engem a Haladó test tanfolyamon, észrevette, hogy merev vagyok, és nem tudok előre hajolni.

Ránéztem erre, és azt mondtam: „Hűha, jelentőségtelivé tettem, hogy annyi éves vagyok, amennyi. A testem struktúráját úgy alakítottam ki, hogy passzoljon a koromhoz. A testem formáját olyanná tettem, hogy úgy nézzen ki, mint egy olyan korú test formája, ami nekem van.

Elmentem zuhanyozni, és le tudtam hajolni egészen a térdemig. Azt mondtam:

Minden formát, struktúrát és jelentőséget, amit arra használtam, hogy megteremtsem ezt, helyes, helytelen, jó, rossz, POD, POC, mind a 9, rövidek, fiúk és túlontúl.

Ezt folyamatosan csináltam, és tíz percen belül le tudtam hajolni odáig, hogy a kezeim három centire voltak a földtől. Régóta nem voltam képes ilyen közel hajolni a földhöz, mert a korommal, és azzal kapcsolatban, hogy milyen formában vagyok és mozgok-e eleget, forma, struktúra, jelentőséget csináltam. Azt mondtam: „Tudjátok mit? Ez egy jó nagy hülyeség!"

Nagyon sok ember, akit ismerek, így teremti a testét. Azt mondják: „Híztam tíz kilót. Ez azért van, mert nem mozgok." Ez a forma, struktúra és jelentőség arra vonatkozóan, hogy jelen pillanatban hogy teremtjük a testünket.

Dain: Felveszünk egy nézőpontot, és aztán ezt a nézőpontot használjuk, hogy teremtsünk egy szilárd valóságot, legyen ez a testünk, vagy bármi más.

Elkezdtem egy szuper intenzív fitnesz programot, amit Őrületnek neveznek, arra találták ki, hogy őrülten fitt, kidolgozott tested legyen hatvan nap alatt. Három napja csináltam, amikor Gary rám nézett, és azt kérdezte: „Tényleg azt gondolod, hogy hatvan napig kell ezt csinálnod?

„Miről beszélsz?" – kérdeztem tőle.

„Néztél tükörbe mostanában?" – kérdezte ő.

Mire én: „Miről beszélsz?"

Azt mondta: „Úgy tűnik, hogy három nap alatt elérted azt az eredményt, amit hatvan nap alatt kellett volna. Én azt mondtam: „Oh." Nem vettem észre, hogy máris elértem azt, amiről ők azt mondták, hogy hatvan nap alatt kellene. Próbáltam az ő formájukat, struktúrájukat és jelentőségüket rögzíteni: „Hatvan napig kell ezt csinálnod."

Ahhoz vagyunk szokva, hogy ennek a valóságnak formája, struktúrája és jelentősége szerint működjünk, mert ez kapcsolódik az időhöz, testekhez, az eredményekhez, amiket elérhetünk, és amikre más emberek azt mondják, hogy annak kell lennünk, vagy azt kell tennünk. Mi lenne, ha nem kellene? Ha nem lenne formánk, struktúránk és jelentőségünk, és nem lenne nézőpontunk arról, hogy mit lehet és mit nem lehet megteremteni, képzeld el, mit tudnánk létrehozni a testünkkel?

Gary: Térjünk vissza az utolsó kérdés második részéhez: Hogy néz ki az életforma azon a skatulyán kívül, ahogyan hisszük, hogy kinéz?

Először is, ahogyan gondolod, hogy kinéz egy életforma, az a forma, struktúra és jelentőség, amit teremtettél rá. Amikor a skatulyán kívül kezdesz teremteni, hirtelen minden elkezd elolvadni, és a dolgok változnak.

Mostanában terveztem, hogy elmegyek Aucklandbe, Új-Zélandra, és elhatároztam, hogy fel fogok bérelni egy sofőrt, hogy kivigyen a reptérre.

A sofőr azt kérdezte tőlem: „Mikor kell indulnia?"

Mondom neki: „Nem tudom. Ön mit gondol? Szeretnék az L.A. reptéren lenni valamikor 9:00 és 9:30 között."

Azt mondta: „Talán hét óra körül kéne indulnunk."

Mondtam: „Rendben, induljunk hétkor." Hét előtt öt perccel érkezett a házamhoz, és öt percen belül bepakoltunk és elindultunk. Ez történik akkor, amikor nincs forma, nincs struktúra, nincs jelentőségből működsz.

Kevesebb, mint két óra alatt értem a reptérre, ami nem szokott megtörténni, holott akkor volt a csúcs, és nagy volt a forgalom. Hogy történt ez? Oh, igen, nincs forma, nincs struktúra, nincs jelentőség.

Szóval, korán értem ki. Odamentem a Qantas pultjához, hogy becsekkoljak, és azt mondták: „Töröltük a járatot."

Mondom: „Micsoda?"

Azt mondják: „Ez a másik járat Sydneybe megy, Ausztráliába, úgyhogy amikor odaér, egy másik járattal kell mennie Aucklandbe."

Mondtam, rendben.

Átfoglalták a jegyemet, minden rendben volt egy szempillantás alatt. Percekkel a felszállás előtt fenn voltam a gépen. Ha nem értem volna ki korán a reptérre, egy örökkévalóságig kellett volna Los Angelesben várakoznom, mert egy vulkán kitört Chilében, és ezért törölték a járatokat.

Így néz ki egy életforma, amikor nincs forma, nincs struktúra, nincs jelentőség.

Dain: Az emberek folyton azt kérdezik: "Hogyan jönnek létre az ilyen dolgok?"

Amikor Gary beszélt a sofőrrel az indulás időpontjáról, és a sofőr javasolta a hét órát, az könnyűnek tűnt. Egyezett azzal az energiával, ami Gary volt. Nem ment bele abba, hogy gondolkodjon azon, melyik időpont lenne a legjobb. Más szóval, nem formából, struktúrából és jelentőségből működött, ami ez lett volna: "Oh, pontosan másfél óra kell abban az esetben, ha nincs forgalom, és plusz két óra, ha a csúcsforgalomban megyünk. Ezért ekkor meg ekkor kell indulnunk." Ehelyett Gary az energiával ment.

Az energia követése tette lehetővé, hogy ez az eredmény bukkanjon fel. Ha Gary a formával, struktúrával és jelentőséggel ment volna, a struktúra az lett volna: "Ennyi időbe kerül, hogy kijussak a reptérre." Ha ezt csinálta volna, lehet, hogy lekési a járatát, mert nem lett volna ott elég korán, hogy elérje azt a gépet, amit felajánlottak neki. Nem tett jelentőséget arra az elképzelésre, hogy feltehetőleg mennyi időbe telik eljutni a reptérre, csak megengedte az információnak, hogy ott legyen.

Gary: És arra sem tettem jelentőséget, hogy három és fél órával korábban értem a reptérre. Azt gondoltam: "Akkor megyek és becsekkolok", nem pedig azt, hogy "Jaj, ne, annyira korán jöttem, és évekig várhatok a gépemre!".

Ha öt perccel később érkezem, nem lett volna időm felszállni a gépre. Lekéstem volna.

Dain: És ez nem kognitív – soha. Az energia interakciójáról van szó közted és az életed között, és a választásokról, amik felbukkannak.

Szóval, amikor a Gary sofőrje azt mondta "Hét óra", és Gary azt mondta: "Oké, rendben", és a sofőr hét előtt öt perccel érkezett –

ebből semmi nem volt kognitív. Ha az energia nem passzolt volna, Gary feltett volna egy kérdést. Azt mondta volna: „Rendben. Korábban, vagy később? Korábban. Oké. Korábban kell mennem. Nem tudom miért, de menjünk egy kicsit korábban."

Rengetegszer csináltunk ilyet. A sofőr megkérdezi: „Ekkor meg ekkor vegyelek fel?", és egyikünk azt mondja: „Hm, legyen egy kicsit korábban." Nem tudjuk, hogy miért választjuk – de ennek eredményeképpen a végén elkerüljük a dugókat és a baleseteket.

Kérdés: *Szeretném, ha a testem kevésbé lenne jelentős.*

Dain: Amikor próbálsz valamit kivenni a jelentőségből, akkor már jelentőssé tetted. Másképpen nem kellene megpróbálni levenni róla a jelentőséget.

Gary: A tested csak annyit tehet, hogy megteremti a struktúrát, amilyennek megítélted. Ez az egyetlen választása. Az ítélkezés az a struktúra, amit arra használsz, hogy megteremtsd a tested korlátozásait. Bárminek ítéled a tested, meg kell, hogy teremtse azt a struktúrát és formát. Amikor tükörbe nézel, automatikusan megteremted a jelentőségét annak, hogy hogy néz ki a tested.

Ha olyan ítéleted van, hogy kövér vagy, a tested még több hájat teremt. Ha az az ítéleted, hogy túl sovány vagy, a tested még több soványságot teremt. Ha az az ítéleted, hogy túl sok a ráncod, a tested még több ráncot teremt. Bármi is az ítéleted, éppen ez az, amit a tested meg fog teremteni.

Dain: És mennyire fontos a legtöbb embernek az, ha túlsúlya van? Vagy amikor ráncaik vannak? Vagy amikor a gyerekeknek pattanásaik vannak? Ez a legfontosabb dolog az életükben! Amikor próbálod begombolni a nadrágodat, és nem tudod, az nagyon fontos lesz. Ez a jelentőssé tevés – ahelyett, hogy „Ez érdekes! Vajon mi kellene ahhoz, hogy ez változzon?"

Ha valami jelentős, nincs meg a szabadságod, mert ez a szilárd energia az egyetlen, ami ott lehet.

Gary: A jelentőség létezésbe szilárdítja a dolgokat.

Kérdés: Megköveteltem, hogy a haladó test tanfolyam kezeléseit megcsinálom, és meg is csináltam néhányat. Valami azonban összezavart: a kezeléseknek van formája és struktúrája, és még néhány, amit meg kell csinálnom. Ez nem forma és struktúra?

Dain: Az emberek félreazonosították és félrealkalmazták a struktúrát, és hogy az mi. A struktúrában eleve van egy megváltoztathatatlanság. Ez a kulcs. A testkezelések nem megváltoztathatatlanok. Folyamatosan változtatjuk őket. A Haladó test kurzuson Gary nemrégiben megszabadult minden olyan testkezeléstől, ami eddig benne volt, mert úgy találtuk, volt két másik testkezelés, amit ezek mind felépítettek. Úgyhogy a testkezelések nem struktúrák, hanem szisztémák, ami egy teljesen más módja annak, ahogyan együtt vagy a dolgokkal. Változtatható, képlékeny, ami akkor következik be, amikor nincs struktúra.

Szóval nem a kezelések formájáról, struktúrájáról és jelentőségéről szól? Csak egy éberség arról, hogy mi kell ahhoz, hogy azt az eredményt érd el, amire vágysz? Nem arról, hogy annak a csapdájába ess, hogy muszáj csinálnod őket? Ha van könnyedség valamiben, az jelzi, hogy nincs forma, nincs struktúra, nincs jelentőség?

Gary: Igen, amikor könnyed vagy valamivel, az jelzi, hogy kijössz a formából, struktúrából és jelentőségből.

Amikor erővel csinálod, vagy azt érzed, hogy muszáj tenned valamit, akkor formát, struktúrát és jelentőséget alkalmazol.

Szóval akkor nem a cselekedet vagy a kijelentés számít, hanem az energia, ami körülveszi?

Gary: Igen.

Dain: Nem azt mondjuk, hogy a világon semminek ne legyen struktúrája. Az a lényeg, amit választasz, hogy hogyan éled az életedet, és hogyan teremted magadat, és hogy egységközösségben vagy-e mindennel az életedben és a világban.

Gary: Ha van struktúra, és egységközösségben tudsz vele lenni, akkor nincs jelentőség. A formája képlékeny vagy megváltoztatható számodra, még akkor is, ha más számára nem az.

Az egyik dolog, amibe belefutottunk, a szükség elképzelése. Amikor eldöntöd, hogy valami szükséges, nincs választásod. És amikor nincs választásból teremtesz, akkor általában dühös leszel. Mindenki fogja ezt a haragot, és mindenki valami mást tesz vele. Néhányan több zsírsejtet építenek a testükbe. Mások lelassítják magukat fejben. Van, aki keménnyé és merevvé teszi magát. A szükség egy hatalmas lezárás lesz a testedben. Néhányan érzelmi szemetesládává teszik magukat.

Ez azokról a helyekről szól, ahol azt hiszed, hogy nincs választásod, ami a szükségesség elképzeléséből jön – nem választásból. Meg kell tanulnod választásból működni, és felismerni a választási lehetőségeidet.

Amikor formát, struktúrát és jelentőséget alkalmazol, akkor egy nincs választás univerzumban ücsörögsz. Azt mondod: „Ez szükségszerű. Így kell lennie. Ez az, amit tennem kell."

Amikor van választásod, azt kérdezed: „Mi egyéb lehetséges? Milyen választásaim vannak? Milyen hozzájárulások vannak? Milyen kérdés lehetek, vagy mit fogadhatok be, ami mindezt megváltoztatja?"

Az egyik dolog, ami ennek a valóságnak a formájában, struktúrájában és jelentőségében tart bennünket, az az elképzelés, hogy nincs választás; csak szükség van, és azt kell tenned, amit tenned kell – mert meg kell tenned.

Vannak dolgok, amiknek prioritásuk van, és vannak olyanok, amiket meg kell tenned. Például vannak dolgok, amiket azért teszel, mert a családod tagja vagy. Meg kell csinálnod őket. Valójában nem szükséges; csak egy választás, amit hosszú idővel ezelőtt hoztál, amikor úgy döntöttél, hogy része leszel ennek a családnak. Teremtettél néhány választást. Ez nem azt jelenti, hogy ne lenne választásod; azt jelenti, hogy azt kell választanod, ami könnyűvé teszi a dolgokat számodra. Legtöbben próbálják elkerülni azt, ami könnyű lenne számukra, mert azt akarják, hogy mások változzanak meg.

Dain: Amikor azon kapod magad, hogy valamire neheztelsz, megkérdezheted: „Mennyi szükségem van, ami ezt teremti?" És POC-POD-old. Vagy amikor azon kapod magad, hogy lassú vagy, és összezavarod a dolgokat, kérdezd meg: „Mennyi szükségletem van arra, hogy ezt tegyem?" aztán pusztítsd el és tedd nem teremtetté. Nézz rá, és kognitívan ismerd el: „Várjunk csak egy percet. Ez nem szükség. Választom azt, hogy ezt tegyem."

Mostanában akartam írni valamit. Gary és én elmentünk a városból, és másnap teljesen be voltam táblázva, és millió dolgot kellett még mindig csinálnom. Gary azt mondta: „Találkozom a szerkesztővel, hogy dolgozzon a könyvön. Akarsz jönni?"

Igent mondtam. Mielőtt ez az egész szükség dolog feljött volna, nehezemre esett volna vele mennem a sok dolgom miatt, de most azt mondtam: „Ez egy választás, amit most meghozok. Az, hogy ezt teszem, mindenki számára egy nagyszerűbb jövőt teremt majd."

Ha megérted, hogy nem létezik szükség, megváltoztatja azt a helyet, ahonnan valaha is zokon vettél bármit.

Gary: És az összes neheztelést a testünkbe zárjuk.

Dain: Bemerevítjük őket és elcsúfítjuk.

Kérdés: Az például, ha folyamatosan kérdésben vagy, és azt kérdezed, mi egyéb lehetséges a testtel, az az ellentéte a formának, struktúrának, és jelentőségnek?

Gary: Igen. Nagyszerű megfigyelés. Amikor nincs forma, nincs struktúra, nincs jelentőségből működsz, a dolgok óriási könnyedséggel történnek – és nagyon gyorsan. Azokkal a dolgokkal, amelyekkel másoknak nehézségei vannak, neked nem lesz.

Minden ítélet, amit hozol, belezár egy formába, struktúrába és jelentőségbe. Ahogy Dain mondta korábban, ha alkalmazod bármivel azt, hogy nincs forma, nincs struktúra, nincs jelentőség, nem lehet ítéleted sem.

Ha bármi bármit „jelent", akkor az jelentőség. A jelentőség struktúrát teremt, az pedig formát.

Kérdés: Mondanál példát a nincs forma, nincs struktúra, nincs jelentőségre a bevételi források, bőség és gazdagság létrehozásával kapcsolatban az életemben és megélésemben?

Gary: Például valaki kínál nekem egy lehetőséget, és hajlandó vagyok bízni az éberségemben, és feltenni egy olyan kérdést például, hogy „Ha megveszlek, csinálsz nekem pénzt?"

Azt is kérdezheted:
- Mi kellene ahhoz, hogy bőséget, pénzt és gazdagságot teremtsek az életemben?
- Milyen formát, struktúrát és jelentőséget tettem annyira fontossá, hogy ez nem lehet az enyém?

Ez a processz megmutatja azokat a helyeket, ahol nem voltál hajlandó bőséget, pénzt és gazdagságot teremteni.

Azt mondtad: A „nincs forma, nincs struktúra, nincs jelentőség nem jelent semmit.", úgyhogy ez most azt jelenti, hogy a magam módján teremtek, és ennek a valóságnak a törvényei nem vonatkoznak rám?

Gary: Igen és nem. A fizikai valóságnak vannak olyan törvényei, amikhez ragaszkodik? Valami olyasmi – de nem mindig. Mindenki azt gondolja, hogy nincs választása, amikor a fizikai valóságról van szó, de igazából, amikor a nincs választásból működsz, akkor a nézőpontjaid szükségességében vagy.

Soha nem tanítják meg a következő kérdéseket:
- Mi az, ami valóban lehetséges itt?
- Milyen választásaim vannak igazából?
- Milyen kérdést tehetnék fel, és mit hozna létre az a kérdés?
- Milyen hozzájárulás lehetek, és mit fogadhatok itt be?

A hozzájárulás egy két irányú utca; mindkét irányba vezet. Egyszerre lehetsz az, és fogadhatod be. Ha nincs formád, struktúrád és jelentőséged, hogyan teremtesz és generálsz pénzt, például ahelyett, hogy azt mondanád: „Oh, minden pénzemet abból szerzem, hogy x, y ,z dolgot csinálom", tedd fel a kérdést: „Milyen lehetőségem van itt ma?"

Ezekből a kérdésekből kell működnöd:
* Hol tudok még pénzt keresni?
* Honnan jöhet még pénz?
* Mi egyéb lehetséges?

Amíg folyamatosan abban vagy, hogy „Mi más?", lesz egy folyamatos kiterjedés abban a módban, ahogyan a pénzt teremted és generálod.

Ha azt mondod: „Csak azzal tudok pénzt keresni, hogy gyerekekre vigyázok, vagy minden nap dolgozni megyek", akkor más eredményt fogsz elérni. Bevetted a jelentőségét annak, hogy a munka egyenlő a pénzzel. Ez nagyon más, mint az, hogy „Hogyan teremtek és generálok pénzt a legvadabb álmaimon is túl?"

Milyen lenne, ha nem csinálnád azt, hogy „X órát kell naponta dolgoznom ahhoz, hogy ezt megteremtsem?" Ehelyett mi lenne, ha azt kérdeznéd: „Milyen gyorsan tudnám ezt megcsinálni, és keresni vele egy zsák pénzt?"

Megteremtheted a magad módján, ha hajlandó vagy arra, hogy ne legyen forma, struktúra és jelentőség azzal kapcsolatban, hogy van-e pénzed, bőséged vagy gazdagságod. Bármit meg tudsz teremteni, ha hajlandó vagy kérdésből működni, és látni, hogy mi egyéb lehetséges.

Dain: Azzal kapcsolatban is nincs forma, nincs struktúra, nincs jelentőségben kell lenned, hogy a magad módján csinálod-e vagy sem.

Gary: Nagyon sok módja van a pénz csinálásnak, miért ne használnád?

Dain: Hé, erről van szó. Minek találnák fel újra a kereket, ha nem kell? Aztán hozzáteheted a magadét.

Kérdés: *Tudnátok segíteni? Felhívtam az összes embert, aki részt vett a Bars kurzusomon, hogy meghívjam őket Dain következő kurzusára. Az egyik hölgy azt mondta: „Nem választom az Access Consciousnesst, mert nem a felsőbb tudatosságot képviseli, csak a pénzről szól." Szeretném megvédeni magamat és az Accesst egy ilyen helyzetben. Tényleg nem tudom, hogy mit mondjak.*

Gary: Mondhatod azt: „Valószínűleg igazad van. Örülök, hogy éberebb vagy, és előrébb tartasz nálam. Neked igazából nem kell foglalkoznod az Access Consciousness-szel. Igazad van."

Köszönöm. Nagy jelentőséget tulajdonítottam annak, amit mondott, és feszült lettem miatta.

Dain: A nincs forma, nincs struktúra, nincs jelentőség bármelyik ponton bejöhet a képbe út közben, és ez után a pont után ez mindent meg fog változtatni.

Ha nem csinálsz formát, struktúrát és jelentőséget, olyan helyen lehetsz, ahol azt mondhatnád, amit Gary mondott. De mivel jelentőssé vált, értékessé és valóssá tetted a hölgy ítélkezését. Amikor ezt teszed, ott ül, mint egy szikla, amivel semmit nem tudsz csinálni. Egyetlen módja van annak, hogy kezelj egy olyan szituációt, mint ez, hogy leveszed róla a jelentőséget, amibe próbálod belehelyezni. Találd meg a módját annak, hogy visszacsináld ezt a jelentőséget. Oszlasd szét a sziklát, ami előtted van, és szabaddá válsz.

Ha nem teszed jelentőssé azt, hogy ez a hölgy eljön-e az Access Consciousnessbe vagy sem, hogy elmegy-e valaki más tanfolyamára, tudatossá válik-e, vagy valami mást, akkor hajlandó leszel azt mondani: „Rendben. Elég abból, hogy ezt a hölgyet jelentőssé tettem, elég abból, hogy a nézőpontját az Access Consciousnessről, vagy bármi másról jelentőssé tettem. Elég abból, hogy az ítélkezéseit jelentőssé tettem." Bármikor forma, struktúra és jelentőség van, ítélkezel.

Gary: A nincs forma, nincs struktúra, nincs jelentőség azt jelenti, hogy nem kell senkinek eljönnie a tanfolyamodra. Azt mondod:

„Akarsz jönni? Jó ötlet, ne gyere! Szia, viszlát később! Egyébként köszi az ítélkezést!"

Dain: „Köszönöm szépen, hogy ítélkeztél, köszi, hogy megosztottad, szép napot, nehogy hátba vágjon az ajtó, amikor mész kifelé!"

Kérdés: Ha eldöntjük, hogy valami értékes, az azt jelenti, hogy jelentőséget adunk neki?

Gary: Igen. A jelentőség tulajdonítás egy módja annak, hogy ne legyen a tiéd az, amiről eldöntötted, hogy jelentős.

Ha próbálod a formáját, a struktúráját vagy a jelentőségét nézni annak, hogy a tied-e vagy sem, akkor el kell, hogy veszítsd. Ez mindenre vonatkozik az életben, a pénzre is.

Dain: Az összes dolognak a tudatosságban, beleértve téged is, van egy térűrje, ami te vagy. Ha próbálsz formát és struktúrát tenni rájuk, lebontod a tudatosságukat. Ha próbálod őket beilleszteni ebbe a valóságba, az a szépség, amik ők, eltűnik.

Amikor formát adsz valaminek, amikor struktúrát raksz valamibe, biztosítod azt, hogy el fogod veszíteni. Amikor bárminek jelentőséget tulajdonítasz, akkor vagy elveszíted, vagy ítélkezel felette, ezért nem tudod befogadni.

Kérdés: Ez könnyeket csal a szemembe. Látom, hogy azzal, hogy értékessé tettelek, és a veled kapcsolatos tapasztalataim szerint, valamint az általam átélt növekedés és kiterjeszkedés szerint, megérintettem valami végtelent, amit próbálok végessé tenni. Mintha próbálnék egy lepkét bezárni egy üvegbe.

Dain: Igen.

Gary: Olyan, mintha Daint valami mintapéldánnyá tennéd, bekeretezned, és megnézegetnéd minden nap.

Igen, rájöttem, hogy ha formát, struktúrát és jelentőséget teszek valamire, ez elveszi a szabadságát annak az újdonságnak, ami minden tíz másodpercben lehetne.

Gary: Aha.

Kérdés: *Szeretnék egy processzt, ami el tudná pusztítani és nem teremtetté tenni azt a helyet, ahol úgy érzem, hogy elakadtam. Ha valakivel vagyok, aki elmondja a nézőpontját, ami ellentétes az enyémmel, megbénulok, mert...*

Gary: Hééé! A „megbénulok, mert..." az a jelentőség, hogy miért mész bele a bénulásba. Ehelyett tedd fel a kérdést: „Mi az, ami generálja és teremti ezt a bénulást?"

Lehet, hogy azért mégy bele a bénultságba, mert a másik személy nem hallja meg, amit mondani akarsz. Lehet, hogy az, hogy belemész a bénultságba, a legokosabb dolog, amit valaha csináltál!

Hmm... szóval, hogyan jöhetek ki ebből a bénultságból?

Gary: Ne akarj kijönni a bénultságból. Azt vedd észre, hogy a bénultság feltehetőleg leginkább akkor jelentkezik, amikor valaki nem tudja meghallani azt, amit mondani szeretnél – úgyhogy fogd be és figyelj. Ez a nincs forma, nincs struktúra, nincs jelentőség.

Struktúrát és jelentőséget teremtesz. A „megbénulok" egy struktúra. Az „el kell nekik mondani az én igazamat" a jelentőség. Nem kell elmondanod a te igazadat.

A forma, amelyben jön a bénultság érzete. Lehet, hogy elég éber vagy ahhoz, hogy tudd, a másik ember teljesen le van bénulva a nézőpontja helyességétől, és hogy semmi jó nem származik abból, ha vele beszélgetsz. Akkor miért izgatnád magad?

Mondjuk, hogy üzleti környezetben vagyunk, és egy helyzet megoldást, vagy cselekvést igényel.

Gary: Valahányszor egy üzleti helyzetben vagy, azt a kérdést kell feltenned, hogy „Rendben, mi itt a megállapodás? Mit teljesítesz te, és mit teljesítek én? És ez pontosan hogyan néz ki?"

Kérdezd ezt addig, amíg meg nem kapod a pontos választ. Amikor ezt teszed, az emberek nem lesznek képesek köntörfalazni a mondanivalójukkal kapcsolatban. Pontosan kell fogalmazniuk. Folytasd ezt addig, amíg megkapod a kellően szabatos megfogalmazást, és az éberséget arról, hogy mit kérnek, és pontosan mit kell teljesítened, és ők pontosan mit fognak teljesíteni.

És mi van, ha megígérnek valamit, és aztán az ellenkezőjét teljesítik?

Gary: Ha azt kérdezed: „Ez pontosan hogy néz ki?" és megkapod a pontos választ, akkor nem tudják az ellenkezőjét teljesíteni.

Azt kell megkérdezni: „Hogy néz ez ki pontosan? Pontosan mit jelent ez? Pontosan mit szeretnél tőlem? Pontosan mit fogsz teljesíteni?"

Amikor ezt teszed, tisztán és szabatosan kell elmondaniuk, hogy mi is lesz ez pontosan.

Ne próbálj megérteni, igazolni, vagy konfrontálni. Egyik sem működik. Azért bénulsz meg, mert a konfrontálás nem működik. Hagyod, hogy megússzák a baromságaikat, és végül nem teljesítik, amit megígértek.

A másik dolog, hogy az üzleti megállapodásokkal kapcsolatban formát, struktúrát és jelentőséget alkalmaztok. Megteremtitek a formát, struktúrát és jelentőséget, mielőtt belementek. Azt mondjátok: „Ó, ez működni fog.", vagy „Ez jó lesz", vagy „szerintem ez lesz a megfelelő".

Kérdezhetek még valamit a helyzetemmel kapcsolatban? Valaki, akivel együtt dolgozom, azt mondta, hogy helyrehoz egy szituációt, és tíz másodperc múlva letagadta, hogy valaha mondott volna ilyet. Nem tudtam, hogy hogyan kezeljem ezt. Megragadtam ott, hogy próbáltam megváltoztatni a helyzetet, aztán rájöttem, hogy az ő őrültségét próbáltam helyrehozni, ami nem működik, aztán csendben maradtam, ami szintén nem működik.

Gary: Nos, az működik.

Tényleg? Hogyan?

Gary: Mert a csendbe vonulás éberséghez juttat. Van éberséged, de próbálod elérni, hogy egyetértsen és összehangolódjon a nézőpontoddal, és helyrehozd a kárt, amit ő tett a te nézőpontodból. Próbálod konfrontálni és megváltoztatni. Ez tényleg működni fog?

Nem.

Gary: Akkor, miért csinálnád? Teremtettél egy formát, struktúrát és jelentőséget a világodban azzal kapcsolatban, hogy a dolgoknak hogyan kellene lenniük, ahelyett, hogy kérdésben lennél azzal, hogy hogyan vannak valójában.

Mondok egy példát. Gondolj a családodra, ami egy forma. Ott vagy te, az apa, az anya, a nővérek, a fivérek, igaz?

Most gondolj a családod struktúrájára, és arra, hogy milyen nagyszerűek voltak (vagy nem voltak).

Most gondolj annak a jelentőségére, hogy van családod, vagy hogy elveszíted a családodat. Ez teret ad és megengedést, vagy valami mást? Vagy éppenséggel, vedd a jelentőségét annak, hogy soha nem tudsz megszabadulni tőlük.

(Nevetés) Rendben.

Gary: Ez milyen érzés? Könnyűnek és légiesnek érzed magad?

Nem, akkor nem, amikor megálltam, elértem az éberséghez, hogy ez mennyire összeszűkültnek érződik.

Gary: Ez volt az elképzelés. Azt akartam, hogy éber legyél arra, hogy milyen az, amikor valami beszűkít.

Dain: És vedd észre, hogy nevettél. Amikor Gary azt mondta, hogy „Vedd a jelentőségét annak, hogy soha nem leszel képes megszabadulni tőlük", az olyan volt, hogy „Haha! Olyan rohadtul jelentőségtelivé tettem ezt, – ez vicces!" Szóval, most meg tudod már változtatni. Most már van más választásod. A lényeg ezzel a tíz kulccsal az, hogy az éberségünkön alapszik. Amint éber leszel valamire, a hazugság lejön róla. A szemed láttára tud megváltozni abban a pillanatban, ahogy éber leszel rá.

Értem. Ha valamit jelentőségtelivé teszek, éppen az lesz az az energia, ami távol tartja tőlem.

Gary: Így van. Bármiről is legyen szó, rá kell nézned a formára, struktúrára és jelentőségre, és azt mondani: „Ez nem működik. Próbáljunk ki valami mást."

A minap felhívott egy hölgy Új-Zélandról, és azt mondta: „El akarok jönni a tanfolyamodra, de csak 4000 dollárom maradt."

Azt kérdeztem tőle: „Hogy érted, hogy csak 4000 dollárod maradt?"

Azt felelte: „Nos, egy éve nem dolgozom, és csak 4000 dollárom maradt."

Azt kérdeztem: „Miért nem kezdesz el ránézni egy másik valóságra? Mi van, ha nem azt mondod, hogy 'Csak 4000 dollárom maradt', hanem azt, hogy 'Még mindig van 4000 dollárom'. Érzed a különbséget a két kijelentés energiájában? A 'Csak 4000 dollárom maradt' azt jelenti, hogy el fogod veszteni az összeset. Ha azt mondod, 'Még mindig van 4000 dollárom, felteheted a kérdést, 'Hogyan tarthatnám meg?' Ez egy teljesen más energia."

Erre azt felelte:„Járok interjúkra, és 15 dollárt ajánlanak óránként, de nem úgy érzékelem, hogy ez tápláló lenne nekem és a testemnek."

Azt mondtam neki: „Fogy a pénzed. Szerezz egy nyamvadt munkát. Csak akkor kezdheted el úgy érezni, hogy megbecsülnek egy munkahelyen, ha belekezdesz, létrehozol valamit, majd valaki azt mondja: „Annyira hálás vagyok neked." vagy felfogják, hogy egy ajándék vagy – vagy te jössz rá, hogy egy másik munkát szeretnél végezni. Abba kell hagynod azt, hogy próbálsz formából, struktúrából és jelentőségből teremteni. A struktúrád az, hogy olyan munkádnak kell lenni, amit szeretsz, és ahol szeretnek téged. Szedd már össze magad. Ez egy munka. Azért kapsz pénzt, hogy elvégzel egy munkát. Csináld meg, amit kell, és fogd be."

Dain: Szóval, gondolod, hogy egy kicsit nagy jelentőséget tulajdonított ennek?

Gary: Igen, csak egy csöppet! Azt mondta: „De ha ezt teszem, nem tudok eljönni a tanfolyamodra!"

Akkor ne gyere el a tanfolyamra. Tartsd meg a 4000 dollárodat. Megőrültél te? Vagy inkább azt kellett volna mondanom: „Észrevetted, hogy megőrültél?" Ez helyénvalóbb válasz lett volna.

Kérdés: *Az elmúlt napokban a törődés energiáját kértem, és sokkal több törődés volt bennem a Földdel és a testekkel. Ma reggel felkeltem, és nem tudtam fogni ezt az energiát. Nem tudtam az lenni, és nem találtam. Azt mondtam: "Hol van ez az energia? Kérem. Hol van?" Stresszeltem ezen.*

Úgy látom, hogy ez történik, amikor valamit jelentőségtelivé teszek, vagy amikor kérek valamit, és úgy tűnik, hogy nem tudok azzá válni, vagy... Hallom, ahogy azt mondjátok: "Nem számít. Engedd el." De akkor azt mondom: "Igen, de az olyan, mintha nem lennék gondoskodó".

Gary: Megteremtetted a törődés formáját, mintha tudnál törődni a Földdel, vagy tudnál törődni a testekkel. Ez kevesebb annál, ami a törődés valójában, és több annál, mint ami hajlandó vagy lenni.

Úgy intézted, hogy a törődés struktúrája látszólag egy bizonyos helyről jön, vagy egy bizonyos módon valósul meg. Az érzéseidet pedig jelentőssé tetted.

Annak a formájával, struktúrájával és jelentőségével, amit törődésnek nevezel, létrehoztad a korlátait annak, ami a törődés valójában. Korlátoztad azt, ami a törődés, annak érdekében, hogy meglehessen a jelentősége annak, amit érzel, a struktúrája annak, hogy hogyan érzel, vagy hogyan tapasztalod meg, és az a forma, ahogyan jönnie kell ahhoz, hogy tudd, hogy megvan.

Amint eléred a törődést, nem vagy képes érezni. Amint te magad vagy a törődés, nincs többé forma, nincs struktúra, nincs jelentőség, csak van. És ez a „csak van" vagy te.

Dain: Gary, javasolnád erre az esetre ezeket eszközként: Mi ennek a formája? Mi a struktúrája? Mit teszek itt jelentőségtelivé?

Gary: Kezdetnek jó lesz. És van egy processzem is:

A forma, struktúra és jelentőség teremtéséhez milyen fantáziát, lénységet és titkos tervet tettem annyira valóssá, hogy még a totális éberség fényében sem tudom és nem vagyok hajlandó megváltoztatni, választani és meggyógyítani? Mindent, ami ez, Isten tudja hányszorosan, elpusztítanád és nemteremtetté tennéd-e?

Helyes, helytelen, jó, rossz, POD, POC, mind a 9, rövidek, fiúk és túlontúl.

Kérdés: *Gyerekkorom óta azt erősítették bennem, hogy ahhoz, hogy jól éljek, tanulnom kell, szerezni egy munkát, aztán tapasztalatot szerezni. Hogyan tudom elpusztítani és nem teremtetté tenni a sikerhez vezető létrát és lépcsőzetet?*

Gary: Nem kell elpusztítanod. Csak rá kell nézned, hogy lásd, van-e jelentősége. A szüleid próbálták átadni a formáját, struktúráját és jelentőségét annak, amiről ők azt gondolták, hogy így kell lennie. A legtöbben nem eszerint éltek, és mivel ők maguk sem csinálták, azt gondolják, hogy így kell helyesen csinálni.

Az én családomban az volt, hogy „Tanulni kell, munkát szerezni, jól kell keresni. Menjél iskolába." De az iskolába járás nem jelentett semmit, mert anyám nem csinálta.

Nekem ez rendben volt, csak éppen nem ez volt az az élet, amire vágytam. Nem az a forma, struktúra és jelentőség volt, amivel együtt akartam élni. Mint kiderült, valójában forma, struktúra és jelentőség nélkül akartam élni.

Amikor nincs forma, nincs struktúra és nincs jelentősége semminek, teljes választásod van. Nem azon alapszik, hogy: „A forma ez, a struktúra ez, a jelentőség ez, úgyhogy ez az, amit tenned kell." Hanem inkább: „Rendben, milyen választásom van itt?" A nincs forma, nincs struktúra és nincs jelentőség adja meg a totális választást.

Kérdés: *Van egy mondás: „Boldogok a tudatlanok." Szerintem, ha nem tudsz valamiről, és nem gondolsz rá, akkor nem tudod jelentőségtelivé tenni. Habár, amióta Access Consciousness-szel foglalkozom, egyre több dologra vagyok éber. Hogyan tudom ezt a kulcsot az előnyömre fordítani?*

Valójában akkor teszel valamit jelentőségtelivé, ha magadat tudatlanná teszed azzal a dologgal kapcsolatban. Akkor tudod az előnyödre fordítani ezt a kulcsot, ha felismered, hogy a totális éberség ad totális választást. Amikor nincs forma, nincs struktúra vagy jelentőség abban, amit tudnod kellene, vagy nem kellene tudnod, akkor ismersz meg mindent, és akkor tudsz az előnyödre fordítani mindent, és megkapni mindent, amire vágysz az életben.

Kérdés: *Anyukám mindennek jelentőséget tulajdonít. Minden úgy van, ahogy mondja, és minden sztori, amit kitalál, valós. Ez egy érdekes nézőpont, de mi az a jó kis beszólás, amivel bogarat tudnék ültetni a fülébe?*

Gary: Ő anya. Ennek melyik részét nem érted? Minden anya tudja az összes igazságot. Mondd meg, hogy igaza van – és hogy nagyon hálás vagy. Mondd ezt:„Annyira hálás vagyok, hogy itt vagy, hogy utat mutass nekem, anya."

Dain: Ez egy briliáns beszólás. Mondjátok meg a szüleiteknek, hogy mennyire hálásak vagytok értük, hogy mennyit tanultatok tőlük, és azért is, hogy terelgettek benneteket. Akkor aztán minden, amit tesztek annak az eredménye, amit ők adtak nektek, úgyhogy többet nem hibáztathatnak titeket.

Gary: Hoppá! Ha kifejezed a háládat, akkor nem tudja, mit tegyen, mert többet nem panaszkodhat. És nem tud mindent jelentőségtelivé és igazsággá, ténnyé tenni, és hinni az összes sztorijában, mert a történetei célja az volt, hogy éberséget adjon át. Amikor azt mondod neki, hogy hálás vagy, mert éberséghez juttatott, leáll azzal, hogy folyamatosan éberséget akar adni neked.

Kérdés: *Ha nincs forma, nincs struktúra, nincs jelentőség, akkor mi van azzal az emberi szokással, hogy kapcsolatot akarunk formálni egy másik élőlénnyel, emberrel vagy állattal? Érezni akarjuk a szeretetet és a kapcsolódást valakivel, tisztán, gondoskodóan és adakozóan?*

Gary: Hű, egy nyomorult fantazmagóriáról beszélünk, imádlak, de ez egy nyomorult fantazmagória.

Dain: Az az érdekes ebben, hogy van egy forma, struktúra és jelentőség abban az elképzelésben, hogy nem vagyunk máris egységben, és nem vagyunk totálisan összekapcsolódva.

Kérdés: *Az egész életemet a normális struktúrán kívül éltem, és olyan kapcsolataim voltak, amelyekben nem éreztem az odatartozást.*

Én voltam a feketebárány, a Notre Dame-i toronyőr, és néha ez rendben is volt. De máskor, annyira akartam valahova tartozni, hogy volt ennek jelentősége, hogy kiabáltam a harangtoronyból, hogy lássanak meg.

Gary: Ez forma, struktúra és jelentőség? Teljesen. Annak a jelentősége, hogy a törődés valós, miközben valójában a legtöbb ember nem képes a törődésre. Az emberi világban a törődés azt jelenti, hogy meg kell ölnöd az adott személyt. Úgyhogy az, ha kiabálsz a toronyból, hogy te gondoskodsz, és hogy rólad is gondoskodhatnak, és hogy szeretnéd ezt a fajta gondoskodást odaadni valakinek, egy biztos módja annak, hogy megölesd magad. Én nem tenném ezt a helyedben. Ilyenkor nincs formája, struktúrája és jelentősége annak, hogy hogy kéne lennie.

Én egyike vagyok azoknak a latin nőknek, akiket körbevesz az érzelmi telenovella [spanyol szó a szappanoperára] és lázadtam az egész ellen, mégis ragaszkodom az igazi mély szerelem érzelmi drámájához.

Gary: A szerelem egész elképzelése forma, struktúra és jelentőség. Szerelem helyett a hálába kell belemenni. Tedd fel a kérdést: „Miért vagyok hálás ebben az emberért?"

A szerelemmel megfér az ítélkezés. Az emberek azt mondják: „Feltétel nélkül szeretem ezt az embert." addig, amíg fel nem bosszantja őket, aztán abban a pillanatban, ahogy felbosszantotta őket, a szerelmük hirtelen feltételessé válik. Ezt végignéztem minden egyes templomban, szektában és vallásban, ahol jártam. A szeretet és az ítélkezés létezhet ugyanabban az univerzumban – de nem lehetsz hálás és ítélkező egyszerre.

Dain: A szeretet az egyik legnagyobb forma, struktúra és jelentőség. Arra tervezték, hogy kibillentsen a hála teréből. A szeretet biztosítja, hogy lázadnod kelljen valaki vagy valami ellen, vagy küzdened kelljen valamiért vagy valakiért.

Gary: A hálában nincs forma, struktúra és jelentőség.

Kérdés: *Néha azon tűnődök, hogy te és Dain hogyan vagytok kapcsolatban vagy egységben anélkül, hogy ezt jelentőségtelivé tennétek. Hallottalak benneteket arról beszélni, hogy rajongtok egymásért,* *ami szerintem nagyon kedves. Tisztán látszik, hogy nem teszitek jelentőségtelivé. Szeretném jobban megérteni, hogy hogyan csináljátok ezt. Beszélnétek erről?*

Gary: Mondhatom azt, hogy rajongok Dainért, de nem adnám fel magamat érte. Legtöbb embernek az a nézőpontja, hogy a rajongás azt jelenti, hogy behódolsz a másik embernek. A rajongás egyfajta behódolás, és úgy imádod a másikat, hogy jelentősebbé teszed saját magadnál.

Dain, voltak olyanok, akik imádtak téged. Szereted, ha ilyen módon istenítenek?

Dain: Nem.

Gary: Miért?

Dain: Azért, mert ahogy te is mondtad, amikor valaki imád téged, neked kell szolgálnod őt. Ez nem buli. Rengeteg forma, struktúra és jelentőség van ehhez kapcsolva, és ez nem egy olyan hely, ahol könnyedség van.

Ennek az imádásnak a másik része, hogy a másik személy valójában nem fogad be semmit belőlem. Az egyetlen dolog, amit befogad, az a fantazmagória, amit kivetít, ami szerinte leszek, vagy amit tenni fogok. Nem fogadja be a változást, a lehetőség ajándékát, amit szeretnék facilitálni számára.

Látom, hogy ez az egész egy igazi korlátozás. Úgy tűnik, hogy elfelejtjük, hogy végtelen lények vagyunk. Ha rajongok valakiért, valami kisebbként kell meghatároznom magam, mint amilyen vagyok, ehhez a másik személyhez viszonyítva. Ez pedig mindkettőnket korlátozna.

Gary: Igen, amikor rajongsz valakiért ennek a valóságnak a definíciói szerint, kevesebbé teszed magad nála. Jobbnak ítélted őt magadnál valamikor, és automatikusan el kell különítened magad tőle, és el kell távolodnod. Akár fizikailag, akár energetikailag. Azt kell hinned, hogy valamilyen módon te és/vagy a másik személy akarta ezt. Eljutsz arra a pontra, ahol ellenállsz és reakcióba mégy azzal az elképzeléssel, hogy valaki mást nagyobbá tegyél saját magadnál. Ellen kell állnod neki, és reakcióba kell menned, hogy megkapd önmagadat.

Hasonlóan ahhoz, amit a kamaszok csinálnak. Gyermekként mindennél fontosabbá tették anyut és aput, aztán hirtelen azt mondják: „A francba! Nem akarok olyan lenni, mint ezek. Magamat akarom."

Mi lenne, ha neked nem kellene ezen végigmenned? Mi lenne, ha nem kellene a formája, struktúrája és jelentősége valaki más imádatának, vagy az érte való rajongásnak, és egyszerűen feltehetnéd a kérdést: „Oké, mijük van, ami valójában tetszik nekem? Mijük van, amit én nem akarok? Mi kellene ahhoz, hogy több legyen nekem abból, amit tényleg akarok? Sztori vége, menjünk tovább, lapozzunk."

Ez az a választás és egységközösség, amiről beszélsz. Most segítettél megérteni az egész gyerekkoromat. Anyukám rajongott értem, de ez hatalmas teher volt. Ezen az energián hatalmas nehézség volt. Olyan volt, mint valami tűzcsapja a szeretetnek, ami felém irányult, de mindig elment mellettem kb. másfél méterrel, mert soha nem volt valós. Soha nem szólított meg igazán, úgyhogy mindig szeretetlennek és szeretetéhesnek éreztem magam, miközben minden, amit tett és mondott, látszólag azt mondta: én vagyok a legjobb dolog ezen a bolygón. Ez is róla szólt, mert én az ő teremtménye voltam. Soha nem fogta fel, hogy egy különálló személyt hozott létre, akinek szabad választása van.

Gary: Sose vette észre, hogy milyen szörnyeteget teremtett.

Igen, tiszta zűrzavar volt az egész. Aztán a húgom is, akit piedesztálra állított, és teljesen elfordult tőlem, amikor nem feleltem meg többé az elvárásainak.

Gary: Egy elképzelt dologért rajongtak, nem érted. Az 1950-es és 1960-as években Khalil Gibran Próféta című könyve nagyon népszerű volt. Azt mondta, hogy ha el tudod engedni azt, amit szeretsz, visszatér hozzád. De ha ragaszkodsz ahhoz, amit szeretsz, akkor elpusztul. Olyan ez, mint amikor ragaszkodsz egy madárhoz. Annyira szereted, hogy halálra szereted. Az elengedése valaminek az a hely, ahol nincs formája, nincs struktúrája és nincs jelentősége annak, hogy szereted. Hagyod repülni, és ha veled szeretne lenni, akkor vissza fog térni. Amikor olvastam ezt a könyvet negyven évvel ezelőtt, azt mondtam: „Húha, ennek van értelme!" Azóta abból az elképzelésből működök, hogy ha szeret, visszatér. Hagyni valamit szabadon, mert szereted, az egyetlen módja annak, hogy az lehessen, ami.

Dain: Szeretnék mondani valamit a szeretetről, a háláról és a jelentőségről. Régen jártam egy lánnyal. Nagyon kedveltem. Azt mondtam:„Szeretem, szeretem és szeretem."Elkezdett hazugságokat terjeszteni rólam mindenkinek, akit ismertem. Minden elképzelhető módon rossz híremet keltette.

Megkérdeztem Garytől: „Hogy lehet ez? Én szeretem ezt az embert."

Gary azt kérdezte: „Nos, ez a szerelem dolog hogy működik neked ebben a helyzetben?"

Azt mondtam: „Belepusztulok!"

Azt mondta: „Hadd kérdezzek valamit. Ezzel együtt hálás vagy azért, amit tesz?"

Azt feleltem: „Igen, mert nagyon sok éberségem jön ebből. Felismertem, hogy nincs jelentősége. Nem kell, hogy jelentsen bármit. Azok az emberek, akik beveszik a hazugságokat, azok csak emberek, akik hazugságokat vesznek be. Amúgy is csak okokat kerestek, hogy ítélkezhessenek."

Gary azt kérdezte: „És még mindig hálás tudsz lenni érte, és mindenért, amit kaptál tőle, az összes örömért, amit átéltetek, amikor jól éreztétek magatokat, mielőtt elkezdett utálni?"

Felismertem, hogy teljes mértékben hálás tudok lenni érte. Láttam, hogy abba, hogy próbálom fenntartani azt a helyet, amit szerelemnek neveztem, belepusztulok. Mindenkiben rengeteg forma, struktúra és jelentőség van azzal kapcsolatban, hogy ennek hogy kell kinéznie. Mindannyian megkapjuk a formákat, struktúrákat és jelentőségeket az életünk során – és ez minden egyes személy esetében különbözik mindenki másétól.

Kérdés: Azt mondtad, hogy a szeretet egy hatalmas forma, struktúra és jelentőség – és a hála visz ki ebből. A hála miért ennyire felszabadító és örömteli? Honnan jön ez?

Gary: A szeretet/szerelem volt az összes dal, dráma, trauma, kiakadás, cselszövés, az összes rossz tévéműsor, az összes jó tévéműsor, az összes mozifilm és majdnem minden más formája, struktúrája és jelentősége.

De a hála miért annyira felszabadító és csodálatos?

Dain: Mert a hála elismer és kapcsolatot teremt közted és mások között. Lehetővé teszi, hogy te legyél az egyik eleme és tere annak a létezésnek, ami elérhető.

A szeretet az én fura nézőpontomból olyan, mintha vennénk mindent, ami hála, gondoskodás, kedvesség és lehetőség lehetne, és csavarunk rajtuk egyet, és így mindig hozzájuk kell kapcsolnod a formát, struktúrát és jelentőséget. Mindig kívül állsz a gondoskodáson, hálán és kedvességen, és kívül a lehetőségeken. Mindig próbálsz ezek felé a dolgok felé tartani, de soha nem vagy képes tényleg, most rögtön, azokká a dolgokká válni.

Kérdés: Van még valami tisztítás, amit csinálhatnánk a nincs forma, nincs struktúra, nincs jelentőséggel kapcsolatban? A fejem olyan, mint egy focilabda.

Gary: Futtasd azt, amit adtam:

A forma, struktúra és jelentőség megteremtésére milyen fantáziát, lénységet és titkos tervet tettem annyira valóssá, hogy még a teljes éberség fényében sem tudom, és nem vagyok hajlandó megváltoztatni, választani és meggyógyítani azt? Mindent, ami ez, Isten tudja hányszorosan, elpusztítod és nem teremtetté teszed? Helyes, helytelen, jó, rossz, POD, POC, mind a 9, rövidek, fiúk és túlontúl.

Lehet, hogy érdemes sokat futtatni ezt a processzt. Ez elkezdi majd lebontani azokat a dolgokat, amit formából, struktúrából és jelentőségből csináltál, és elkezd adni egy új lehetőséget.

Jól van, srácok, itt az idő, hogy befejezzük a beszélgetést a nincs forma, nincs struktúra, nincs jelentőséggel kapcsolatban. Jövő héten találkozunk!

A hatodik kulcs a teljes szabadsághoz

NINCS ÍTÉLKEZÉS, NINCS DISZKRIMINÁCIÓ, NINCS MEGKÜLÖNBÖZTETÉS

Gary: Üdvözlünk mindenkit. Ma este a hatodik kulcsról fogunk beszélni. Nincs ítélkezés, nincs diszkrimináció, nincs megkülönböztetés. Dain telefonon csatlakozik hozzánk, de a hangja nincs rendben, úgyhogy főleg hallgatni fog, és nem beszél sokat.

Szeretnék felolvasni egy emailt, amit kaptunk. Szerintem mindenkinek hasznos lesz, ha beszélünk erről itt az elején.

Sokunknak tanították, hogy a megkülönböztetés nagyon fontos. Nem fogtam fel ezt a nincs megkülönböztetés dolgot, míg fel nem ismertem, hogy a megkülönböztetés ítélkezés és diszkrimináció, és hogy a tudás helyettesíti a megkülönböztetést. A végtelen lény – amik valójában vagyunk – tudásán keresztül tudja, érzékeli és befogadja azt, amik lehetünk ítélet, megkülönböztetés és diszkrimináció nélkül. Szerintetek is így van? Ha igen, beszélnétek bővebben erről?

Gary: Ez pontosan így van. Ha nem ítélkezel, nem diszkriminálsz és nem teszel megkülönböztetéseket, képes vagy az érzékelés, tudás, létezés és befogadás végtelen lényeként létezni.

Amikor ítélkezel, diszkriminálsz vagy megkülönböztetsz bármilyen formában, akkor lemondasz a létezés, tudás, érzékelés és befogadás képességéről.

Az ítélkezés ez: "Szerdánként nem eszem disznóhúst." Ezzel azt mondod: "A disznó bármilyen más napokon jó, de szerdán nem ehetem meg." Ez a te ítéleted. Ez egy következtetés, amire jutottál.

A diszkriminációval próbálsz valamit nem pont megfelelőként teremteni.

A megkülönböztetés az az elképzelés, hogy valamit választanod kell. A megkülönböztetés ez: "Ez nekem nem tetszik. Ez borzasztó. Ez rossz és borzasztó íze van." Ez az ítélkezésnek egy enyhébb formája.

Például az emberek beszélnek kifinomult ízlésről. A kifinomult ízlés azt jelenti: "Az én ítéletem ez." A megkülönböztetés egy következtetés, amire jutottál. A választás és az éberség pedig a lehetőség, amire éber lehetsz.

A választás ez: "Ezt nem eszem meg."

Az éberség ez: "Nem akarok karfiolt enni. Nem szeretem."

A preferencia ez: "Jobban szeretem a finom ételeket az átlagos ételeknél, de nem diszkriminálom az átlagos dolgokat, mert alkalmanként megeszem vagy megiszom, a körülményektől függően – mert mindig van választásom."

Ez az egész arról szól, hogy hogyan látjuk a dolgokat. Választásban vagy és éberségben? Vagy valamiféle ítélkezésben?

Kérdés: Az intenzitás szó jött fel valamelyik reggel, amikor felébredtem. Úgy tűnik, hogy minél sűrűbbé válok, minél emberibb vagyok, minél földhözragadtabbnak érzem magam, annál jobban felszedem az emberek érzelmeit magam körül, és annál ítélkezőbbé válok.

Minél kevésbé vagyok sűrű, ami alatt azt értem, hogy minél kiterjedtebb vagyok, az ítélkezés lemorzsolódik. Amikor gondolkodtam ezen, érzékeltem valamiféle szabadságot mindenhol magam körül. Ez az, ahol a nincs ítélkezést, nincs megkülönböztetést, és nincs diszkriminációt találjuk?

Gary: Nem ott találod a nincs ítélkezést. Arról van szó, hogy itt válsz azzá. Amikor térűr vagy, nagyon nehéz formából, struktúrából és jelentőségből működni, ami ahhoz kell, hogy ítélkezést, megkülönböztetést és diszkriminációt hozz létre.

Kérdés: *Beszélnétek még arról a múlt heti dologról? Amint valamivé válsz, mondjuk béke, szeretet vagy törődés, nem érzed, hanem az vagy. Ez egyenlő azzal, amikor nagyon mély békét élünk meg? Például, amikor végignézel valamiféle drámai eseményt, és együttérzést tapasztalsz, egy kívülálló megfigyelő vagy, aki egy mozdulatlan pont marad?*

Gary: Ez egy tökéletes kérdés, mert a legutóbbi hozzászóló azt mondta, hogy ha sűrűvé válsz, akkor azt érzed. A sűrűség mindig érzés, és az érzés mindig sűrűség. Amint térűrré válsz, ez mind szertefoszlik. Amikor térűrré válsz, az összes sűrűség, ami ahhoz kell, hogy létrejöjjön valaminek az „érzése", megszűnik. Megsemmisül és eltűnik.

A kérdés második része a mozdulatlan pont volt. Egy végtelen lény lehet-e igazán mozdulatlan? Nem, a végtelen lények csak teljesen kiterjedtek lehetnek, annyira kiterjedtek, hogy csakis a végtelen választás elérhető számukra. Ezekben az esetekben, amikor megjelenik a végtelen választás, nem tudnak következtetésre jutni, nem tudnak diszkriminálni és megkülönböztetni, vagy ítélkezni semmilyen módon és formában. Ezért nem lehet úgy beszélni róla, mint mozdulatlan pont. A *mozdulatlan pont egy olyan koncepció, amit arra találtak ki, hogy a lehető legkisebbé tegyenek bennünket, és olyan közel kerüljünk ahhoz, hogy semmik legyünk, amilyen közel csak lehet.*

Úgyhogy mindenhol, ahol bármelyikőtök bevette a mozdulatlan pontot mint az éberség megszerzésének módját, elpusztítjátok és nem teremtetté teszitek? Helyes, helytelen, jó, rossz, POD, POC, mind a 9, rövidek, fiúk és túlontúl.

Kérdés: *Az ítélkezés egy csatolmány? Azokról az asszociációkról van szó, amelyek a múltbéli dolgokhoz fűznek bennünket, és ezeket idézzük fel? Az energiáról van szó, legyen az jó vagy rossz, amit hozzáragasztunk a dolgokhoz, mint például az étel, a zene és a különböző helyek?*

Gary: Az ítélet valami, amit más ítéletekhez csatolsz. Nem valami, ami éberségként a tied. Ha táncoltál valakivel és jól érezted magad, és később újra hallottad azt a dalt, visszajött a tánc emléke, ami nem ítélet, megkülönböztetés vagy diszkrimináció. Ez éberség. Ez a felidézés, ami lehetővé teszi, hogy mindenhez hozzáférj, ami lehetséges a világon. Sajnos többnyire emlékeket idézünk fel, nem pedig éberséget. Szóval milyen éberséged volt a dal közben, amit nem ismertél el, amitől felidézed, emlékszel rá és elérhető számodra? Erre lenne érdemes ránézned.

Kérdés: *Miért könnyebb abbahagyni a mások feletti ítélkezést, mint a magunk felettit? Milyen csodás lennék az összes ítélet nélkül, ami kiegészít, és beragaszt?*

Gary: Ezért kell ezt a kulcsot alkalmazni.

Az egyik dolog, amire rá kell nézni a saját magad feletti ítéletekkel kapcsolatban: Az enyém ez? Mondjuk, hogy szőke kék szemű vagy, és odaállsz valaki mellé, akinek szintén szőke a haja és kék a szeme. Hirtelen azt gondolod: „A hajam szörnyen néz ki ma!"

Mi történik? A melletted álló személy azt gondolja, hogy szörnyen néz ki a haja ma. Mindig azt feltételezed, hogy a gondolatok, érzések és érzelmek, amiket tapasztalsz, a tieid. Azt feltételezed, hogy minden ítéletnek a tiédnek kell lennie. Fel kell tenned a kérdést: „Ez az enyém?" Ez az egyetlen módja annak, hogy túl tudj jutni ezen.

Kérdés: *Nekem úgy tűnik, hogy leginkább önmagunkat ítéljük meg, és ez korlátoz bennünket. Tavaly megköveteltem magamtól, hogy ezt megváltoztatom, kerüljön bármibe. Vicces, mert amikor megkövetelsz valamit magadtól, elkezdesz éber lenni az összes helyre, ahol éppen azt a dolgot választod, aminek a megváltoztatásán dolgozol.*

És ilyenkor kell az eszközöket beültetni a gyakorlatba. Olyan kérdéseket feltenni, mint például: „Mit szeretnék itt másképpen?" POD-POColsz dolgokat, és más választásokat hozol, ami lehetővé teszi, hogy valami más megmutatkozzon. Hogy lehet ez még ennél is könnyebb?

Gary: Azzal, hogy nincs diszkrimináció, nincs ítélkezés és nincs megkülönböztetés, a következtetésből a választás felé mozdulsz el. Az ítélkezés, megkülönböztetés és diszkrimináció a forrásai azon következtetések megteremtésének, hogy valamit helyesen tudsz csinálni. De ha soha nem kellene, hogy igazad legyen, és soha nem kellene tévedned, milyen választásaid lennének valójában?

Minél kevésbé ítélem meg magamat, annál könnyedebbé és kiterjedtebbé válik az életem. Egyetlen terület, ahol még mindig nehézségem van, az a saját magam hibáztatása, habár már nem csinálom olyan sokáig, mint régen.

Gary: Ahogy elkezded alkalmazni ezeket az eszközöket, és használod őket, apránként történnek a változások. Csak ennyit tudsz kérni. Egész életedben azt mutatták, hogy rossz vagy. Azt tanították, hogy ítélkezz magad felett, és hogy megkülönböztetőnek és diszkriminatívnak kell lenned. Mi van, ha ezek közül egyik sem igaz? Mi van, ha ez mind hazugság? Van egy tisztításom, ami szerintem segíteni fog ezen, amit néhány perc múlva megosztok veletek.

Az életem egyre tágasabb, és az üzletem is növekszik. Több a béke és az öröm az életemben, a gyermekeim boldogok, de még mindig olyan, mintha nem lenne elég nagy, és nem nyúlnék elég messzire, hogy változást teremtsek. Mi ez? És mi kellene ahhoz, hogy ezt megváltoztassam?

Gary: Azt kell felismerned, hogy egyetlen ember elegendő ahhoz, hogy megváltoztassa a világot. Minden egyes személy, akit megérintesz a változással, amit létrehozol számukra, azt teremti, hogy két másik számára is változást hoz, ami másik kettőnek is változást hoz, ami másik kettőnek is változást hoz – és elég lesz-e ez valaha? Nem. Miért? Mert a világ nem olyan hely, amilyen tudjátok, hogy lehetne. Azért jöttetek ide, mert tudtátok, hogy meg tudjátok változtatni a világot. Mi kellene ahhoz? Gyakoroljatok, csináljátok tovább. És hagyjátok abba, hogy azt nézitek, hogy mit csináltok még mindig. Ez a probléma ezzel a mozdulatlan ponttal. Azt mondjuk: „Még mindig (bármi legyen is az) vagyok", ami azt jelenti, hogy visszamész ahhoz a véges ponthoz, amiben te nem létezel, és amiben nem vagy az a végtelen lény, aki vagy."

Kérdés: Mi a különbség a megfigyelés és az ítélkezés között? Nekem nehéz a nincs ítélkezés, nincs megkülönböztetés, nincs diszkrimináció eszközt használni, különösen a családdal és a barátokkal.

Gary: Ha én csinálom, megfigyelés. Ha ti, ítélkezés. (Viccelek.)

Mondjuk, hogy anyád azt mondja, hogy ronda a ruhád. „Ez a ruha annyira ronda. Bárcsak ne viselnéd." Ez megkülönböztetés, diszkrimináció vagy ítélkezés?

Akkor azt mondod:„Anyám akkora egy rosszindulatú ribanc." Ez diszkrimináció, megkülönböztetés, vagy ítélkezés?

A legtöbb embernek az a nézőpontja, hogy ha pozitív megjegyzésről van szó, akkor az nem ítélet, ha pedig negatív megjegyzésről van szó, akkor ítélet. Azt gondolják, hogy amikor anyád azt mondja, hogy ronda a ruhád, és azt mondod rá, hogy „Anyukám egy rosszindulatú ribanc", akkor az ítélet.

Ez lehet egy megállapítás, még akkor is, ha negatív. Lehet, hogy ronda a ruha. Lehet, hogy anyád rosszindulatú egy bizonyos pillanatban. A különbség a megfigyelés és az ítélkezés között alapvetően az, amilyennek az energia érződik. Amikor mondasz valamit, ami ítélet, az növeli a sűrűséget. Amikor mondasz valamit, ami éberség, az csökkenti a sűrűséget.

A családod és a barátaid azt gondolják, hogy az életük célja, hogy ítélkezzenek feletted. Te, természetesen nem fogod ezeket az ítéleteket egyáltalán, ugye? Ó, dehogynem! Folyamatosan csinálod. Úgyhogy még egyszer: azt kell kérdezned: „Ez az enyém? Ez az én nézőpontom?"

Kérdés: Beszélnél még egy kicsit a gondoskodásról?

Gary: A gondoskodás az, amikor nincs ítéleted. Amíg bármi vagy bárki felett ítélkezel, nem gondoskodsz. Nem tudsz egyszerre törődni és ítélkezni. Csak ítélkezni és nem törődni tudsz – vagy törődni és nem ítélkezni. Ez a két választásod van.

Amikor próbálod a gondoskodást formába, struktúrába és jelentőségbe önteni, korlátozod. A *valamiről való gondoskodássá válik, nem csak önmagában gondoskodás. A Földnek van-e valamilyen formája, amiről gondoskodik, vagy csak gondoskodik állandóan? A Föld minden pillanatban ajándékoz nekünk. Odaajándékozza a gondoskodását a madaraknak, a méheknek, a virágoknak és a fáknak. Mindent odaad nekünk nézőpontok nélkül. Nincs az a nézőpontja, hogy a gondoskodás az emberekről való gondoskodást jelenti (ami egy forma). Mindenről gondoskodik. Nincs az a nézőpontja, hogy egy egyénről kell gondoskodnia (ami a jelentőség). Mindenről és mindenkiről egyenlően gondoskodik. Ugyanannyira törődik a halállal, mint amennyire törődik az élettel. Ha eljutunk arra a helyre, ahol ugyanígy tudunk gondoskodni, elhagyjuk a gondoskodás formáját, struktúráját és jelentőségét. Azzá a megengedéssé és gondoskodássá válunk, ami a Föld maga.*

Ez az, ami köztünk és a végtelen térűr között áll? Ez akadályozza meg, hogy azok a végtelen lények legyünk, akik vagyunk? Az ítélkezés és a megkülönböztetés, ugye?

Gary: Igen, az. De ott van a többi kulcs is. Ahogy haladunk, megmutatom majd, hogy azok hogy működnek. Bocsánat, de nem tudom egyszerre mindet megmutatni. Kell egy kis idő, hogy néhány dolog beépüljön. És néha kérdésekkel jöttök elő, ami megmutatja, hogy mi az, amit nem kezeltünk, és milyen további magyarázatok és processzek szükségesek.

Az ítélkezés, megkülönböztetés és diszkrimináció, mint az élet teremtéséhez abszolút szükséges elemek milyen teremtését és generálását használod, hogy létezésbe zárd a helyzeti FEPASOP-okat, amiket intézményesítesz a saját rosszaságod, a nézőpontod helyességének és a soha nem veszítés szükségének forrásaként? Mindent, ami ez, Isten tudja hányszorosan, elpusztítanád és nem teremtetté tennéd-e? Helyes, helytelen, jó, rossz, POD, POC, mind a 9, rövidek, fiúk és túlontúl.

A jó hír, hogy lehet, hogy mindannyian lemondtok az ítélkezésről. (Viccelek.) Nem, egymillió év alatt sem. Nem tudnátok feladni az ítélkezést, ha az életetek múlna rajta, akkor sem.

Csak figyelj!

Kérdés: *Nemrég valaki két napot dolgozott rajtam, és híztam két és fél kilót. Ez a személy két hét múlva újra dolgozott rajtam, és újabb öt kilót híztam. Először azt hittem, hogy velem van valami, de ez a személy a múltban megjegyzéseket tett arra, hogy túlságosan vékony vagyok. Ez lehet egy példája annak, hogy valaki a nézőpontját belerakja a kezelésbe? És ha igen, hogy lehet ezt visszafordítani?*

Gary: Az az ő ítélete, hogy túl vékony vagy – te pedig próbálod ítélkezés, diszkrimináció és megkülönböztetés alapján megállapítani, hogy igaza van-e vagy sem. Túl vékony vagy? El kell jutnod a kérdésig. Meg kell kérdezned: „Testem, hogy szeretnél kinézni?"

Ez arra példa, amikor egy ítélkezést rád erőltetnek. Ha ítéleteket erőltetsz a testedre, növelni fogod a meglévő soványságod vagy kövérséged mértékét, ez alapján az ítélkezés alapján, mert az ítélkezés sűrűséget hoz létre. Mit érez a tested? Sűrűséget. Amikor a test sűrűséget érez, ő maga is sűrűbbé válik, mert azt feltételezi, hogy ez az, amire vágysz. Ha hajlandó vagy teljes éberségben lenni, és teljes gondoskodásban diszkrimináció, ítélkezés és megkülönböztetés nélkül, egy másik lehetőséget teremthetsz magad és a tested számára.

Kérdés: *Látszólag hozok választásokat, de van valami sűrűsége azoknak a választásoknak, amiket meghozok. Amikor felteszem a kérdést: „Ez kielégítő lesz?" vagy „Ez hozzáad az életemhez?", igent kapok, de úgy látszik, hogy valami még sincs annyira rendben. A diszkrimináció beleszövődhet a választásokba – például választunk, aztán visszamegyünk a diszkriminálásba?*

Gary: Igen, mert azt tanultad, hogy így kell csinálni. Az emberek azt kérdezik: „Hogy választhattad ezt?" Amikor gyerek voltam, és választottam valamit, amivel a szüleim nem értettek egyet, azt kérdezték: „Hogy jutottál erre a következtetésre?" vagy „Miért ezt választottad? Ez nem volt jó választás." Amikor ez történik, elkezded az összes választásodat megkérdőjelezni. Ez a processz talán segít.

Mit definiáltál diszkriminációként, ítéletként és megkülönböztetésként, ami valójában nem az? Mindent, ami ez, Isten tudja hányszorosan, elpusztítanád és nem teremtetté tennéd? Helyes, helytelen, jó, rossz, POD, POC, mind a 9, rövidek, fiúk és túlontúl.

Kérdés: *Olyan, mintha a lényem maga lenne ítélet, megkülönböztetés és ítélkezés. Ezzel nőttem fel. Minden, ami voltam, az ítélet, megkülönböztetés és diszkrimináció volt.*

Gary: Ez minden, amit úgy értékeltek, hogy te vagy, ami valójában nem te voltál. Ez az, amit a családod értékelt.

Dain: Az egyik dolog, amire éber lettem, hogy az emberek állandóan erőteljesen következtetésbe mennek, és észre sem veszik. Ez azon az ítélkezés, diszkrimináció és megkülönböztetés nézőponton alapszik, hogy mi ezek vagyunk?

Gary: Úgy működünk, mintha az ítélkezésen keresztül lehetne definiálni magunkat. Az ítéleteiden, megkülönböztetéseiden és diszkriminációidon keresztül definiálod magad. Az emberek folyton azt mondják: „Az én ízlésem kifinomult. Szeretem a pezsgőt, pedig csak sörre futja." Ez nem kifinomult ízlés; ez egy ítélet, miszerint „ez a másik dolog jobb lenne annál, mint amit most választok." Ez egy ítélet saját magadról. Ezek a dolgok így fonódnak össze, és tartanak bennünket távol attól a helytől, ahol tényleges választásunk van.

Azt tanultuk, hogy csak egyetlen választásunk van – vagy egyetlen jó választás van. Vagy csupán két választásod van, és ez és ez között kell választanod. A végtelen választás annak a képessége, hogy mindent választhatsz. A kérdés, amit fel kellene tenned, ez: „Rendben. Az egészet választom. Hogy csináljam?"

Amikor választasz, és öt különböző lehetőséget látsz, választhatod mind az ötöt. Csak azt kell meghatároznod – nem megítélned – hogy melyiket szeretnéd először.

Minden cselekedetünkkor így kellene működnünk az életben. Annyit kell csak tenned, hogy sorba rendezed azokat a dolgokat, amiket szeretnél behozni az életedbe. Csak ezt folyamatosan gyakorolni kell.

Kérdés: Emlékszem, hogy belezavarodtam, mert azt gondoltam, hogy meg kell hoznom egy bizonyos választást.

Gary: Azért zavarodtál bele, mert diszkriminálsz. Azt mondod: „Ezt kell választanom.", amihez az kell, hogy elvágd magad az éberségedtől, ami aztán az zavarodottság érzését teremti. Amikor bármilyen éberségtől elvágod magad, elveszted a képességedet, hogy mozdulj, vagy máshova menj.

Miről döntötted el, hogy nem ítélet, diszkrimináció vagy megkülönböztetés, ami valójában az? Azon kívül, hogy minden, amit a szüleid mondanak. Mindent, ami ez, elpusztítanád és nem teremtetté tennéd? Helyes, helytelen, jó, rossz, POD, POC, mind a 9, rövidek, fiúk és túlontúl.

Az ítéletek mindig abból a nézőpontból jöttek felém, hogy „Csak azért teszem ezt, mert szeretlek, és segíteni szeretnék neked."

Gary: Nem, az emberek azért ítélkeznek, mert ítélkezni akarnak, nem pedig azért, mert segíteni akarnak bárkinek. Az ítélet az ítélet. Dainnel nem rég a texasi Boerne-ben jártunk. A nem túl előkelő hotelünkben reggeliztünk. Egy hölgy, aki nagyon alacsony volt, ugyanakkor nagyon súlyos, ott volt a lányával, aki szintén alacsony volt és súlyos. Egy sovány kislánnyal voltak ott, aki a nőnek az unokahúga volt. A nő azt mondja a lánynak: „Enned kell, mert túl sovány vagy. Nem akarsz megnőni és olyan szép lenni, mint mi?" A lánynak kigúvadt a szeme, és egy szót sem szólt. Biztos vagyok benne, hogy a saját univerzumában ezt mondta: „Nem. Nem akarok olyan lenni, mint ti. Kérlek, ne kényszerítsetek!"

A nő megjegyzése diszkrimináció, ítélet és megkülönböztetés volt. A lánynak az volt az ébersége: „Nem. Nem akarok olyan lenni!"

Azt mondták neked, hogy valami ítélet, pedig *nem az*, más valamiről pedig azt mondták, hogy *nem ítélet, pedig az*, és rendkívüli zavarodottságot hoztál létre a világodban azzal kapcsolatban, hogy ítélkező vagy, pedig nem. Azt feltételezed, hogy ha negatív dolgot mondasz, akkor mindenképpen ítélkezel – és ha valami pozitívat *mondasz, akkor semmiképpen nem ítélkezel. De ez nem feltétlenül így van.*

Miről döntötted el, hogy nem ítélkezés, diszkrimináció vagy megkülönböztetés, pedig az? Mindent, ami ez, elpusztítanád és nem teremtetté tennéd? Helyes, helytelen, jó, rossz, POD, POC, mind a 9, rövidek, fiúk és túlontúl.

Miről döntötted el, hogy ítélkezés, diszkrimináció vagy megkülönböztetés, pedig nem az? Mindent, ami ez, elpusztítanád és nem teremtetté tennéd? Helyes, helytelen, jó, rossz, POD, POC, mind a 9, rövidek, fiúk és túlontúl.

Amennyiben az ítélkezés bármilyen formája folyamatosan feljön számodra, játszd ezt a két processzt végtelenítve egész éjszaka és egész nap körülbelül 15 napig. Nézd meg, mi változik ezzel.

Miről döntötted el, hogy nem ítélkezés, diszkrimináció vagy megkülönböztetés, pedig az? Mindent, ami ez, elpusztítanád és nem teremtetté tennéd? Helyes, helytelen, jó, rossz, POD, POC, mind a 9, rövidek, fiúk és túlontúl.

Miről döntötted el, hogy ítélkezés, diszkrimináció vagy megkülönböztetés, pedig nem az? Mindent, ami ez, elpusztítanád és nem teremtetté tennéd? Helyes, helytelen, jó, rossz, POD, POC, mind a 9, rövidek, fiúk és túlontúl.

Dain: Beszélnél még arról, amikor éberek vagyunk valami negatívra, és hogy ez nem feltétlenül ítélet – és hogy egy pozitív ítélet nem feltétlenül azt jelenti, hogy éberek vagyunk?

Gary: Egyszer egy barátom eldöntötte, hogy a menyasszonya a világ leggyönyörűbb nője. Ez egy ítélet, ami pozitívnak hangzik, ugye? Az az ítélet, hogy „Ő a legszebb nő a világon" abban tartotta a barátomat, hogy folyamatosan egy rakás szarnak érezze magát, mert bármit tett a hölgy, ami gonosz volt, vagy rosszindulatú, ő nem vette észre – emiatt az ítélet miatt és a következtetés miatt, amire jutott – hogy ő a legszebb nő a világon.

Van az a megkülönböztetésünk, ítéletünk és diszkriminációnk, hogy valami szép, helyes, és van az, hogy nem szép, vagy hogy rossz. Mind ítélet.

Mit definiáltál nem ítélkezőként, nem diszkriminálóként, nem megkülönböztetőként, ami valójában az? Mindent, ami ez elpusztítanál és nem teremtetté tennél? Helyes, helytelen, jó, rossz, POD, POC, mind a 9, rövidek, fiúk és túlontúl.

Mit definiáltál ítélkezőként, diszkriminálóként, megkülönböztetőként, ami valójában nem az? Mindent, ami ez, elpusztítanád és nem teremtetté tennéd? Helyes, helytelen, jó, rossz, POD, POC, mind a 9, rövidek, fiúk és túlontúl.

Kérdés: *Észrevettem, hogy félrealkalmaztam és félreazonosítottam a választást következtetésként. Amikor az édesség vásárlásról beszéltél, én azt mondtam: "Oké, én egy Snickerst veszek. Egy zárt energiát hoztam létre ezzel kapcsolatban, mert ez a következtetésem volt. Akarok egy Snickerst. A másik része ennek az, hogy minden egyes választásomért folyamatosan ítélkezek magam felett.*

Gary: Azt tanultuk, hogy úgy kell választanunk, mintha egyetlen választás lenne. Ebből jön az elképzelés, hogy a választás egy véges univerzum, ahelyett, hogy egy végtelen univerzum lenne. Az az elképzelésünk, hogy úgy kell választanunk, mintha a következtetés választás volna. A következtetés soha nem választás – és a választáshoz soha nem kell következtetés. A választás csak megnyitja az ajtót más és más lehetőségek számára.

Ez visszavezet a tíz másodperces választásokhoz. Erre a tíz másodpercre Snickerst szeretnél. Akkor „Rendben. Eszem egy falatot belőle, és már nem kérem." Aztán mégy a következőre: „Most egy Twixet szeretnék."

Arról van szó, hogy a véleményem megváltoztatásáról kell levennem a stigmát. Azt sulykolták belém gyerekkoromban, hogy az, ha meggondolom magam, valamiféle szörnyű bűntett.

Gary: Amikor a legkisebb lányom kétéves volt, egyszer azt mondtam:„Grace, gondold meg."

Azt mondta: „Apu, az a lányok kiváltsága, hogy meggondolják magukat."

Amikor végzős volt a középiskolában, vett négy báli ruhát. A legutolsót viselte, de tíz másodpercre az összes többi szép volt, és azt akarta felvenni.

És ezt lehet könnyedséggel csinálni? Lehet anélkül ezt tenni, hogy zavart keltenél, vagy drámát generálnál?

Gary: Ez csak másoknak teremt zűrzavart és drámát.

Igen, ezt kérdezem éppen. A körülötted élők azt mondják: „Te jó ég!"

Gary: És mit csinálnak, amikor belemennek a drámába és a zűrzavarba? Diszkriminálnak, megkülönböztetnek és ítélkeznek.

Így van.

Gary: Egyszerűen megállapíthatták volna: „Ehhez ő hülye," és az nem lenne ítélkezés. Ez egy megállapítás lenne. De ők azt mondják: Az én megkülönböztetésem, diszkriminációm és ítélkezésem szerint marhaság az, hogy meggondolhatja magát valaki."

Aztán már arról szól, hogy ne menj bele a mentális pingpongozásba más emberekkel?

Gary: Ez nem vezet jóra. Ha valaki bármit mond Grace-nek a választásairól, ő azt feleli: „Nos, én egy lány vagyok. Meg szoktam változtatni a véleményemet. Úgy viselkedem, mint egy lány."

Köszönöm.

Kérdés: *Beszéltem valakivel a minap, aki összekeverte az ítélkezést az éberséggel. Valahányszor éber volt valamire, ítélkezést csinált belőle. Nagyon hálás lennék, ha beszélnél a különbségről.*

Ez a személy szeretett volna az Access Consciousness-szel és az eszközökkel dolgozni, de úgy tűnik, mintha minden egyes kulcsot maga ellen használna. Például nem volt boldog a lakóhelyével, és ahelyett, hogy ezt egy éberségnek értékelte volna, azt mondta: „Nos, egy végtelen lény mindenhol képes lakni?"

Beszélnél a különbségről aközött, amikor arra használjuk a kulcsokat, hogy kiterjeszkedjünk, és amikor magunk ellen használjuk őket?

Gary: A legtöbb ember mások ellen használja a kulcsokat – nem maga ellen. Úgy hangzik, mintha az említett személy az „Egy végtelen lény tényleg ezt választaná?" kérdést nem kérdésként, hanem kardként használná.

„A végtelen lény bárhol képes élni" egy következtetés. Az a következtetés, hogy bárhol képesnek kell lenned élni, vagy mindenhol, egyáltalán nem választás.

Hogy lehet másképp megközelíteni? Felteszed a kérdést: „Mit szeretnék valójában választani?" És folyamatosan kívül tartod a sűrűség kategórián. Észre kell venned, hogy valami könnyű vagy nehéz, amikor kimondod.

Így van.

Gary: Igen. Használhatod ezeket az eszközöket fegyverként magad vagy mások ellen – vagy használhatod őket arra, amire ki lettek találva, ami totális választást és totális szabadságot ad neked. Ezt keressük.

Mi volt az első kérdésed?

Az ítélkezés és éberség közötti különbségről kérdeztem. Honnan tudod, hogy éberség? Úgy tűnik, hogy én nem tudtam megfelelő módon elmagyarázni.

Gary: Az éberség könnyedséget hoz a világodba – az ítélkezés az, amikor próbálsz valamit létezésbe szilárdítani.

Például, lehet az az éberségem, hogy szeretem a lovakat, és szeretném nemesíteni a Costa Rica-i fajtát. Ha ítélkezésből és következtetésből tenném ezt, azt mondanám: „Meg kell tennem."

Most kicsit bizonytalan vagyok, hogy mit tegyek, mert nem pont úgy alakulnak a dolgok, ahogy szeretném. Van egy éberségem arról, hogy mi mindent kell megváltoztatnom ahhoz, hogy ez ténylegesen működjön, és hajlandó vagyok ránézni mindenre, és feltenni a kérdést: „Rendben. Folytassam, vagy álljak meg? Mit tegyek most?"

A kérdés mindig meghagyja a választás lehetőségének érzetét. Úgyhogy tíz másodpercre juthatok következtetésre, aztán a következő tíz másodpercben juthatok egy másik következtetésre – vagy lehetek éber és azt mondhatom: „Van itt ez, meg ez, meg ez, meg ez a választás, amik elérhetőek számomra."

Ha valami zavart érzel egy választással kapcsolatban, az azért van, mert nincs meg a megfelelő mennyiségű adat ahhoz, hogy meghozd a „döntést". Az én esetemben ez most egy olyan döntés, ami rám is, és sok más emberre is hatással lesz, ezért meg kell vizsgálnom egy másik oldalról is.

Hogy kell máshonnan ránéznem? Meg kell kérdőjeleznem, kérdésben kell lennem és kérdésként kell élnem, nem pedig ítéletekre, megkülönböztetésekre és diszkriminációra jutni.

Futtathatjátok ezt a processzt:

Milyen éberséget definiáltál következtetésként, ami valójában nem az, és milyen következtetést definiáltál éberségként, ami valójában nem az? Mindent, ami ez, elpusztítanád és nem teremtetté tennéd? Helyes, helytelen, jó, rossz, POD, POC, mind a 9, rövidek, fiúk és túlontúl.

Ez nagyszerű processz, Gary. Bármire lehet futtatni.

Gary: Igen, bármire.

Lehet úgy futtatni, hogy mit definiáltál végtelen lényként, ami valójában nem az, és mit definiáltál nem végtelen lényként, ami valójában az?

Gary: Pontosan.

Köszönöm.

Gary: Ez akkor jött fel, amikor dolgoztam valakivel a bőség kérdésén. Megkérdeztem tőle: „Mit definiáltál bőségként?"

Azt felelte: „A számláim kifizetését."

Azt kérdeztem tőle: „Húha, ez a bőség?

Azt felelte: „Ez hülyeség, ugye?

Azt mondtam: „Igen, mert ha tényleg bőséget akarsz, akkor több számlád kell, hogy legyen."

Kérdés: *Próbáltam jeleket keresni arra, amikor következtetésbe mentem, és kitűnt néhány dolog: Olyankor van az, hogy azt mondom, amit érzek, vagy gondolok, és hallom, ahogy a szavak kijönnek a fejemen vagy a számon.*

Gary: Igen, ez a két legfontosabb része.

Úgyhogy elkezdtem behelyettesíteni azzal, hogy „Érzékelem, hogy ez az információ jön felém", és attól kezdve elkezdtem alkalmazni a tíz kulcsot, és olyan kérdéseket tettem fel, mint az, hogy „Egy végtelen lény tenne itt valamit?" vagy „Ez olyasvalami, amire szükségem van?" Ez egy jó módszer, vagy csak megvezetem magam?

Gary: Ez egy jó módszer. Ez a kezdet. A többi híváson majd adok egyéb eszközöket, amik meg tudják ezt könnyíteni.

Szóval az „úgy érzem" és „úgy gondolom" jelek, hogy ítélkezel. Vannak más szavak, amik arra utalnak, hogy ítélkezésbe mentél?

Gary: Valahányszor hallom, hogy valaki azt mondja: „úgy érzem, hogy..." felismerem az energiát, amit közvetít. Amikor valaki valamit erőszakkal közvetít, az ítélet, megkülönböztetés és diszkrimináció.

Vannak emberek, akiknek az az elképzelése, hogy ha valaki objektív, akkor ítélkezik. Azt gondolják, hogy objektív az, amikor kívül állnak valamin, ránéznek és következtetésbe, döntésbe vagy ítélkezésbe mennek. Azt gondolják, hogy az objektivitás bizonyítja, hogy a választásuk helyes.

Ez nem az objektivitásról szól. Ne akarj objektív lenni. Ne akarj kívül állni valamin és úgy nézni rá. Éberséggel érdemes ránézni a dolgokra. *Megfigyelni akarsz, nem objektívnek lenni.*

Az objektivitáshoz az kell, hogy valami mássá válj, kívül állj rajta, és következtetésre juss.

Amikor megfigyelő vagy, akkor csak egy érdekes nézőpont: „Hűha, ez egy érdekes választás" vagy „hűha, örülök, hogy nem ezt választottam" vagy bármilyen nézőpont, ami feljön.

Szóval, amikor készülsz meghozni egy döntést, a testedet használod, hogy meglásd, hogy könnyebbé válsz-e ezzel a döntéstől?

Gary: Nem feltétlenül használod a testedet. Amikor azt kérdezed, hogy „Melyik választás érződik könnyebbnek?", akkor próbálod az ítélkezést használni arra, hogy valamilyen következtetésre juss. Jobb kérdés lehet az, hogy „Ezek közül melyiket szeretném igazán választani?"

Két dolog jelenik meg, amikor ezt a kérdést használod. Elkezdesz kimozdulni az énből a *mibe,* mert olyasvalamit szeretnél igazából választani, ami kiterjeszt téged és mindenki mást körülötted. Nem tudod, hogy hogyan kell önzőnek lenni, még akkor sem, ha megvádoltak már ezzel, még akkor sem, ha próbáltál önzővé válni, még akkor sem, ha próbáltad magadat első helyre helyezni.

Amikor egy másik térűr vagy, akkor minden, amit teszel, minden, amit mindig is tettél, másképp alakul. Ez elég szuper. Te profitálsz ebből, más emberek is profitálnak ebből, és a világ is profitál belőle. Ezt hívják úgy, hogy nyertes-nyertes-nyertes.

Mit definiáltál nem ítéletként, nem diszkriminációként és nem megkülönböztetésként, ami valójában az? Mindent, ami ez, elpusztítanád és nemteremtetté tennéd? Helyes, helytelen, jó, rossz, POD, POC, mind a 9, rövidek, fiúk és túlontúl.

Mit definiáltál ítéletként, diszkriminációként és megkülönböztetésként, ami valójában nem az? Mindent, ami ez, elpusztítanád és nemteremtetté tennéd? Helyes, helytelen, jó, rossz, POD, POC, mind a 9, rövidek, fiúk és túlontúl.

Mit definiáltál nem ítéletként, nem diszkriminációként és nem megkülönböztetésként, ami valójában az? Mindent, ami ez, elpusztítanád és nemteremtetté tennéd? Helyes, helytelen, jó, rossz, POD, POC, mind a 9, rövidek, fiúk és túlontúl.

Miközben ezt futtattuk, egyre nehezebb lett.

Van köztetek olyan, aki azt hiszi, hogy az élet célja az, hogy ítéletet, megkülönböztetést és diszkriminációt használjunk annak érdekében, hogy jól tudjuk csinálni a dolgokat? Mindent, ami ez, elpusztítanád és nemteremtetté tennéd? Helyes, helytelen, jó, rossz, POD, POC, mind a 9, rövidek, fiúk és túlontúl.

Kérdés: *Észrevettem, hogy minden identitásom és nem identitásom valamilyen ítélkezésen, diszkrimináción vagy megkülönböztetésen alapul. Ezt használtam arra, hogy legyen identitásom.*

Gary: Ez nem igazán az identitásod; ez az egyénesítésed. Ez annak a módja, ahogyan egyénné teszed magad. Az identitás létezés, az egyénesítés az, ahogyan elkülöníted magadat másoktól, és elkülöníted magadat önmagadtól is azzal, hogy ítélkezel magad felett.

Köszönöm szépen. Nagyszerű.

Gary: Az egyénesítés minden formájához szükség van ítélkezésre, ezért jött ez fel.

Mit definiáltál nem ítéletként, nem diszkriminációként és nem megkülönböztetésként, ami valójában az? Mindent, ami ez, elpusztítanád és nemteremtetté tennéd? Helyes, helytelen, jó, rossz, POD, POC, mind a 9, rövidek, fiúk és túlontúl.

Mit definiáltál ítéletként, diszkriminációként és megkülönböztetésként, ami valójában nem az? Mindent, ami ez, elpusztítanád és nemteremtetté tennéd? Helyes, helytelen, jó, rossz, POD, POC, mind a 9, rövidek, fiúk és túlontúl.

Kérdés: *Az egyénesítéssel tartom magam elkülönülve másoktól – azáltal, hogy ítélkezek magam felett és felettük?*

Gary: Igen. Arra használjuk az ítéleteket, hogy elkülönítsük magunkat másoktól, és arra is, hogy elkülönítsük magunkat a végtelen potenciáltól és erőtől, ami vagyunk. Amikor végül elkezded felismerni, hogy „Várjunk csak! Van elegendő potenciál bennem, hogy felborítsak egy bikát a bikafuttatáson", el kell kezdened megkérdezni: „Hogy a fenébe vagyok az életem többi részében ennyire szánalmas?"

Van képességed arra, hogy esőt idézz elő, de azt mondod: „Nem tehetek semmit. Szánalmas vagyok." Nem, nem vagy az. Csak nem használod az eszközöket, és nem használod a benned lévő potenciált. El kell jutnod arra a helyre, ahol hajlandó vagy minderre. Ez a tíz kulcs az alapja mindennek, ami megadja neked ezt a szabadságot. Nem lesz azonnali, de el fog jönni. Hat-tizenkét hónapba fog kerülni, ha mindet állandóan használod, hogy hirtelen egy teljesen más univerzumban találd magad, ahol minden, amit kérsz, gyümölcsözőre fordul. De használni kell az eszközöket. Alkalmaznod kell őket. Az, ha elolvasod az Alapozó és Egyes szint kézikönyvét, nem egyenlő az alkalmazással.

Kérdés: Most lettem éber valamire, amit azzal kapcsolatban tanítottak nekem, hogy ne legyek lúzer.

Gary: Igen, a nem lúzerséggel a hetedik kulcshoz jutunk, ami arról szól, hogy nincs verseny. A verseny mindig arról szól, hogy ki nyer és ki veszít. Másokkal versenyzel annak érdekében, hogy lásd, ki a jobb.

Diszkriminálunk, ítélkezünk, megkülönböztetünk, aztán következtetünk, és onnan automatikusan jön a verseny. A verseny egy sokkal nagyobb téma, mint amennyire gondolnátok.

És ez mind összehangolódás?

Gary: Igen, ez minden olyan hely, ahol belehangolódunk ebbe a valóságba. Anyám régen mindig azt mondta: „Vagy ezt választod, vagy ezt."

Én pedig azt kérdeztem: „Miért nem lehet mindkettőt?"

Azt mondta: „Vagy az egyik, vagy a másik. Mindkettőt nem lehet."

Én pedig azt mondtam: „De nekem mindkettő kell!"

Erre ő: „Rossz gyerek vagy. Hagyd ezt abba. Ebből a kettőből lehet választani – vagy nem kapsz semmit."

Én pedig erre azt mondtam: „Ok, rendben, akkor azt választom." De csak amikor belekényszerítettek a választásba, és annak megítélésébe, hogy mit akarok, akkor kezdtem el aszerint az ítélet szerint választani, ami az anyámé volt. Az ő nézőpontja az volt: „Vásott kölyök vagy, ha nem abból a két lehetőségből választasz, amit kaptál."

Ezt kaptuk a neveltetésünkkel, aztán természetesen ott vannak az élet feleletválasztós tesztjei. A feleletválasztós tesztben négy megadott dologból kell választani. El kell különíteni és diszkriminálni kell a biztosan rosszakat, hogy ki tudd találni, hogy a másik kettőből melyik a jó.

És mindezt időre.

Gary: Igen, időre, úgyhogy gyorsan kell következtetésre jutnod. Próbálod eldönteni és meghatározni, hogy melyik a két legrosszabb válasz, hogy a két legjobb közül választhass. Erre hangolódunk, és ezt tanuljuk kiskorunk óta.

Téged is így hangoltak vagy tanítottak? Mindent, amit így tanítottak, de valójában nem működött neked, mindent, ami próbáltál lenni, amit próbáltál tenni, birtokolni, teremteni és generálni, és mindenhol, ahol belehajlítottad, fűzted, hajtogattad, csonkítottad és tuszkoltad magad valaki más valóságának dobozába, elpusztítanád és nemteremtetté tennéd-e mind? Helyes, helytelen, jó, rossz, POD, POC, mind a 9, rövidek, fiúk és túlontúl.

Kérdés: *Azon tűnődöm, ha a tudatosság mindent befogad és nem ítél meg semmit – az ítélkezést sem – hogy működik ez?*

Gary: Hajlandónak kell lenned meglátni, amikor valaki ítélkezik, különben az ítéletének a hatása alatt leszel.

Ha képes vagy meglátni: „Ó, ez egy ítélet," akkor nem ítélkezel az ítélkezés felett. Választhatsz, amit akarsz. A legtöbb ember arra próbálja használni az ítéleteit, hogy próbáljon meggyőzni, hogy neki van igaza, te pedig tévedsz.

Találkoztam nemrég egy férfival, aki azt mondta magáról, hogy nagyon liberális gondolkodású. Az én érdekes nézőpontom az, hogy olyan volt vele lenni, mint valakivel, aki egy icipici dobozban él. Egyáltalán nem volt nyitott. Azt gondoltam: "Ez relatív. Neki az a nézőpontja, hogy nyitott, de én arra vagyok éber, hogy olyan, mintha mesterkélt lenne."

Észrevettem, hogy megítéltem őt. Azon tűnődöm, hogy hogyan lehettem volna más vele?

Gary: Ez nem az ítélkezésről szól, hanem arról, hogy látod, amit látsz. Ő azt mondta, hogy liberális gondolkodású. Jó, remek. Ez igaz? Ez valós? Vagy ez egy ítélet arról, amilyennek lennie kellene?

Az utolsó.

Gary: Igen, látni kell, hogy az emberek így működnek. „Ha le akarom nyűgözni ezt a személyt, akkor nyitottnak kell látszanom, így hát azt fogom neki mondani, hogy liberális gondolkodású vagyok, holott nagyon is korlátolt a gondolkodásom."

Így van.

Gary: Rá kell nézni arra, hogy mi a helyzet – és ezt úgy lehet, ha nem diszkriminálsz, nem különböztetsz meg és nem ítélkezel. Úgy tudod megtenni, hogy éber vagy. Amikor azt mondta, hogy ő egy liberális gondolkodású ember, attól nem érezted magad könnyűnek, ugye?

Így van, nehéz volt.

Gary: Szóval hazugság volt. Ilyenkor csak annyit kell mondani magadban: „Ez nem igaz." Az „Ez nem igaz." nem ítélet, hanem éberség.

Szóval, hogyan lehetnék kiterjedtebb ebben a helyzetben? Hogyan lehetnék végtelenebb, hogy örömtelibb legyek saját magam számára, függetlenül attól, hogy ez hatással van-e rá?

Gary: El kell kezdeni figyelned a fejedre. Amikor elkezdtél beszélni erről, azt mondtad: „Ő ezt, meg ezt meg ezt tette, és én ezt meg ezt meg ezt tettem." A fejedbe mentél, és próbáltad megfejteni a dolgokat. A megfejtés egy másik formája a diszkriminálásnak, megkülönböztetésnek és ítélkezésnek, amit tanultál.

Igen. Ez szépen elvezet a kérdésem második részéhez. amikor arról beszéltél, hogy jól csinálni, az energia, ami nekem feljött, ez volt: „Ez annyira stresszes. Damoklész kardjával a fejem felett élni, és ha nem csinálom jól a dolgokat, akkor a fejemre esik. El fogom rontani, és akkor..."

Gary: Állj, állj, állj! Megint azt csinálod.

(Nevet) Hogyan tudok leszállni erről a futószalagról?

Gary: Ez a probléma, hogy egy futószalagon vagy. Annak a futószalagján, hogy próbálod megfejteni, hogy miért van ez, és hogy mi ez, hogy hogy hogyan kerülj ki belőle, annak alapján, hogy mi ez, pedig nem is az, amiről már eldöntötted, hogy annak kell lennie, mert máris csinálod.

Ez az, ahogyan sokan közülünk az „elménket" kifejlesztettük. Próbáljuk kiagyalni „Hogy a fenébe kell választani?" Ahelyett, hogy megkérdeznénk, „Mit szeretnék valójában választani?" Ahelyett, hogy kérdésben lennél, próbálod kisilabizálni.

Szóval az összes helyet, ahol a kisilabizálás ítélet, diszkrimináció és megkülönböztetés, amit arra próbálsz használni, hogy jól csináld, elpusztítanád és nem teremtetté tenné-e? Helyes, helytelen, jó, rossz, POD, POC, mind a 9, rövidek, fiúk és túlontúl.

Igen.

Gary: Szerencsére te vagy az egyetlen, aki ezt csinálja.

(Nevet) Köszönöm, ez egy örömteli processz volt.

Kérdés: *Egy kollégám ítélkezik felettem az utóbbi hónapban. Éreztem, és nem tudtam, hogyan reagáljak. Próbáltam nem figyelni rá, de annyira erős volt, hogy ma majdnem kirúgatott. Nem tudom, hogyan kezeljem, amikor valaki ítélkezik felettem, annyira érzékennyé válok, hogy most már érzem.*

Gary: Oké, most is csinálod. Körbe-körbe jársz a fejedben azzal a szándékkal, hogy megfejtsd. Nem működik. Feltetted már a kérdést, hogy „Ez a személy ELF vagy csörgőkígyó?"

Dain: Ezek az emberek azok, akik valójában élvezik azt, hogy a lehető legtöbb borzalmat injektálják mások életébe. Ezek a csörgőkígyók. A csörgőkígyó kifejezés önmagáért beszél. Egy csörgőkígyó büszke a csörgőjére és a benne rejlő halálos fenyegetésre. Nem kell megítélni a csörgőkígyót – de érdemes annak azonosítani, ami. Ha látsz az úton egy csörgőkígyót, csodálhatod a szépségét? Igen. Felveszed és hazaviszed? Valószínűleg nem.

Az ELF egy mozaikszó, annak a rövidítése, hogy gonosz kis rohadék (evil little f---). Az ELFeknek ugyanolyan rosszindulatú szándékaik vannak, mint a csörgőkígyóknak. A különbség mégis az, hogy amíg egy csörgőkígyó csak akkor mar meg, ha nyolc láb távolságra megközelíted, az elfek annyira elköteleződtek az aljas szándékukhoz, hogy keresni fogják, hogy milyen kárt tehetnének az életedben.

Kezdek eljutni oda, hogy látom, hogy ő egy ELF, mit tegyek ezzel?

Gary: Állj, állj, állj, megint csinálod. Visszamész a történetbe, hogy megpróbáld számodra működővé tenni, hogy igazolhass valamit, és kisilabizáld, mit tegyél.

Nem, fel kell tenned a kérdést: „Ez a személy ELF vagy csörgőkígyó?" Ó, egy ELF. Szóval amikor valami csúnyát tesz, odamégy hozzá és azt mondod: „Akkora egy ELF vagy", és odébb állsz. Ne mondd meg neki, mit jelent – soha. Elismered, hogy ő egy ELF...

De mit csináljak akkor, ha...

Gary: Drágám! Nem figyelsz! Megint a fejedből beszélsz! Azonnal visszamentél, hogy megértsd ezt, ahelyett, hogy feltennél egy kérdést.

Folyamatosan próbálsz megfejteni dolgokat a fejedben. Azt kérdezed: „Mi fog történni, ha ezt csinálom?" mielőtt még megtörténik.

Jobb kérdés lenne az, hogy „Hogy nézne ez ki?" A következőképpen nézne ki: Azt mondod: „Micsoda ELF vagy.", ő meg azt mondja: „Köszönöm." Aztán pedig azt: „Várj egy picit! Ez mit jelent?" Ha okos vagy, addigra már el is sétáltál onnan.

Amikor elismered, hogy valaki ELF, általában nem lesz ELF többé. De amikor próbálod kezelni az ELFségét, soha nem adja fel.

Oké, de nem hagyhatom ott ezeket az embereket. Nem...

Gary: Valójában nem tudsz senkit otthagyni, de ki tudod üríteni a terepet. Igazából nem tudod otthagyni, de a helyzetet tudod irányítani. A dolgok irányításának az a módja, hogy elismerjük azt, ami van.

Oké.

Gary: Próbáld ki. Ha azt gondolod, hogy hülyeségeket beszélek, fizetsz egy dollárt, amikor rájössz, hogy nem.

Rendben.

Huszonöt percünk maradt? Unom magam. Máris tovább akarok lépni. Ez megfigyelés, ítélet, diszkriminálás vagy megkülönböztetés?

Éberség.

Gary: (Viccesen) Hát persze, ha rólam van szó, mindig éberség. Nem, valójában ítélet, megkülönböztetés és diszkriminálás.

Mit definiáltál diszkriminációként, ítéletként és megkülönböztetésként, ami valójában nem az? Mindent, ami ez, Isten tudja hányszorosan, elpusztítanád és nem teremtetté tennéd? Helyes, helytelen, jó, rossz, POD, POC, mind a 9, rövidek, fiúk és túlontúl.

Korábban beszéltem arról, hogy hogyan mész bele a helyes, helytelen, győztes, vesztes nézőpontokba. Amikor ezt teszed, az ítéletekből, megkülönböztetésből és diszkriminálásból tovább mentél a versenybe. Ha nem ismered el, hogy hová léptél tovább, továbbra is ugyanazzal az ítélettel fogsz újra meg újra játszani, mintha ezzel el tudnál érni egy más eredményt.

Mit definiáltál nem diszkriminációként, nem ítéletként és nem megkülönböztetésként, ami valójában az? Mindent, ami ez, Isten tudja hányszorosan, elpusztítanád és nem teremtetté tennéd? Helyes, helytelen, jó, rossz, POD, POC, mind a 9, rövidek, fiúk és túlontúl.

Kérdés: Először is köszönöm, hogy ennyire letisztult volt ez a hívás. Nagyszerű volt. Én a versenyről szeretnék kérdezni. Tudnál beszélni az önmagunkkal való versengésről?

Gary: Amikor próbálsz valamit helyessé vagy helytelenné tenni az univerzumodban, próbálod kitalálni, hogy nyerni fogsz vagy veszíteni. Magunkkal versenyzünk, és megítéljük magunkat, mert próbálunk mindent jól csinálni, hogy nyerjünk. Ez az a verseny, amit magunkkal csinálunk. És az a verseny is, amit másokkal csinálunk.

Amikor felismerjük, hogy teljes, végtelen választásunk van, tudunk-e egyáltalán veszíteni? Vagy csak hozunk egy másik választást, ha az első, amit hoztunk, nem működött?

A győzelem és a vereség azok az elemek, amik létrehozzák a versenyt. Erről szól a verseny. Nagyon sok módja van annak, hogy ezt tegyük. Nemrég beszélgettem valakivel, és azt mondtam neki: „Ne legyél annyira versengő."

Mire azt válaszolta: „Én úgy érzékelem, hogy nem vagyok versengő."

Én pedig azt mondtam erre: „Éppen ez a verseny, szívem, mert azzal, hogy „én nem érzékelem", nem lehet vitatkozni, ami azt jelenti, hogy te nyered meg ezt a vitát, és én leszek a vesztes.

A hajlandóságról szól, hogy elismerjük, hogy az univerzum végtelen.

Gary: Igen, és hogy nincs győzelem vagy vereség. Csakis választás van. A diszkrimináció, ítélkezés és megkülönböztetés a verseny elődei. Kéz a kézben járnak.

Mit definiáltál diszkriminációként, ítéletként és megkülönböztetésként, ami valójában nem az? Mindent, ami ez, Isten tudja hányszorosan, elpusztítanád és nem teremtetté tennéd? Helyes, helytelen, jó, rossz, POD, POC, mind a 9, rövidek, fiúk és túlontúl.

Mit definiáltál nem diszkriminációként, nem ítéletként és nem megkülönböztetésként, ami valójában az? Mindent, ami ez, Isten tudja hányszorosan, elpusztítanád és nem teremtetté tennéd?

Helyes, helytelen, jó, rossz, POD, POC, mind a 9, rövidek, fiúk és túlontúl.

Kérdés: *Amikor beszéltél a cukorkáról, azt mondtad, "Válaszd, amelyiket szeretnéd." Hogyan tudom beazonosítani, vagy hogyan lehetek éber arra, hogy mit szeretnék, megkülönböztetés, ítélet vagy következtetés nélkül? Vagy anélkül, hogy egy bizonyos végeredményhez kötődjek?*

Gary: Bemégy az édességboltba, és azt mondod: "Melyik lenne ezek közül az, amelyiket szeretném?" Aztán megveszed mindet. Hazamész, kirakod az asztalra, aztán megkéred a cukorkákat, hogy mondják meg, hogy mikor akarják, hogy megedd őket.

Mmm...

Gary: Ha ezt tennétek a szeretőitekkel, sokkal jobb bőrben lennétek.

(Nevet) Gondolatolvasó vagy. Én is erre gondoltam, ez jó!

Kérdés: *Van valami a választással kapcsolatban, amit szeretnék megfejteni. Beszélsz arról, hogy vegyük meg az összes édességet, aztán mondjuk meg nekik, hogy szóljanak, hogy mikor akarják, hogy megegyük őket. Én az időzítésbe szoktam belegabalyodni. Abba ragadok bele, hogy próbálom diszkriminációból és megkülönböztetésből meghatározni az időzítést, ami lehetővé teszi számomra a választást.*

Gary: Az idő valós? Vagy egy konstrukció?

Konstrukció.

Gary: Amikor bemegyek a boltba, és megveszem az összes édességet, beteszem őket a fiókba. Van, hogy meg sem eszem.

Van, hogy meg se eszed?

Gary: Na most, miért nem eszem meg? Amint meghoztam a választást, nem kell megennem őket. Legtöbbünknek azt tanították, hogy ha egyszer hozunk egy választást, ezzel a választással együtt kell élni. Ez nem igaz. Nem kell!

Azt tanultuk, hogy amint választasz valamit, folyamatosan azt kell választanod. Nem, inkább: "Meg akarom ezt enni, vagy nem akarom megenni?" Azzal kell kezdeni, hogy felismered, hogy van választásod. Amikor házas voltam, hazavittem egy doboz cukorkát, és a volt feleségem addig ette, amíg volt belőle.

Én megvettem egy doboz édességet, bevittem a házba, ettem egyet, aztán három-öt napig hozzá sem nyúltam. Aztán ettem megint egyet, s vártam megint két vagy három napot. Nem kellett mindet egyszerre megennem. A volt feleségem nézőpontja az volt, hogy mivel azt választottad, hogy megveszed, meg kell enned egyszerre.

Ezt tanuljuk a kapcsolatok teremtéséről is. Választottam, hogy ezzel a személlyel vagyok, ezért meg kell ennem.

Ezzel össze vagyok hangolódva, és nem tudom, hogy kapcsolódhatnék le.

Gary: Gyakorlással kapcsolódsz le. Ez az oka annak, hogy édességet veszel, és gyakorlod. Egyszerre csak keveset. Próbálkozzunk egy másik processzel:

Az ítélkezés, megkülönböztetés és diszkrimináció, mint az élet teremtéséhez abszolút szükséges elemek milyen teremtését és generálását használod, hogy létezésbe zárd a helyzeti FEPASOP-okat, amiket intézményesítesz a saját rosszaságod, a nézőpontod helyességének és a soha nem veszítés szükségének forrásaként? Mindent, ami ez, Isten tudja hányszorosan, elpusztítanád és nem teremtetté tennéd-e? Helyes, helytelen, jó, rossz, POD, POC, mind a 9, rövidek, fiúk és túlontúl.

Ez jó.

Kérdés: *Amikor kicsi voltam, anyukám azt mondta: „Döntsd el!" Ebben volt valami végesség. Majdnem, mintha bezártam volna a lényembe, vagy az agyamba, hogy amint választok valamit, ennyi. Soha nem változtathatom meg a véleményemet. Azt mondta ezzel: „Döntsd el, és ne változtass rajta."*

Gary: Igen, itt így tanítják. Nem mondták, hogy képesnek kell lenned meggondolni magad minden tíz másodpercben, vagy különben rossz irányba fogsz menni a katasztrófa idején.

A szeptember 11-ei támadás alatt voltak emberek a toronyban, akiknek azt mondták, hogy menjenek fel az emeletre. Egy részük azt mondta: „Ez hülyeség. Lefelé kell menni," de mivel beléjük volt vésődve, hogy döntsenek és maradjanak meg a döntésük mellet, megmaradtak mellette – és meghaltak.

Szeretnél megragadni a nézőpontodban, ami garancia a halálra? Mindent, ami ez, Isten tudja hányszorosan, elpusztítanád és nem teremtetté tennéd? Helyes, helytelen, jó, rossz, POD, POC, mind a 9, rövidek, fiúk és túlontúl.

Szeretném meggondolni magam, jó? Rendben van, ha meggondolom magam?

Igen, légy szíves.

Gary: Oké, szeretnék ránézni valamire itt. Anyád egy idióta volt?

Igen.

Gary: Anyád kevésbé volt éber, mint te?

Igen.

Gary: Mi okból hallgatnál egy idiótára, aki kevésbé volt éber nálad? Meg is tudom válaszolni neked. Akarod, hogy megválaszoljam?

Igen.

Gary: Azért hallgattál rá, mert szeretted, és azt gondoltad, hogy ha megfigyeltél magadnak dolgokat, az ítélkezés.

Így van.

Gary: És ahhoz, hogy szerethesd, nem ítélkezhettél, mert a világodban a szeretet és az ítélkezés nem lehettek jelen egyszerre.

Bezártad magad, szívem. Sírj nyugodtan, mert nagyon sok olyan hely van, ahol bezártad magad, amikor próbáltad értéktelenebbé tenni az ítéletednél, hogy ha szereted az adott személyt, akkor nem lehet ez az éberséged.

Köszönöm ezt. Olyan, mintha a lényem egy másik térben lenne.

Gary: Juhuu! Ezt keressük.

Kérdés: *Ez tökéletesen illik ide. Van egy éberségem, aztán ítélkezem felette, aztán kiszállok. Éberség, ítélkezés, kiszállás. Beszélnél egy kicsit arról, hogy miért szállunk ki?*

Gary: Tulajdonképpen a létezést hagyod abba nem szállsz ki. Amikor van egy éberséged valamiről, belemégy abba, hogy „Ítélkező vagyok.", mert ez az, amit egész életedben kaptál. Nem voltál ítélkező; tulajdonképpen éber voltál, de amikor magadat ítéled meg, az olyan érzés, mintha nem lenne választásod.

Igaz az, hogy nincs választásod? Vagy arról van szó, hogy annyi éberséged van, és hogy amikor észreveszed az elérhető lehetőségeket, meg kell próbálnod diszkriminálni, és megkülönböztetni, hogy melyik a legjobb választás, azért, hogy ne veszíts?

Igen, erről van szó.

Gary: Inkább feladnád a létezést, mint hogy veszíts?

Mindent, ami ez, Isten tudja hányszorosan, elpusztítanád és nem teremtetté tennéd? Helyes, helytelen, jó, rossz, POD, POC, mind a 9, rövidek, fiúk és túlontúl.

Kérdés: *Az elme megkerüléséről szeretnék beszélni, és arról, amikor szívből jön valami. Ezek a processzek ebben segítenek – hogy szívből jöjjenek a dolgok, vagyis a valódi lényünkből?*

Gary: Hadd kérdezzek valamit. A szív egy korlátozás?

Lehet az, igen.

Gary: Szóval akkor, nem érdemes arra törekedni, hogy szívből tedd a dolgokat. Teljes éberségből és teljes létezésből érdemes.

Tisztán kell látnunk az általunk használt szavak jelentését.

Gary: Igen, bármi, ami körül formát, struktúrát és jelentőséget hozol létre, azt definiálod és korlátozod a szavak jelentésével. Azt mondod: „Szívből kell jönnie," aztán meg kell határoznod azt, hogy mi az a szív, a nézőpontjaid alapján és más emberek nézőpontjai alapján, és az alapján, amit nézőpontként tanítottak, vagy egy végtelen szívről való éberség alapján.

Én a végtelen lény, amiként létezünk, éberségéből jöttem, annak a szívéből.

Gary: De az végtelen lény; az nem a szív.

Köszönöm szépen.

Gary: Az emberek arra használják a szívet, hogy meghatározzák, hol kell ezt a dolgot érezni a testükben. Nem erről szól. Arról szól, hogy teljes éberséged legyen valamiről az egész testeden keresztül. Ez egy sokkal nagyobb lehetőség.

Sokkal nagyobb! És mi van az elme megkerülésével?

Gary: Az elme egy konstrukció, amit arra hoztak létre, hogy definiálja annak a korlátozásait, amit már tudsz, és állandó kapcsolatban tartson annak a korlátozásaival, amit már tudsz. Nem arról van szó, hogy meg kellene kerülnöd az elmét. Egyszerűen csak felismered, hogy az elme is egy korlátozás.

És muszáj ezt a korlátozást választanunk, vagy a miénk lehet valami sokkal nagyszerűbb?

Mindig valami nagyszerűbb.

Gary: Beszéltünk arról az anyáról, aki azt mondta a gyermekének, hogy döntenie kell, és aztán a döntése mellett maradni. Itt próbálta meg kontrollálni ahelyett, hogy megengedné, hogy az a végtelen lény legyen, aki ő valójában. Amikor az emberek ezt csinálják, leértékelik a lényt, és eltérítik attól, hogy a teljes éberség, teljes tudás, teljes létezés végtelen térűrje legyen, plusz a szív, lélek, elme, és annak a teljessége, aki ő.

Itt most befejezem, hacsak valakinek nincs kérdése, mert semmit nem tudok most kezdeni veletek, srácok. Köszönöm mindannyiótoknak. Kérlek, ezt fogjátok fel: Soha nem voltatok annyira diszkriminatívak, megkülönböztetők és ítélkezők, mint amilyenné próbáltátok magatokat tenni.

Ha beléptek a végtelen érzékelésbe, tudásba, létezésbe és befogadásba, akkor az ítélkezés, megkülönböztetés és diszkrimináció úgy el fog tűnni, mint a halnak a pikkelyei, amikor kibelezik. Jó kis kép, mi?

Dain: Köszönöm, hogy átvállaltad a ma estét, Gary. Bocsánat a hangom miatt. Köszönjük mindenkinek.

Gary: Így is szeretünk Dr. Dain. Csodálatos vagy.

Jól van srácok, remek volt. Remélem, sokat fog nektek segíteni. A következő kulcs a versenyről fog szólni. Ezzel kell legközelebb foglalkoznunk. Köszi mindenkinek! Szeretlek benneteket! Szép napot!

A hetedik kulcs a teljes szabadsághoz

NINCS VERSENY

Gary: Üdvözlünk mindenkit. Ma este a hetedik kulcsról fogunk beszélni: Nincs verseny.

A verseny elemei a *helyes és helytelen, a nyerni és veszíteni*. Ha azt csinálod, hogy „*Igazam kell, hogy legyen*", vagy „*Tévednem kell*", akkor versenyzel.

Dain: Bármikor muszáj, hogy igazad legyen, vagy győznöd kell, vagy nem veszíthetsz – versenyzel. Bármikor azt akarod, hogy igazad legyen, vagy próbálsz úgy csinálni, hogy igazad legyen, akkor próbálsz nyerni és nem veszíteni – és ez verseny.

Gary: A nem veszítés sokszor fontosabb az emberek számára, mint a győzelem. Valahányszor rosszá teszel valamit, vagy helyessé teszel valamit, versenyzel. Ha azt mondod: „Érzékelem, hogy ő versenyez velem", ez azt jelenti, hogy te versenyzel.

A nincs verseny valami teljesen más. Azt jelenti, hogy kérdésben vagy: „*Mi történik itt? Hogyan kezeljem ezt?*"

Múlt héten felhívott egy Access Consciousness facilitátor, aki együtt facilitált egy tanfolyamot egy másik személlyel. Ez a facilitátor úgy érezte, hogy nem volt eléggé bevonva a tanfolyam facilitálásába, úgyhogy valamit rosszá tett ezzel kapcsolatban. Aztán elment ebédelni az egyik tanfolyami résztvevővel, és a résztvevővel facilitáltatta magát a kiborulásával kapcsolatban. A kiborulás a verseny egyik formája. Próbálta rossz színben feltüntetni a másik facilitátort, és ő pedig próbált jó színben feltűnni. Azt gondolod, hogy te akkor nem veszítesz, ha te jó színben tűnsz fel, a másik pedig rosszban.

Dain: Ez egy példa arra, ami az életünkben történik. Valahányszor valakit a saját oldaladra állítasz valaki mással szemben, bármilyen okból, mindegy, hogy ez egy munkatársad, vagy valaki, akivel párkapcsolatban vagy – ilyenkor versenyzel.

Teljesen indokoltnak érzed, amit teszel. Szükségesnek látszik, vagy helyénvalónak. De valójában, amikor ezt teszed, megölöd a teremtő képességeidet. Megölöd azt, amit be tudnál fogadni a világban, és a végén rengeteg szarságot hozol létre a saját univerzumodban.

Gary: Ugyanakkor megölöd az üzletedet és a jövődet is. A verseny az a dolog, ami által az emberek kinyírják a vállalkozásukat. Az üzleti életben neked kell lenned a legjobbnak és mindig a legjobbat kell nyújtanod. De nem tudod ezt nyújtani, ha igazad kell, hogy legyen, vagy ha nem tévedhetsz, vagy ha győznöd kell, vagy ha nem veszíthetsz.

Dain: Fel kell fognod, hogy a nézőpontod teremti a valóságodat. Nem a valóság teremti a nézőpontodat.

Amikor rossz hírét kelted valakinek, vagy valaki mást ráveszel, hogy értsen egyet és hangolódjon össze azzal a nézőponttal, hogy valaki más rossz, és neked igazad van, ilyenkor mi a nézőpontod? Az a nézőpontod, hogy értékes vagy, vagy az, hogy nem? Melyik esetben jelenik meg olyan hozzájárulás, amit be tudsz fogadni, és mikor nem? Azt a nézőpontot veszed fel, hogy értéktelen vagy. Ez alapján a nézőpont alapján tolod el az életedet, mivel a nézőpontod teremti a valóságodat.

Ahogy Gary mondta, a versenyzés ellentéte a kérdésfeltevés. Valahányszor következtetésbe mégy, versenyzel.

Gary: Dain, beszéljünk egy pillanatra arról, hogy mi ketten hogy facilitálunk együtt. Az elején, amikor elkezdtünk együtt facilitálni, hajlamos voltam arra, hogy az irányításom alatt tartsam a dolgokat. Mit teremtett ez a te univerzumodban?

Dain: Nos, egy olyan helyet teremtett, ahol úgy éreztem, hogy összemegyek. Úgy éreztem, hogy az emberek rám néznek, és azt kérdezik: „Mit keres ez az idióta egy színpadon Garyvel?"

Gary: Állj meg egy picit. Az „úgy érzem, hogy bla bla bla" a verseny kezdete. Belemész abba, hogy helyes vagy helytelen, és hogy nem akarsz veszíteni.

Dain: Ez zseniális. Az a választás, hogy belemész abba, hogy „így érzem magam" a verseny kezdete. Ez az a pont, ahol csírájában el tudod fojtani a versenyt. Ha még egy lépést teszel ezen az úton, nem oda fogsz kilyukadni, ahol lenni szeretnél, mert nem látsz mást, csak azokat a következtetéseket, amire már jutottál. „Ezt érzem" és „azt érzem". Próbálod helyessé tenni azt, ahogyan érzel.

Vissza kell menned ahhoz a pillanathoz, amikor először azt mondtad: „úgy érzem", és felismerni, hogy ez az a hely, ahol bezártad magad egy korlátozott nézőpontba. Ez az a hely, ahol elkezdődött a verseny folyamata.

Gary: Szóval, Dain, valahányszor így „érezted", elmentél valaki máshoz, vagy hozzám jöttél?

Dain: Hozzád mentem és azt mondtam: „Most ez jött fel nekem." Tudtam, hogy ha bármi nehéznek érződik, vagy úgy érzem, hogy kevesebb vagyok, van valami, amitől érdemes lenne az Access Consciousness eszközeivel megszabadulni. Pont. Tudtam, hogy beveszem valaki más nézőpontját, vagy versenyzek, vagy bármi legyen is ez, amit teszek.

Odamentem hozzád, és azt mondtam: „Rendben, ez zajlik bennem. Mit tehetünk ezzel? Ettől nem vagyok könnyebb – és a könnyedség az a hely, amiből működni szeretnék."

Gary: Hozzám jöttél, mert velem facilitáltál. Nem máshoz mentél. Amikor facilitátor vagy, a feladatod az, hogy legyél jelen, és tegyél fel kérdéseket. Semmi más. Amikor ezt teszed, bármit meg tudsz oldani.

Kérdés: Amikor éber leszek arra, hogy valaki versenyez velem, hajlamos vagyok arra, hogy lekicsinyítsem magam, hogy a másik személynek ne kelljen azt érezni, hogy versenyeznie kell. Ez nyilvánvalóan nem működik. Mit tehetek, amikor valaki versenyez velem? Csak annyi, hogy éber vagyok rá, és azt mondom: "érdekes nézőpont"?

Gary: Az, hogy valaki versenyzik veled, nem éberség. Ez egy ítélet. Rá kell nézned a helyzetre, és feltenni a kérdést: „Mit teszek, vagy mi vagyok, ami ezt teremti? Mire vagyok éber, amire nem vagyok hajlandó teljes mértékben éber lenni?"

Csinálhatod az érdekes nézőpontot, de el kell ismerned, hogy a másik személy úgy érzi, hogy muszáj, hogy igaza legyen, vagy hogy ne tévedjen – vagy muszáj, hogy nyerjen, vagy hogy ne veszítsen. Rá kell nézni, és megkérdezni: „Mit teremtek vagy generálok, ami hozzájárul ahhoz, hogy ezt érezze?"

Ezt tettem Dainnel is. Azt mondta: „Nos azt érzem, hogy bla bla bla." Feltettem a kérdést: „Hogyan tudom ezt megváltoztatni? Mit teszek én, aminek meg kell változnia?"

Kérdezd meg:

* Hogyan tudom ezt megváltoztatni?
* Mi az, amire szükséged van tőlem?

Meg fogod tudni, hogy a másik személynek mire van szüksége tőled. Ha azt mondja „Többet kell beszélnem, amikor együtt facilitálunk", akkor átadod neki a terepet, és hagyod, hogy többet beszéljen.

Dain: Amikor ez feljött nekem, s az évek során nagyon sokszor feljött az összezsugorodás érzése, amikor együtt facilitáltunk, beszéltem róla Garyvel – kivéve amikor nem igazán értékeltem magam semmire. Azt gondoltam magamban: „Mit keresek itt fenn ezzel a fickóval, aki annyi zseniális dolgot tud mondani?"

Habár Gary azt mondta: „Öregem, nem lennél itt mellettem, ha nem lennél hozzájárulás". Ahogy egyre inkább hajlandó voltam felfogni, hogy milyen hozzájárulás vagyok azzal, hogy önmagam vagyok - és nem próbáltam Gary nézőpontjának egy verzióját adni - elkezdtem felismerni, hogy nagyobb hozzájárulást is teremthetek. Ez nem volt lehetséges mindaddig, amíg annak a versenynek a teréből működtem, amiről megtanultam, hogy ebben a valóságban abból kell működni.

Gary: Na ez zseniális. Ha belemész a versenybe, nem tudsz az a hozzájárulás lenni, aki egyébként lehetnél. Amikor valakivel versenyzel, hozzá kell igazítanod magad az univerzumához, hogy ne tudj önmagadként megjelenni. Be kell venned valaki más valóságát ahhoz, hogy versenyezz.

Dain: Amikor nem veszed észre, hogy hozzájárulás vagy, akkor állsz a verseny oldalára.

Gary: És itt teremted meg a valódi versenyt saját magaddal. Amikor kevesebbnek látod magad, versenyt teremtesz magaddal és másokkal. A verseny soha nem arról szól, hogy meglásd a hozzájárulást, ami vagy.

Kérdés: Én úgy látom, hogy valahányszor beszélgetek valakivel a lányom jelenlétében, ő folyamatosan közbeszól, és figyelmet követel. Ez a verseny egy példája? Mit javasolsz, hogyan kezeljem ezt? A lányom négy éves.

Gary: Az univerzum minden négyévese bele akar szólni minden beszélgetésbe. Amikor kirekeszted a gyerekeket a beszélgetésből, úgy érzik, nekik is el kell mondaniuk a magukét. Valahányszor beszélgetsz egy másik felnőttel, ahelyett, hogy nem figyelnél a gyerekedre, vond be őt is a beszélgetésbe. A gyerekek éberek és jelen vannak, akkor miért ne vonnád be őket is? Megkérdezhetnéd tőle: „Te mit gondolsz erről?" Ha ezt háromszor-négyszer megteszed, megunja és elmegy. Majdnem azonnal megunják a felnőtt beszélgetéseket.

Dain: El lett ismerve a hozzájárulásuk és elmondták, amit akartak, és mást nem is szeretnének ettől.

Kíváncsi vagyok, hány ember van megrekedve valamilyen fiatalabb életkorban, amikor ez a verseny dolog feljön; például, amikor próbálnak megtanulni dolgokat, amiket mások csinálnak, és nem igazán értik őket. Megrekednek ott, és próbálják kisilabizálni – és látszólag nem tudnak túljutni rajta.

Gary: Nos, az egyik nehézség az, hogy azt gondolod, hogy ki vagy zárva. Részben ezért van, hogy az emberek azt mondják: „rosszul érzem magam", vagy: „úgy érzem, hogy kimaradtam". Ez az egyik kiváltója az egész verseny dolognak, ami zajlik.

A verseny azt feltételezi, hogy senki nem látja a hozzájárulást, ami vagy, ezért akarnak a kisgyerekek részt venni a beszélgetésben. Nem számít, hogy értik-e, hogy miről beszélsz. Hozzájárulások szeretnének lenni.

Mi lenne, ha csak megkérdeznéd: „Mi az, amit mondanál erről, hogy világosabb legyen az emberek számára?" Kilencven százaléka az embereknek azt mondja: „Bu-bu-bu...cuki vagyok." Jó, rendben. A cukiság is hozzájárulás.

Dain: Ez volt évek óta a legnagyobb hozzájárulás nekem. Amikor azt hiszed, hogy nem vagy hozzájárulás, ezt rárakod valaki másra. Azt mondod: „Nem látod, hogy hozzájárulás vagyok."

Ha te hozzájárulásnak látod magad, a legtöbb ember óhatatlanul annak fog látni. Habár, ha ők magukat nem látják hozzájárulásnak, akkor téged konkurenciának fognak látni.

Amikor olyan helyzetben vagy, hogy azt gondolod, hogy valaki nem látja, mekkora hozzájárulás vagy, ez azért van, mert neked van egy ilyen nézőpontod saját magadról. Ha tudod, hogy hozzájárulás vagy, más embereknek lehet bármilyen nézőpontja, nincs rád hatással.

Gary: Pontosan!

Kérdés: Ha látod, hogy valaki nagyszerű hozzájárulás, de ő maga nem látja, hogyan kezeled ezt?

Gary: Figyelmen kívül hagyod, mert senkinek nem tudsz olyat adni, amit nem hajlandó befogadni. Csak annyit tehetsz, hogy azt mondod: „Tudod, mit? Te nagyszerű hozzájárulás vagy az életemhez. Köszönöm, hogy része vagy az életemnek". Kezeld őket úgy, mint egy férfi, aki rajong egy nőért. Mondd azt: „A tudat, hogy itt vagy, mindent jobbá tesz."

Létezhet-e ajándékozás és befogadás, amikor verseny van?

Gary: Igen, amikor valaki versenyez veled, az az ajándék, hogy elismered, hogy kevesebbnek érzi magát nálad, és a befogadás pedig annak az elismerése, hogy nem kell kevesebbnek lennie. Ez az ő választása. Ha ő ezt akarja, ez az ő választása.

A természeten kívül hol létezik még az ajándékozás és befogadás?

Dain: Az állatoknál megjelenik. A csecsemőknél megjelenik. Voltál már együtt egy babával úgy, hogy megérintetted, és elismerted őt mint lényt – és ő pedig befogadta az elismerésedet? Olyan, mintha az ő világát is megnyitotta volna, ugyanúgy, ahogy a tiedet is. Ez egy példája az ajándékozásnak és befogadásnak.

Volt egy hölgy a Létezz önmagadként tanfolyamon Stockholmban, aki mindössze egy hónappal azelőtt szült. A baba nem tudott egyedül aludni. Ott kellett, hogy legyen vele folyamatosan. Felvettem a kis fickót, és a fejét a kezembe raktam. Egyszerűen köszöntem neki, és elismertem mindent, amit érzékeltem benne mint lényben.

Másnap az anyuka bejött a tanfolyamra, és azt mondta: „Tegnap este volt az első olyan alkalom, hogy egyedül tudtam hagyni, és rendben volt."

Felismertem, hogy az ajándékozás és befogadás nem más, mint annak a lénynek az elismerése, aki ott van. Ez az a dolog, ami a versenyből hiányzik.

Más szavakkal, a csecsemőkben nincs meg ez a fajta versengés. Ők természetes módon elismerik valakinek a lényét, és nekünk is el kell ismernünk őket mint lényeket – nem annak alapján értékesek, amit tesznek, vagy gondolnak, vagy hogy milyen jól néznek ki, vagy ilyenek. El kell ismernünk őket pusztán azért a tényért, hogy *léteznek*. Ennek az elismerésnek a hiánya az egyik dolog, ami versengéshez vezet. Próbáljuk bizonyítani, hogy értékesek vagyunk, miközben nem hisszük, hogy tényleg azok lennénk. Nem vagyunk hajlandóak elismerni a lényünk értékét, mert soha nem ismertek el minket a puszta létezésünkért.

Gary: Azt mondod, hogy ha elismernéd az embereket azoknak a nagyszerű lényeknek, akik ők valójában, az elég lehetne ahhoz, hogy megakadályozd, hogy versengjenek, mintha valami nem lenne rendben, vagy mintha valamiben győzniük kellene, vagy mintha elveszítenének valamit?

Dain: Igen.

Gary: Ez egy szuper példa. Kérlek benneteket, ismerjétek fel, hogy ugyanezt kell tennetek a nagy emberekkel is, mert a nagy emberek éppen annyira szeretik, ha elismerik őket, mint a kis emberek.

Dain: Aha.

Gary: A helyzet az, hogy könnyebb elismerni egy kis embert, mert nem vár tőled semmit. Azt gondolnod, hogy ha elismered a nagy embereket, valamit el fognak várni tőled, ami nem feltétlenül igaz.

Kérdés: Azt vettem észre, hogy a hála teljesen hiányzik belőlem, amikor versengek. Ez így van, vagy valami más van itt? Beszélnétek erről?

Gary: Igen, ez így van. A hála nem létezhet a versengés fényében, mert a verseny mindig arról szól, hogy nyer, veszít, helyes, helytelen. Soha nem arról, hogy hálás vagy a másik személyért.

Amikor Dainnek és nekem nehézséget okozott a versengés, én azt mondtam: „Hű, viccelsz? Úgy érzed, hogy kevesebb, vagy? Én nagyon hálás vagyok, hogy itt vagy velem, mert zseniális módon látod a dolgokat, egy kicsit másképp, mint én, és ez lehetővé teszi, hogy az emberek azt is meglássák, amit én nem tudok megláttatni velük."

Fantasztikus, amikor hálás tudsz lenni valakinek a hozzájárulásáért. Menj a hálába, és nézd, ahogyan a verseny elhalványul.

Amikor hálás leszel valakiért, azt mondod: „Fantasztikus vagy. Annyira hálás vagyok, hogy itt vagy, mert ez könnyebbé és jobbá teszi az életemet."

Dain: Amikor ezt teszed, te leszel a hála, és ez gyakran feloldja a szükséget az emberekben, hogy versengjenek. Ahogy mondta, a hála megsemmisíti a versenyt. És nagyon sokszor, te vagy az, aki kevesebbnek érzi magát valamilyen módon – mert ha soha nem éreznéd magad kevesebbnek, versengenél-e valaha?

Amikor valaki hálás azért, aki vagy, és azért, ahogyan megjelensz, elkezdhetsz hálát érezni magadért is. Ezért, önmagában ez elkezdi feloldani a versenyt – mert amikor versengsz, beveszel egy hazugságot arról, hogy értéktelen vagy.

Gary: Pontosan ez az, amit a babával csináltál, Dain.

Dain: Igen.

Kérdés: Van egy bizonyos eset, amivel kapcsolatban össze vagyok zavarodva. Jól jönne egy másik nézőpont. Access Consciousness facilitátor vagyok és meghirdetem a tanfolyamaimat az Access Consciousness weboldalán. Sokan hívnak fel, és olyan facilitátorok telefonszámát kérik tőlem, akik nem hirdetnek az oldalon. Egyrészről nem zavar, hogy más facilitátor tanfolyamaira irányítsak embereket, de ez már sokszor megtörtént, és valahogy nem érzem helyesnek, hogy olyanoknak adjam át a lehetőséget, akik nem is hirdetnek. Nagyon fura ez az energia. Ez verseny?

Gary: Először is, amikor információt raksz ki az éterbe, az nem hirdetés. A hirdetés az, amikor kimész a való világba, és belemész egy másik lehetőségbe. Amikor versengsz, intézményesítesz valamit, ami már létrejött, és biztosítod, hogy soha ne változzon. Nem mész ki a világba.

Hajlandónak kell lenned versenyezni ebben az őrült valóságban, ami azt jelenti, hogy hajlandónak kell lenned veszíteni, és hajlandónak kell lenned nyerni is. Hajlandónak kell lenned tévedni, és hajlandónak kell lenned arra, hogy ne legyen igazad, ha tényleg akarsz valamit generálni és teremteni.

Abban a történetben, amit leírtál, versengsz, mert azt gondolod, hogy veszítesz. Azt gondolod, hogy odaadsz valamit. Amikor valamit odaadok, tudom, hogy nyerek, mert nem kell az összes idiótával nekem foglalkoznom. Valaki másnak kell velük foglalkozni.

Ha valaki információt kér valaki másról és nem látja az értékedet, akarsz velük foglalkozni? Soha nem fogják meglátni az értékedet. Valami a másik emberben vonzza őket.

Az elején az emberek általában ahhoz a személyhez mennek, aki leginkább passzol az ő nézőpontjaikhoz. Az valójában egy ajándék, amikor valaki máshoz mennek, mert valószínűleg te nem akarod őket. Amikor az emberek valaki máshoz szeretnének menni, én boldog vagyok, hogy elmennek. Vannak olyanok, akik mostanában Dainhez jöttek. Nem hozzám jöttek, ezért azt mondtam neki „Hála Istennek, hogy te kaptad őket".

Ő pedig azt mondta: „Átadhatnám őket valaki másnak?"

Én azt mondtam: „Igen, szeretnéd, ha ajánlanék valakit?" Ajánlott nekik valakit, és valaki máshoz mentek. Ők is boldogok voltak, Dain pedig még annál is boldogabb.

Kérdés: *A nincs verseny sok dolgot jelenthet. Láttam egy csomó Access Consciousnessben lévő embert, akik részt vettek mások kurzusain, hogy ne versenyezzenek velük. Azt is megfigyeltem, hogy facilitátorok az egyik területen megijedtek más facilitátoroktól, és konfliktusba keveredtek velük. Néhányuk belement abba a nézőpontba, hogy „Ez az én területem, és neked meg kell ezt beszélned velem. Ha én vagyok itt ezen a környéken, senkinek nem szabadna versenyezni velem."*

Gary: Ha ezt csinálod, jobb, ha letolod a gatyádat és odapisilsz minden sarokba, mert ez az egyetlen módja, hogy kijelöld a területedet. A kutyák csinálják így. Ha nem pisilsz minden sarokba, nem versenyzel – mert a valódi verseny az, amikor pisinyomok vannak mindenfelé.

Dain: Szerintem azoknak, akik facilitátorok vagytok, és ezt a versengés dolgot művelitek, el kellene kezdenetek rápisilni azokra az emberekre, akik hozzátok jönnek, hogy lássátok, ennek milyen hatása van. Lássátok, hogy tetszik-e nekik az a versengés, amit csináltok.

Azt mondjátok, hogy segítsünk azoknak, akik versengenek, és legyünk nekik hozzájárulás. Rendben, de hol vagyok én ebben a történetben? Hogyan fogok megélni a ti gondolkodásotok szerint?

Gary: Felteheted a kérdést az embereknek: „Ha promótállak téged, kapok százalékot azok után az emberek után, akiket én hozok neked?" Bármelyik hülye tudja, hogy ha valaki hozzájárulás neked, akkor azért fizetni kell. Legtöbben próbáltok mindenkit ingyen dolgoztatni, ami verseny! Amikor azért csinálsz dolgokat, hogy több pénzt szerezz, és valaki másnak kevesebb legyen, az verseny! Úgy érzed, hogy valamiből hiány van, és csak úgy lehetsz győztes, ha pénzt szerzel.

Kérdés: Azon tűnődöm, hogy vajon ez a kulcs azt jelenti-e, hogy: Mi lenne, ha felemelnéd a segged, és csinálnál valamit ahelyett, hogy kifogásokat keresel a versennyel kapcsolatban, ami nem teszi lehetővé, hogy egy hatalmas teremtő legyél? Azt a kérdést kell feltenned: „Milyen hozzájárulás lehetek, hogy rávegyek másokat, hogy az én cselekedeteimen keresztül váljanak tudatossá?"

Gary: Nos, ez egy elég jó nézőpont. Nekem személy szerint tetszik, mert én is eszerint működök.

Mindenhol, ahol belemegyek a tudatosság hiányába a veszteségtől való félelmem miatt...

Gary: Ez nem félelem. Nem félsz. Szeretlek, de ha még egyszer félelemről kezdesz beszélni, be kell hogy húzzak egyet, mert nem félsz. Hagyd ezt abba.

Dain: Ha ezt csinálod, fogunk valakit, aki verseng, és lepisiltetünk vele. Folytasd, Gary.

Milyen üzenetet küldök a közösségnek úgy általában, ha visszavonom a támogatásomat más facilitátoroktól, vagy kiakadok, vagy undokká válok valakivel, aki engem nem vesz számításba?

Gary: Ha Access Consciousness facilitátor vagy, és ezt teszed, azzal azt mondod, hogy az Access Consciousness egy hazugság. És ha azt gondolod, hogy az Access Consciousness egy hazugság, akkor lehet, hogy nem kellene facilitátornak lenned. Keresned kellene egy másik pénzkereseti lehetőséget, mert eldöntötted, hogy az Access Consciousness az a rendszer, ami neked pénzt teremt. Ez egy olyan rendszer, amit használsz és kihasználsz, nem pedig valami, amihez hozzájárulás vagy azért, hogy valami nagyszerűbbet hozz létre mindenki más számára.

Dain: Zseniális.

Gary: El kell jutnod arra a pontra, ahol már nem a versenyről szól a dolog. Arról szól, hogy hogyan tudunk mindannyian hozzájárulások lenni a tudatossághoz – és aztán a tudatosság is hozzájárulás lesz nekünk. Amikor versenyzel, kizárod a hozzájárulást, ami a Föld szeretne lenni neked a teljes molekuláris struktúrájával.

Én nem versengek, hanem hozzájárulás vagyok sok kollégámnak azzal, hogy beszélek az embereknek a kurzusaikról, és az enyémekről is természetesen. Az emberek, akiket meghívok a tanfolyamaimra, gyakran választják, hogy más Access Consciousness facilitátornál is végeznek tanfolyamokat. Mostanában voltak olyan kurzusaim, amire nagyon kevesen jöttek el, vagy senki. Ez nem működik nekem többé. Mit tudnék másképp csinálni?

Gary: Meg kell értened, hogy ez nem a versenyről szól. Fel kell tenned a kérdést: „Mi az a generatív energiája a versenynek, amit nem használok?"

Itt egy másik aspektusa a versenynek, ami játszik a világban – és az Access Consciousnessben is. Néha az az éberséged, hogy valaki vagy versenyez, vagy elerőtlenít másokat. Látod azt, hogy az emberek elmennek hozzájuk, és ez egy olyan helyet teremt az univerzumodban, ami olyan érzés, mint a verseny. Fel kell ismerned, hogy az embereknek pontosan azt kell tenniük, amit tenniük kell. Okkal vonzódnak egy személyhez, legyen ez egy facilitátor vagy egy fogorvos. Oka van annak, hogy oda akarnak menni. És meg fogják kapni, akármi legyen is az, amiért oda mentek.

Dain: Nemrég jártam Angsbackában, egy svédországi konferencia-központban, ahol Access Consciousness programot tartottam. Mindenféle ember volt ott, akik a világ minden spirituális dolgát elhozták oda, és nagyon nagy versenybe mentek velem és az Access Consciousness-szel. Az én nézőpontom ez volt: „Hű, ez szórakoztató."

Gary: Amit te csinálsz, az teljesen más, mint amit mások csinálnak. Ha valaki vonzódik hozzád, és szüksége van arra, amit kínálsz, akkor meg kell, hogy kapják. Miért ne csinálhatnák az enyémet, miért ne csinálhatnák a tiédet, miért ne választhatnák, hogy bármelyiket, mindegyiket vagy egyiket se csinálják, ahogy épp jónak látják? Ha belemész a versenybe, gyakorlatilag azt mondod, hogy nem létezik a tudatosság. Az emberek pontosan tudják, hogy mire van szükségük.

Az emberek néha tudják, hogy hová mennek, és nem rajtad múlik, hogy hová fognak menni. Ennek semmi köze hozzád. Más dolgokat más emberekkel fognak csinálni, akikről úgy látják, hogy illenek hozzájuk, mert ez működik nekik. Ahelyett, hogy ítélkeznél azon, hogy egy másik facilitátor rossz lenne nekik, vedd észre, hogy ha egy másik facilitátor áll velük szemben, annak oka van. A te feladatod nem az, hogy megmentsd a világot; a te feladatod, hogy megerősítsd az embereket, hogy válasszanak ugyanúgy, ahogyan magadat is megerősíted, hogy válassz. Aztán tedd fel a kérdést: „Milyen hozzájárulás lehetek?"

Most beszéljünk a generatív versengésről. Volt egy hölgy, aki eljött egy Access Consciousness tanfolyamra, amit Costa Ricán tartottunk. Megharagudott Dainre, mert nem tett meg neki valamit, amit szerinte meg kellett volna tennie – minden nőről lemondani érte.

Dain azt tervezte, hogy Floridába megy egy Access Consciousness tanfolyamot tartani, és ez a nő talált egy facilitátort, aki utálta Daint, és elrendezte, hogy ő is Floridába mehessen éppen egy héttel Dain tanfolyama előtt.

Dain azt mondta: „Ha ez a facilitátor egy héttel azelőtt tartja a tanfolyamát, senki nem fog eljönni az én kurzusomra!"

Én azt mondtam, „Ez a versengés, hogy azt érezd, hogy veszíteni fogsz. Tudod mit? Túl kell őt teremtened."

Ez a facilitátor azért ment Floridába, mert utálta Daint. Nem az Access Consciousness miatt ment, vagy hogy több tudatosságot hozzon az embereknek. Azért ment, hogy „kicsesszen" Dainnel. Milyen játék ez?

Azt kérdezte tőlem, „Hogy teremtsem túl ezt a nőt?"

Azt mondtam erre: „A túlteremtés az, hogy nagyobb invitálást teremtünk a nagyobb lehetőségekre." Ő most dühös. Azért megy oda, mert azt gondolja, hogy valamit elvehet tőled. Az emberek érzékelni fogják ezt az energiát. Amikor valaki ellen versenyzel, általában az lesz a vége, hogy kitolsz magaddal.

Legyél nagyobb invitálás nála. Amikor valakin túlteremtesz, nem versenyzel. Nem a személy ellen versenyzel közvetlenül. Azt kérdezed: „Mi kellene ahhoz, hogy kiemelkedjek? Mi fog engem, és azt, amit kínálok, nagyszerűbbé tenni?

Amikor versenyből működsz, a tanfolyami résztvevőid létszáma csökkenni kezd – és amikor nincs versenyből próbálsz működni, a tanfolyamaid létszáma szintén csökken, mert még mindig bele vagy ragadva a versenybe, csak anti-versenyt csinálsz. Próbálod bizonyítani, hogy helyesebben cselekszel, mint a másik, mert te nem versenyzel.

Szóval Dain túlteremtette ezt a facilitátort. Elment Floridába, s valami tizenöt, vagy tizenkilenc ember volt a tanfolyamán. Kiderült, hogy a másik facilitátornak kilencen voltak a tanfolyamán.

Dain: Érzékelnetek kell a versenyt – és csinálni, amit egyébként is csináltok. Más szavakkal érzékeld a versenyt, amit mások választanak, és legyél a hozzájárulás, ami vagy. És mindegy, hogy mit kínálsz az embereknek, amikor ezt teszed, azzá az invitálássá válsz, amit egész életükben kerestek. Ez azért van, mert mindegy, hogy hogyan kapcsolódsz velük, az energia, amit teremtesz, lehetővé teszi, hogy tudják, elérhető egy másik lehetőség az életük minden területén. Amikor ekként létezel, számukra is megváltozik.

Gary: Amikor valaki verseng, akkor ellened megy. Amikor generatív versenybe mész bele, akkor túlteremted az illetőt. Ahelyett, hogy belemennél a dühbe, méregbe, haragba, gyűlöletbe amiatt, hogy van valamije, ami szerinted neked nincs, ránézel arra, hogy versenyzik veled, és azt kérdezed: „Hogyan tudom ezt a helyzetet mint energiaforrást hozzájárulásként használni?"

Dain: Amikor Angsbackában voltam az Access Consciousness csapatával, gyakoroltuk ezeknek az eszközöknek a használatát. Nagyon sok más csoport is volt ott abban a központban, és rengeteg ítélkezés irányult felém és az Access Consciousness felé. Volt egy pont, amikor csináltam egy Létezés Energetikai Szitézise ízelítőt, és az egyik folyamat, amit csináltunk, mindenféle zajokkal járt.

Néhányan a többi kurzuson feldühödtek, hogy annyira zajosak voltunk. Volt az előcsarnokban egy nagy tábla, ahová ki volt téve az összes tanfolyam, és valaki levette az én nevemet, hogy mások ne tudják, hogy ott vagyok, és tartok tanfolyamot.

Megkerestek emberek, és azt kérdezték: „Elmarad az előadásod?"

Mondtam: „Nem."

Mire ők, „Ó, tényleg? Akkor szuper, elmondom mindenkinek, hogy lesz."

Úgyhogy, telt ház volt a tanfolyamon. És érdekes módon volt egy másik csoport is, akik nagy zajt csaptak. Olyan nagy zajt csaptak, amilyet csak tudtak. Én pedig azt mondtam az én résztvevőimnek: „Talán észrevettétek, hogy ez a zaj kezdi elvonni a figyelmeteket. Ne hagyjátok, hogy elvigyen titeket, hagyjátok, hogy hozzájárulás legyen a testeteknek. Ők ott mindenféle zajt csapnak, és mindenféle energiájuk van. Szuper, nagyszerű. Hagyjátok, hogy hozzájárulás legyen a testeiteknek, és még jobban felébressze őket. Ne próbáljátok kizárni, ne próbáljatok versenyre kelni vele, csak legyetek itt, és engedjétek meg magatoknak, hogy éberek legyetek, és befogadjatok tőle. Engedjétek, hogy hozzájárulás legyen nektek és a testeteknek." Megtették, és mindenki sokkal inkább jelen volt, és sokkal éberebb is lett. És megszűnt az elkülönülés, amit más emberek próbálnak kreálni. Teljesen megszűntette ezt.

Gary: Amit most leírtál, azok a kvantumösszefonódásai az összes energiának, amit hajlandó vagy befogadni és ahogy ezek hozzájárulások neked. Nagyon szépen írtad le.

A kvantumösszefonódások lényegében a kapcsolódásodat jelentik az univerzum kreatív, generatív elemeivel. A kvantumösszefonódások azok, amik lehetővé teszik, hogy befogadd azt, amit más emberek kommunikálnak. Ha nem lennének kvantumösszefonódásaid, nem lenne pszichikai éberséged, intuíciód, és nem lenne képességed arra, hogy meghalld más emberek gondolatait.

A minap egy étteremben voltam, pástétomot ettem. Nem olyan volt, mint amikor Dainnel eszem pástétomot. Amikor Dainnel eszem pástétomot, annyira szereti, hogy az energia, ami ő, és az energia, amit nyer abból, hogy megeszi, annyira finommá teszi az egészet, hogy majdnem orgazmusod lesz tőle.

Ezt a kvantumösszefonódások okozzák. Észrevettem, hogy amikor olyanokkal megyek vacsorázni, akik nagyon szeretnek enni, és minden érzéküket bevonják ennek megtapasztalásába, az ő élvezetük hozzájárulás mindennek, ami a teremben történik, és mindenkinek, aki éppen ott vacsorázik. Ilyen alkalmakkor az étel mindig nagyszerű – mindenkinek.

Elmehetek ugyanabba az étterembe másvalakivel, akiben nincs meg ez az érzéki öröm, és az ő ételük nem annyira jó. Semmi nincs úgy soha, ahogyan ő szeretné, és semmi nem olyan jó, amilyennek ő szeretné, és mindig arról beszél, hogy más éttermek jobbak. Ilyen körülmények között az ételeknek soha nincs jó íze.

Ám amikor olyasvalakivel megyek vacsorázni, aki számára az étel nagyszerű, és az összes energiáját fogják ennek, ez az én ízlelőbimbóimnak is hozzájárulás. Így működnek a kvantumösszefonódások. Arról szól a dolog, hogy milyen módon kapcsolódik az összes energia egymáshoz. Mindegy, hogy milyen energiáról van szó. Ha a harag vagy kiakadás energiájában vagy, az még több harag és kiakadás energiával járul hozzá a világhoz. Ha van öröm és gyönyör energiád, az még több öröm és gyönyör energiához járul hozzá a világban.

Érdemes használni a kvantumösszefonódásokat ahhoz, hogy hozzájáruljanak a teremtésedhez. És meg is van:

Az elementálok kérésre történő valóságba szilárdításának milyen generatív kapacitását, ami folyamatosan túlteremti az összes versenyt, nem vagy hajlandó teremteni és intézményesíteni? Mindent, ami ez, elpusztítanál és nem teremtetté tennél-e? Helyes, helytelen, jó, rossz, POD, POC, mind a 9, rövidek, fiúk és túlontúl.

Remélem, hogy ez majd eljuttat oda, hogy nem versenyeztek többé magatokkal oly módon, hogy kevesebbé teszitek magatokat, hogy másokkal versenyezhessetek, mert ahhoz, hogy versenyezni tudj bármiben, szó szerint kevesebbé kell tenni magad valaminél.

Kérdés: *Azt mondjátok, hogy minden olyan, mint az, hogy van az alma és a narancs és a grapefruit és a dinnye, de ahhoz, hogy versenyezni tudj, mindenkit almának kell látnod?*

Gary: Ahhoz, hogy versengj, az kell, hogy ne lásd, mik az emberek, és ne lásd, hogy mi lehetséges. Nem láthatod, hogy mi lehetséges, és nem láthatod, hogy mi van, mindaddig, amíg egy parányi verseny is van az univerzumodban. Belemész a helyességbe és helytelenségbe, vagy a győzelembe és vereségbe – és hogy mennyire hiányod van valamiből és hogy ha nyersz, majd nem lesz hiányod belőle.

Azért kérdeztem, mert a verseny mindig az összehasonlításról szól, és két egymástól különböző dolgot nem lehet összehasonlítani.

Gary: A különböző dolgokat nem lehet összehasonlítani, pontosan így van. Egy ausztrál olyan, mint egy amerikai? Egy olasz olyan, mint bárki más? Nem.

Kérdés: Nem tudok felidézni semmit ebben a valóságban, ami nem azt kérné tőlünk, hogy versenyezzünk.

Gary: Így van. Ebben a valóságban minden arra kér, hogy versenyezz. De ha hajlandó vagy túlteremteni ezt a valóságot, akkor ez a valóság nem lehet egy olyan hely, ahol bármiből hiányod van.

Ez egy olyan állapot, ahol állandó generálás van.

Gary: Igen, a lehetőségek állandó állapota a hiány állandó állapota helyett. Most mindannyian azért versenyeztek, hogy az elsők legyetek a hiányban. Azt mondjátok: „Én vagyok az első a pénztelenség kategóriában. Én vagyok az első az érzelmi balfékek mezejében." Annak kell lenned, aki mindenki mást túlteremt.

Nem hasonlíthatod az almát a narancshoz, az igaz, de mi van, ha alma vagy, és azt gondolod, hogy narancsnak lenni jobb, mint almának?

Gary: Ha azt gondolod, hogy bármelyik jobb, mint a másik, akkor magadat versenyhelyzetben látod. Ehelyett olyannak kellene lenned, mint a rajzfilmfigura, Popeye, és azt mondani: „Vagyok, aki vagyok, és ez minden, ami vagyok."

Dain: Amikor magad ellen választasz, akkor azt csinálod, hogy „Narancs vagyok, de az almát értékesebbnek látom." Ilyenkor magad ellen választasz. Ahhoz, hogy versenyezz, mindig magad ellen kell választanod.

Gary: Valahányszor versenyzel, magad ellen választasz. Nem versenyezhetsz senkivel, csak saját magaddal, és a verseny mindig ellened van, nem érted.

Kérdés: Mondjuk, hogy senki más nincs érintve egy adott helyzetben. Ránézel valamire, ami veled kapcsolatos, és azt gondolod, hogy helyes vagy helytelen, vagy nyertes vagy vesztes – ez verseny saját magaddal?

Gary: Igen, habár ez egy kis módosított változata az önmagaddal való versenynek. Te vagy az egyetlen személy, akivel valójában versenyezni tudsz. Mindannyiunkban van egy olyan rész, ahol tudjuk, hogy jobbak akarunk lenni, mint amilyenek tegnap voltunk. Ez valójában nem a versenynek a manifesztálódása – de ha bántalmazod magad, akkor olyasmivé válik, mint a verseny. Amikor ledegradálod saját magadat, akkor magaddal versenyzel olyan emberekkel kapcsolatban, akik nincsenek is jelen.

Dain: Te vagy az egyetlen személy, akivel ténylegesen versenyezni tudsz, és az egyetlen személy, akivel össze lehet hasonlítani. Ha azt keresed, hogy hogyan legyél jobb, mint tegnap, egy generatív lehetőséget teremt. De ez nem igazi verseny; ez éberség.

Gary: Nos, az is verseny, de olyan verseny, amiben nincs ítélkezés és következtetés. Van benne valami generatív energia. Ez teremtő verseny, és látni kell a különbséget e között, és a között, amikor azért teszel valamit, hogy úgy tűnjön, hogy igazad van, vagy, hogy ne tűnjön úgy, hogy tévedsz, vagy hogy mindenképp győzz, vagy hogy ne veszíts. Ezek a verseny elemei negatív formában.

Ilyenkor kérdezed meg: „Hogyan tudom felhasználni ezt a szükséget, hogy hozzájárulás legyen, hogy mindent kihasználjak és mindenhez hozzájárulás legyek, és ezt a javamra és mindenki más javára fordítsam?" Ez egy teljesen más nézőpont.

Amikor sportolok, néha hagyom az ellenfelet nyerni, hogy legyen lehetőségük a nyerésre, miközben nekem a győzelem és vereség nem számít.

Gary: Ha tényleg nem versengsz, akkor nem számít, hogy győzöl, vagy veszítesz. Soha nem a győzelemről és vereségről szól. Arról a hozzájárulásról szól, ami lehetsz, és ezért hagyod nyerni az embereket. Tudod, hogy nekik ez fontosabb, mint neked.

Gyerekkoromban mindig második lettem a szókirakóban, mert ismertem a gyereket, aki azt érezte, hogy neki kell megnyernie. Nekem mindegy volt, úgyhogy én lettem a második. Mindig a második legjobb voltam, holott el tudtam betűzni az összes szót. Azt is tudtam, hogy a másik gyerek mely szavakat nem tudja, és nem voltam hajlandó arra, hogy összeomoljon azért, mert nem nyer. Azt mondhatnátok, hogy kissé felsőbbrendű voltam, de kilenc évesen jó, ha van benned egy kis felsőbbrendűség.

Amikor sportolok, vagy bármi olyat csinálok, amiben van győztes és vesztes, hogyan tudom alkalmazni ezt a kulcsot? Ebben a valóságban mindenki versengő. Hogyan tudsz játszani az emberekkel verseny nélkül?

Gary: Amikor sportolsz, az egy játék. Nem az élet. Bármilyen játékot játszhatsz azért, hogy nyerj, és ne veszíts, amíg tudod, hogy egy játékról van szó. A probléma az, hogy az élet és élés részévé teszed.

Ha velem sakkozol, én nyerek, különben halott vagy. Ez a két választásod van. Nagyon szeretek nyerni. Amikor bridzselek, akkor is szeretek győzni, úgyhogy mindent megteszek, amit tudok, hogy úgy is legyen. Ezeken a területeken versengő vagyok? Aha. De tudom, hogy ez játék. Nem az élet.

Egy játékban, mindig teremt, ha a győztes-vesztes dolgot csináljuk, mert ez kihívás a másik személynek, hogy nagyszerűbb legyen, mint amilyen addig volt. Semmi rossz nincs abban, hogy kihívás elé állítjuk a másikat, hogy nagyszerűbb lehessen annál, mint amilyen. Probléma akkor van, amikor az életedben és az élésedben versengsz. Ez nem az a hely, ahol versengeni kell.

A verseny ennek a valóságnak a polarizált nézőpontja?

Gary: Igen, és ez az oka annak, hogy azt mondtam, hogy van ennek egy generatív eleme. Van olyan, hogy teremtő verseny, és van olyan, hogy pusztító verseny. Akármikor azt nézed, hogy hogyan nyerj, ne veszíts, hogy igazad legyen, és ne tévedj, a pusztító részére nézel a versenynek, mert az a személy, akit ilyen körülmények között el kell pusztítanod, te vagy.

Kérdés: *Csak képzeljétek el, hogy hogy nézne ki ez a bolygó, ha az összes iskolában tanítanák ezeket a kulcsokat! Van néhány kérdésem a nincs versenyről. Nekem nehéz olyanokkal játszanom, akik versengenek. Nekem csak játék az egész. A buli kedvéért csinálom. Addig, amíg a* *móka kedvéért csinálom, és élvezem, nincs nézőpontom arról, hogy veszítek.*

Gary: Jaj nem, a győzelem mókájáért kell játszanod! Ez nem probléma, rendben? Csak viccelek, amikor a győzelemről beszélek, de próbáld ki. Lehet, hogy legközelebb nyerni fogsz.

Fiatalabb koromban tizenöt évig klasszikus balettoztam, úgyhogy tudom, hogy néz ki a verseny. A mostani mindennapi életemben, ha megjelenik a verseny, nehézzé válik, sokszor egyszerűen feladom, és elmegyek onnan, legyen szó bármiről. Azon tűnődöm, hogy vajon lábtörlővé váltam-e itt.

Gary: Igen.

Gyakran, amikor a verseny felém irányul, mézes-mázos leszek az adott személlyel, és remélem, hogy az, hogy barátságos vagyok, majd elmulasztja. Általában nem működik.

Gary: Ez sosem működik!

Olyankor érzem, hogy felhúzom a falaimat, és furává válik az energia. Néha még olyan is, mintha a másik személy meg akarna ölni és viszont. Mi egyéb lehetséges? Te és Dain hogyan kezelitek ezt?

Gary: Megöljük egymást!

Dain: Hadd meséljek egy példát a hétvégi tanfolyamról. Volt egy férfi a tanfolyamon, aki felemelte a kezét, és úgy tett, mintha feltenne egy kérdést. Azt mondta: „Mindenfélét beszélsz nekünk, amit már tudunk. Miért vagyunk itt?"

Gondoltam magamban: „Tényleg? Érdekes." Mert olyan dolgokat mondtam, amit az emberek addig nem tudtak.

Azt mondtam neki: „Természetesen mindent tudtok, de hallottátok már ezekbe a szavakba öntve ezeket a dolgokat? És hogy néz ki az életetek? Az, amit tudsz, tényleg megjelenik az életedben? Vagy valami más jelenik meg, mintha nem tudnád azt, amit már tudsz?"

Azt mondja: „Oké."

Később azt mondtam neki: „Nyitottságról beszélsz, de úgy ülsz itt, hogy végig ítélkezésben vagy velem. Rendben van. Nekem nincs erről ítéletem, mert a pénzed már a zsebemben van. Úgy ítélkezel felettem, ahogy akarsz, és soha nem kell változnod, ha nem szeretnél."

Tudtam, hogy a pénzre akarja kihegyezni az egészet. Versengett velem, mintha többet tudna nálam. Az én nézőpontom az volt: „Lehet, hogy többet tudsz nálam, engem viszont nem érdekel." De útjában állt annak, hogy a többi ember éber lehessen arra, amit ők birtokolhatnának. Elismertem, hogy mit csinál, és ő is rá tudott nézni, és eldönthette, hogy folytatja ezt, vagy továbblép. Ez mindenki számára szabadságot adott a tanfolyamon, mert érzékelték az energiáját ennek.

Úgyhogy ahelyett, hogy bevettem volna a versenyt és ellenálltam volna neki és reagáltam volna rá, próbáltam volna bizonygatni, hogy „Hé, annyira király vagyok. Mindenkinek oda kellene figyelni rám.", azt mondtam: „Tudod, mit? Sok mindent tudsz. És amit választasz, hogy működik neked? Éber vagy arra, amit választasz?"

Lehet, hogy soha nem esik le neki, de a tanfolyamon mindenki másnak leesett. Látták, hogy ezt a dolgot műveli, és azt mondták: „Tudod, mit? Nem akarlak megítélni téged, vagy bárki mást. Lépjünk tovább." És ez is történt.

Szóval a szuperkedves üzemmód nem olyan gyakran működik a verseny esetében.

Gary: Soha nem működik.

Dain: De ha a szuperkedvesség az egyetlen eszköz, amit valaha kaptál, honnan tudod, hogy nem működik? A lényeg az, hogy soha senki nem mutatta meg nekünk a létezés egy másik módját. Ezért beszélgetünk erről a tíz kulcsról. Amikor valaki belemegy a versenybe veled, és nem tudsz teljesen jelen lenni, elismerheted, hogy mi zajlik a saját univerzumodban.

Az, hogy megbeszéled a másikkal, nem sokszor szokott működni, de el tudod ismerni a saját univerzumodban, hogy verseny van. Azt mondhatod: „Most itt leszek ezzel a dologgal, és megnézem, hova fut ki." Ez már egy másfajta eredményt tud létrehozni.

Kérdés: *Éber vagyok arra, hogy vannak a versenynek energetikai formái, amit az emberek nem is tartanak versenynek. Meg sem tudom mondani, mik azok. Csak egy energetikai érzékelése annak, hogy léteznek olyan kifinomult formák, amelyben megjelenik a verseny, amelyeket általában nem azonosítunk versenyként.*

Én kerülöm a versenyt. Hajlamos vagyok arra, hogy kihátráljak a dolgokból, amikor azt gondolom, hogy veszíteni fogok versenyhelyzetben.

Gary: Nem tudsz elkerülni semmit. Mindennel jelen kell lenned. A visszahúzódás versengés. Azt gondolni, hogy veszíteni fogsz a versenyben, versengés. Az, hogy nem akarsz veszíteni, versengés. A verseny célja, hogy valaki visszavonuljon, hogy ő veszítsen, te pedig nyerjél.

Kérdés: *Összességében én nem gondolok magamra versengőként, de van tapasztalatom arról, hogy a verseny váratlanul felüti a ronda fejét, és amikor megteszi, és próbálok küzdeni vele. Természetesen az ellenállás és reakció csak még nagyobbra növeszti.*

És mi kellene ahhoz, hogy olyan képességeim és kapacitásaim legyenek, amihez az emberek vonzódnak?

Gary: Megvannak ezek az adottságaid – de nem választod őket, mert még mindig azon aggódsz, hogy helyes-e, vagy helytelen, hogy győzni fogsz-e, vagy veszíteni.

Valahányszor azt keresed, hogy hogyan győzhetsz, versenyzel. Amikor azt nézed, hogy hogyan ne veszíts, akkor is, vagy amikor azt keresed, hogy hogy legyen igazad, vagy hogyan ne tévedj.

Kérdés: *Gary, említetted egy facilitátorral való beszélgetésedet. Azt mondtad, hogy megmondtad neki, hogy ő verseng. Ő azt mondta, hogy nem. Te azt felelted neki, hogy ez magában versengés. Valahányszor valaki bizonygatja az igazát, az verseny? Valahányszor valakié kell, hogy legyen az utolsó szó, az verseny?*

Gary: Igen. Felhívtam, és azt mondtam: „Be kell fejezned ezt a nyomorult versengést." Ő azt felelte: „Én nem érzékelem, hogy versengő lennék."

Azt mondtam neki, „Na éppen itt van a verseny. Most biztosítottad be, hogy ne tudjak erre mit mondani – és ez téged hoz ki győztesként." Ez a verseny. Nála kellett, hogy legyen az utolsó szó. Biztosítod, hogy te vagy a győztes azáltal, hogy nem adsz teret semmilyen kérdésnek. A nincs kérdés egyenlő a versennyel.

Kérdés: *Korábban beszéltünk arról, hogy a „kedvesség" az egyetlen opció, amit az emberek választanak, amikor azt érzik, hogy versengés van. Én hajlamos vagyok az ellenkezőjére. Én azt mondom: „Nem akarok foglalkozni veled." és odébbállok. Tudom, hogy ez sem valami generatív.*

Gary: Igen, próbálod megteremteni a „nincs versenyt", mintha ez jobb volna. Ez is felsőbbrendűség, ami ítélkezés, ami elkülönülés, ami nem hozzájárulás. Ha valakivel „ki akarsz cseszni", ahelyett, hogy azt mondanád: „B… meg, odébbállok", próbáld meg ezt a kérdést: „Hogyan tudok hozzájárulni ehhez a tanfolyamhoz, hogy még több résztvevő legyen?" vagy „Hogyan tudok hozzájárulás lenni neked, hogy többet kapj?"

Ha ők versengenek, az azért van, mert azt gondolják, hogy nincs nekik elég. Az emberek azt gondolják, hogy nincs elég valamiből az életükben – pénzből, elismerésből, vagy bármi másból. Azért versengenek, hogy többet kapjanak abból, amiből szerintük hiányuk van. Ha felajánlod nekik, hogy hozzájárulás leszel nekik ezen a területen, ahol azt érzik, hogy nincs elég, ez gyorsabban enyhíti a versenyt, mint bármi más.

Köszönöm.

Dain: Zseniális.

Kérdés: *Elismételnéd ezt?*

Gary: Te mondd, Dain. .

Dain: Az emberek úgy érzik, hogy versengeniük kell azért, hogy hozzájárulást kapjanak, vagy hogy megkapják, amit akarnak. Amikor felajánlod nekik, hogy hozzájárulás leszel, a versengőnek automatikusan lefagynak az áramkörei, szétrobbannak a paradigmái, és ez kiveszi a versengésből.

De legyetek éberek, vannak olyanok, akik pusztán a versengés miatt versengenek. De még ebben az esetben is, amikor felajánlod a hozzájárulásodat, az lefagyasztja az áramköreiket és eloszlatja a veled való versengésüket. Nem tudnak ragaszkodni hozzá többé. Besétáltál azon a hátsó ajtójukon, aminek a létezéséről nem is tudtak.

Gary: És azzal, hogy hozzájárulást adsz nekik, teremtő versengést generáltál, ami azt jelenti, hogy nekik is hozzájárulást kell adniuk neked. Abba kell hagyniuk azt, hogy olyan követelőzőek, amilyen követelőzővé tették magukat, ami mellesleg az elsődleges oka annak, hogy versengenek. Amikor hozzájárulás vagy nekik, hozzájárulásra invitálod őket versengés helyett.

Dain: Zseniális. Nagyszerű *Kérdés:* „Milyen hozzájárulás lehetek, hogy hozzájárulásra késztessem őket, vagy hogy hozzájárulásra késztessem magamat versengés helyett?" Vagy hozzájárulás vagy, vagy versenyzel. Te választasz.

Kérdés: Hallottam, hogy több különböző dolgot is mondtál. Az egyik az volt, hogy: „Mit teszek, hogy versenyt generáljak ezzel a személlyel?" Ez az egyik tényező. A másik dolog az volt, hogy a másik személy követelőző lehet, vagy kevesebbnek érezheti magát, és ennek lehet az eredménye a verseny. Lehet mindkettő egyszerre? Az egyik módon történik, vagy mindig mindkettő?

Gary: Próbáljuk átadni az éberséget arról, miről szól a verseny. És próbálunk arra is éberré tenni, hogy hogyan tudjátok megváltoztatni – és elérni, hogy kérdéseket tegyetek fel. Minden, amit most kérdeztél, csak egy kérdés volt. Amint kérdésbe mégy, nem tudsz többé versenyezni. Kérdésből nem lehet versengeni. Versengeni csak következtetésből és érzésből lehet.

Szóval, jelen vagy, és elismered, hogy versengés zajlik. Kíváncsi vagy, hogy te teremted ezt, vagy valami az ő világában zajlik, ami ezt teremti, és felajánlod a hozzájárulásodat, ami a szétrobbantja a versenyt.

Gary: Igen, felteszed a kérdést: „Hogyan tudok hozzájárulás lenni ehhez?" Amikor ezt kérdezed, elkezded megváltoztatni az energiát.

Dain: És ha kérdésben maradsz, a verseny nem létezik a világodban. Más szavakkal, amíg kérdésben vagy, a verseny nem létezik számodra.

Oké. Szóval, ha kérdésben maradok, akkor számomra a verseny nem létezik, még akkor sem, ha valaki más csinálja?

Gary: Így van. Nem létezik, amíg nem választod.

Ah...csodás.

Kérdés: A legtöbb szex versengésből működik?

Gary: Abszolút, mert az emberek azt gondolják, ha megkapom ezt a lányt vagy ezt a pasit, akkor nem vagyok lúzer.

A szex egy nagy mértékben versengésre épülő terület, mert az emberek azt gondolják, hogy hiány van. Azt gondolják, hogy versengeniük kell a győztesekért vagy a lúzerekért. Egyszer beszélgettem egy barátommal, aki azt mondta: „Ahh, soha senki nem fog többet lefektetni!"

Azt mondtam: „Nos, itt van ez a fickó, meg ez a fickó, meg ez a fickó, meg ez a fickó. Az összes le akar feküdni veled."

Azt mondja: „Azok lúzerek."

Mondom: „Mi van?"

Azt mondja: „Lúzerek."

Ha az adott személy győztes, és te szexelsz vele, akkor te is győztes leszel. Győztes vagy, ha egy győztes választ téged. Versenyhelyzetbe keveredsz a szexben, ahol azt nézed, hogy ki a nyertes, ki a vesztes, és ki az, aki nem számít.

Ez tényleg érted van, vagy pusztán egy igazolás, vagy egy reakció arra az elképzelésre, hogy van valami baj veled, amit nem tudsz kezelni. Tudod mit? Ez is verseny.

Kérdés: *A függőség egy kísérlet a verseny elkerülésére?*

Gary: Igen.

Húha, köszönöm.

Kérdés: *Most néztem meg az X-men filmet. Már negyven perce tartott a film, amikor annyira ott akartam hagyni, hogy kapaszkodnom kellett a székembe, hogy maradjak. Észrevettem, hogy mindig is próbáltam követni a szabályokat, és jól csinálni, azért, hogy ne veszítsem el azt, amit a saját féktelenségemnek és törvénytelenségemnek tartottam. Ugyanilyen okokból maradtam távol a nyilvánvaló versenytől. Amint éber lettem rá, megköveteltem magamtól, hogy igényt tartsak a törvénytelenségemre és szívtelenségemre, birtokoljam, és elismerjem, és ott legyen, hogy választhassam. Érdekes módon, miután ezt megtettem, éber lettem egy olyan fokú gyengédségre, amihez addig nem voltam képes hozzájutni. Mondanátok erre valamit?*

Gary: Feltételeztél egy nézőpontot arról, hogy nem vagy törvénytelen és féktelen. Srácok, fel kell fognotok, törvénytelenek vagytok. Törvénytelenek vagytok, mert nem vagytok hajlandóak ennek a valóságnak a szabályai szerint élni, és ezért annyira nehéz kezelnetek a versenyt. Ezért van, hogy amikor versengővé váltok, hibáztatnotok kell magatokat. Bárhogyan is, a versenynek köze nincs a választáshoz, éberséghez vagy nagyszerűséghez.

Dain: És amikor nem ismersz el mindent, ami vagy, egy nézőpontot erőltetsz saját magadra. Ha nem tudod elismerni egy részedet, akkor nem birtokolhatod magadat a magad teljességedben, amiben benne van a gyengédség is, ami valójában igaz és valós neked. Minden aspektusodat képesnek kell lenned birtokolni és használni, bármi legyen is az, amit használnod kell a megfelelő pillanatban.

Gary: Ez a gyengédség egy olyan hely, ami megöli a versenyt magadban és másokban is.

Dain: Aha.

Kérdés: Volt egy nagyon érdekes tapasztalatom a teljes megengedéssel a minap. Éppen egy csoporttalálkozóra tartottam a kocsimmal. Homloküreg gyulladásom volt. Ingerlékeny voltam és rosszindulatú, és az összes hülyét ki akartam ütni az úton. Egy hölgy, akinek a barjait tíz hónapig futtattam, eljött erre a találkozóra. Kérdezte, hogy vagyok, és azt mondtam: „Te jó ég, eléggé rosszindulatúan."

Azt válaszolta: „Ez az kislány! Menjél és legyél annyira gonosz, amennyire csak szeretnél!" Hirtelen az összes ingerlékenységem és haragom elszállt. Hogy lehet még ettől is jobb?

Korábban voltak emberek, akik ilyeneket mondtak nekem, de az energia, amivel csinálták, egyetértés és összehangolódás volt. Ez most valami teljesen más; nem értett egyet, nem hangolódott össze velem, nem állt ellen, nem is volt reakcióban; teljes megengedésben volt. Éreztem, hogy az összes szilárdság és intenzitás egyszerűen eltűnik.

Gary: A megengedés így változtatja meg azt, amibe beragadtál – beleértve a versenyt. Arról szól, hogy elismerd azt, ami van – ne versenyezz, hogy megtudd, miben volt igazad, vagy hogy hol nem tévedtél, vagy hol nyersz és hol nem veszítesz.

Kérdés: Ahogy hallgattam ezt a beszélgetést, egyre nehezebbnek érzem magam. Van valami félreazonosítása és félrealkalmazása a versenynek valamiként, ami szükséges a túléléshez?

Gary: Igen. A legerősebbek fennmaradása az az elképzelés, hogy a verseny az egyetlen módja annak, hogy bármi megtörténjen. De ez nem igaz. Az állatvilágban nem a legerősebb fennmaradásáról van szó; a fennmaradás azon alapul, hogy néhány állat eleve nagyszerűbb, mint mások. Farkasokat figyeltek meg évekkel ezelőtt, ami azt mutatta, hogy amikor a farkas vadászik – és ez valószínűleg az összes ragadozófajra igaz – a betegeket választják a csordában, mert a betegeknek van egy bizonyos kisugárzása.

Voltál már olyanok közelében, akiket el akartál tiporni? Ez azért van, mert annak a személynek volt egy olyan kisugárzása, ami arra utalt, hogy nem elég erős ahhoz, hogy a világon értékes termékként legyen jelen. Amikor versengsz, magadat teszed a beteg elemmé, ezért akarnak eltávolodni tőled az emberek. Ezért nem mennek el a te tanfolyamaidra.

Az, hogy próbálod kerülni a versenyt, nem ugyanaz, mint hozzájárulás lenni. A nem versenyzés azt jelenti, hogy nem próbálsz meg nyerni, hogy aztán ne legyél vesztes.

Kérdés: *Épp az óceánt nézem. Olyan, mintha az óceán azt kérné, hogy legyünk annyira hatalmasak, amilyenek vagyunk. Olyan, mintha ezt kérnénk egymástól azzal, hogy nem versenyzünk.*

Gary: Igen, ez olyan, mint az óceánnak lenni. Mindent megkérsz, hogy legyen hozzájárulás, és hajlandó vagy mindenhez hozzájárulás lenni, és az is vagy – és nem versenyzel.

Dain: Szeretnék még mondani valamit arról a hazugságról, hogy a túléléshez verseny kell. A versenyben nem kapsz mást, mint a túlélést; és nem kapod meg a növekedést. A növekedés és a virágzás nem lehetőség számodra, amikor versenyzel, mert teljesen kizárod az óceánt, ami arra invitál, hogy olyan nagy legyél, amilyen valójában vagy. Azt mondod: „Én nem lehetek a része ennek. Egyedül kell csinálnom." Ezzel kiveszed magad a gyarapodásból.

Az elképzelés, hogy a verseny szükséges a túléléshez, teljesen be van vésődve nekem. Olyan, mintha a lényem minden aspektusa ezt agyalta volna ki. Mintha beragadt volna. És mindent áthat.

Gary: Lehetséges, hogy azért van beragadva, mert bevetted azt a hazugságot, hogy a túlélésre kell játszanod?

Igen. Próbáltam túlélni azért, hogy boldoguljak.

Gary: Ha azért éled az életedet, hogy „boldogulj", mindig valamilyen nehézséget kell teremtened, hogy megbirkózz azzal, ami éppen történik.

Igen, ezt teljesen értem! Ezt eddig nem láttam. Egészen eddig a beszélgetésig nem vettem észre. Hirtelen mindent egyszerre látok. „Oh, te jó ég, én minden formában, módon és alakban csinálom ezt!" Zseniális. Köszönöm.

Gary: Igen, látom, hogy ez az a hely, ahol belemész a versenybe. Ha hiszel a túlélésben, akkor belemész a versenybe, hogy bizonyítsd, hogy túl tudsz élni. Ezt kell tenned minden egyes személlyel, akivel csak kapcsolatba kerülsz.

Az elementálok kérésre valóságba szilárdításának milyen generatív kapacitását, ami túlteremtene minden versenyt, nem vagy hajlandó teremteni és intézményesíteni? Mindent, ami ez, hajlandó vagy-e elpusztítani és nem teremtetté tenni? Helyes, helytelen, jó, rossz, POD, POC, mind a kilenc, rövidek, fiúk és túlontúl.

Kérdés: *Beszélhetnénk a pénzről egy kicsit részletesebben egy percig? Amikor vacsorázni megyek másokkal, vagy osztozunk egy taxin, vagy bármi más, amiben pénzről van szó, mindig én fizetem a számlát. Felszedem az érzéseiket, és sokszor nem érzékelem, hogy mi az enyém, és mi a többieké. Úgyhogy amikor kényelmetlenül kezdik érezni magukat a pénzzel kapcsolatban, és a legolcsóbb dolgokat választják az étlapon, mert nem engedhetik meg maguknak a jó ételeket, vagy nem igazán akarnak fizetni a taxiért, én egyszerűen kifizetem.*

Gary: Van választásod. Az egyik dolog, amit én csináltam, hogy hoztam egy szabályt. Ha én hívtalak meg, én fizetek. És amikor az emberek ellenszenvesek, én fizetek, mert ettől kikészülnek. És ha alacsonyabb rendűnek teszik magukat, akkor én mindig zsarnokivá válok és felsőbbrendűvé, mert így használom a versennyel kapcsolatos korlátozásaikat arra, hogy nyelvet öltsek rájuk. Ez az ő korlátozott valóságuk túlteremtése.

Sokszor amúgy is szeretnék fizetni, mert szeretek fizetni, és aztán belemegyek ebbe a túlélés dologba. Ha továbbra is mindig fizetek és nagylelkű leszek, akkor elfogy a pénzem, és itt már a túlélésről van szó, ugye?

Gary: Igen, ez már a túlélés dolog – az elképzelés, hogy valaha ki tudsz fogyni a pénzből. Soha nem fogysz ki a pénzből, ez nem része a te valóságodnak.

Drágám, én kedvellek, cuki vagy, de a pénztelenség soha nem lesz a valóságod része. Ez az a kivetítés, amit folyamatosan nyomnak rád. Ez egy kivetített jövőbeli valóság, ami soha nem lehetsz.

Hány ember vetíti rád, hogy ki tudsz fogyni a pénzből, vagy hogy nem lesz pénzed, ha folyamatosan ennyit költesz? Ezt vetítették ki rád gyermekként is. Ez bármiben megakadályozott? Nem. Nem akartad bevenni azt a szart akkor sem, és most se akarod bevenni, mert ez a verseny, amit az emberek azért csinálnak, hogy bebizonyítsák, hogy nem lúzerek!

Mindent, ami ez, isten tudja hányszorosan, elpusztítanád és nem teremtetté tennéd-e? Helyes, helytelen, jó, rossz, POD, POC, mind a 9, rövidek, fiúk és túlontúl.

Szeretném ezt megváltoztatni, és nem változik. Mit kell tennem?

Gary: Nos, az, hogy kicsinyes vagy, egy hazugság. Látod mások kicsinyességét, és azt feltételezed, hogy benned is van valami hasonló, mert képes vagy arra, hogy érzékeld.

Amikor az emberek kényelmetlenül érzik magukat a pénzzel, adok nekik, és ettől mindig eldobják az agyukat, és megváltozik a paradigmájuk.

Erről van szó. Nem folytathatom ezt így tovább, hogy mások helyett fizessek.

Gary: Ki mondja ezt?

Ó, Gary!

Dain: Jól van, csináld ezt. Vedd azt az összeget, amid most van a bankban, és nézd meg, hány vacsorára futná abból, mire elfogyna a pénzed.

(Nevetés)

Dain: Hány százezer vacsora, bármennyi legyen is ez neked, most oszd el ezt az év napjaival, hány évig tudnál vacsorázni ebből, mielőtt elfogyna a pénzed?

Gary: Akinek van egy kis pénze, nézzen rá erre. Soha nem fog elfogyni a pénzed, mert nem ez a választásod. Nem tennél ilyet.

Életem egyik legnagyobb ajándéka, hogy a United Waynek dolgoztam. Különböző jótékonysági szervezetekkel kellett beszélnem, akik ételt és más dolgokat adtak az embereknek. Aztán azokkal is beszélnem kellett, akik megkapták ezeket a dolgokat.

A hajléktalanokkal beszélgetve felismertem, hogy azt gondolták, hogy egy marha vagyok, amiért van pénzem, mert ez azt jelenti, hogy bérleti díjat kell fizetnem és dolgoznom kell!

Ránéztem erre, és azt gondoltam: „Én nem akarok az utcán élni." Az egyetlen különbség közted és a között, akinek nincs pénze az, hogy te soha nem fogod megengedni, hogy ne legyen pénzed – mert ez nem a te valóságod.„Lehet, hogy elfogy a pénzem" Nem, nem fog!

Azt látom, hogy az emberek majdnem elviselhetetlenül kényelmetlennek érzik magukat a számlák fizetésével kapcsolatban. Annyi az egész, hogy ott ülök ezzel a diszkomfort érzéssel?

Gary: Igen, ott ülsz ezzel a diszkomfort érzéssel, és aztán gondoskodsz róla, hogy még kényelmetlenebbül érezzék magukat. Amikor az emberek meghívnak engem és azt feltételezik, hogy én fogok fizetni, ott ülök karba tett kézzel, és meg se mozdulok. Ülök és ülök, és hagyom, hogy forogjon az agyuk. Aztán azt gondolják: „Istenem, Istenem, nem fog fizetni, nem fog fizetni, nem fog fizetni", és amikor végül eljutnak arra a pontra, hogy nyúlnak a számla után, azt mondom: „Majd én." Meg kell tanulnod kínozni az embereket. Te kifizeted a számlát ahelyett, hogy megengednéd az embereknek, hogy kényelmetlenségük legyen. Én imádok ott ülni a kényelmetlenségükben.

Ismertem egy hölgyet, aki régen folyton mindenét másokkal fizettette ki. Én meg csak hagytam, hogy várjon. Addig ültem ott, amíg annyira kényelmetlenül érezte magát, hogy azt mondta, „Ööö... ööö..." Tudta, hogy indulnia kell, és tudta, hogy fognia kell valakit, aki elviszi, mert oda kell érnie valahova, és tudta, hogy ha engem nem fog tudni használni, akkor mást se fog tudni. Én meg csak ültem ott, néztem rá, és mosolyogtam, mintha azt mondtam volna: „Na és te mikor fogsz hozzájárulni?"

Tudtam, hogy nem fog, de azt gondoltam, hogy egy kicsit akár kínozhatom is. Ha ő azzal akart kínozni, hogy velem fizettet, akkor én meg visszakínzom. Ez nem a kiegyenlítésről szól, srácok. Hanem annak a felismeréséről, hogy az egyetlen módja annak, hogy az adott személy éberré váljon a saját választására az, ha azt használod fel, amit ő választ ahhoz, hogy hozzájárulás legyél neki, hogy felismerje, mit is választ.

Hozd őket eléggé kényelmetlen helyzetbe ahhoz, hogy esetlegesen abbahagyják, amit csinálnak. És még egyszer, lehet, hogy nem fogják. Nem arról szól, hogy kényszeríteni próbáld őket. Pusztán az élvezet miatt, hogy kényelmetlenül érzik magukat. Futtassuk ezt a processzt még egyszer:

Az elementálok kérésre valóságba szilárdításának milyen generatív kapacitását, ami túlteremtene minden versenyt, nem vagy hajlandó teremteni és intézményesíteni? Mindent, ami ez, hajlandó vagy-e elpusztítani és nem teremtetté tenni? Helyes, helytelen, jó, rossz, POD, POC, mind a kilenc, rövidek, fiúk és túlontúl.

Kérdés: Gary, *ez példa arra, amiről tegnap beszéltél, hogy örömtelien felülírni mások korlátozásait?*

Gary: Igen, örömtelien felülírni mások korlátozásait. Ott ülsz valakivel, aki azt tervezgeti, hogy veled fizettet, és te örömmel meghaladod az ő korlátait. Az ő nézőpontja, hogy rá tud venni, hogy fizess. Te elbizonytalanítod abban, hogy fizetni fogsz. És amikor a kétely annyira kézzelfogható, hogy hisztérikussá válik, te fizetsz. Felülírod a korlátait azzal, hogy eljuttatod arra a pontra, hogy azt mondja: „Jaj istenem! Lehet, hogy fizetnem kell! Nem tehetem ezt még egyszer!" Én csak azt akarom, hogy velem ne csinálják, mert nem kedves dolog.

Az, hogy örömtelien csinálod ezt, azt jelenti, hogy túlteremtesz. Erről van szó?

Gary: Igen.

Értem. Én beveszem ezt a kényelmetlenséget és megtestesítem. De az örömteliség túlteremtés.

Gary: Azzal, hogy örömteli vagy, túlteremted a korlátaikat, és ez túlteremti a versenyt. Az ő versenyük ebben a helyzetben ez: „Túl tudom versengeni ezt a személyt, és ki tudom várni, hogy ő fizessen?" Így nyernek ők, és így veszítesz te. Ezt próbálják elérni. Tisztáznod kell először is, hogy hogyan működik ez a dolog, vagy hatása alatt leszel azoknak az embereknek, akik elég ravaszak ahhoz, hogy a pénzedet ellened használják.

Dain: Az elementálok kérésre valóságba szilárdításának milyen generatív kapacitását, ami túlteremtene minden versenyt, nem vagy hajlandó teremteni és intézményesíteni? Mindent, ami ez, hajlandó vagy-e elpusztítani és nem teremtetté tenni? Helyes, helytelen, jó, rossz, POD, POC, mind a kilenc, rövidek, fiúk és túlontúl.

Gary: Szép! Ettől a beszélgetéstől néhányan kellemetlenül érzitek magatokat, ami engem boldoggá tesz, mert így túlteremtem a korlátaitokat.

Dain: Örömtelien.

Az elementálok kérésre valóságba szilárdításának milyen generatív kapacitását, ami túlteremtene minden versenyt, nem vagy hajlandó teremteni és intézményesíteni? Mindent, ami ez, hajlandó vagy-e elpusztítani és nem teremtetté tenni? Helyes, helytelen, jó, rossz, POD, POC, mind a kilenc, rövidek, fiúk és túlontúl.

Gary: Remélhetőleg betekintést nyertetek ebbe a területbe.

Fenomenális hívás volt, egyszerűen fenomenálisak vagytok!

Nagyon jó, köszönöm szépen.

Gary: Vigyázzatok magatokra, szeretünk benneteket!

Dain: Köszönjük mindenkinek.

A nyolcadik kulcs a teljes szabadsághoz

NINCS SEMMILYEN DROG

Gary: Üdvözlünk mindenkit. Ma este a nyolcadik kulcsról fogunk beszélni: Nincs semmilyen drog. Minden drog, ami elvágja, vagy lecsökkenti az éberségedet bármilyen formában. Minden, ami kevésbé éberré tesz, drog.

Az emberek azt mondják: „Te nem kedveled a drogokat."

Én azt mondom: „Engem nem érdekel, ha drogozol. Ez a te életed. Csinálj, amit akarsz." A drogozással kapcsolatban az a nehézség, hogy amikor drogozol, megnyitod az ajtót más entitásoknak, hogy vegyék át és használják a testedet. Bárhol, ahol elveszted az irányítást a tested felett, egy másik entitás bejöhet, és használhatja a testedet. Ez az elsődleges oka annak, hogy nem használunk drogot.

Kérdés: A szerelem egy drog?

Gary: Nos, a szerelem eltörli a tudatosságot? Vagy azért, hogy szerelmes lehess, meg kell teremtened egy fantáziát, ami eltörli a tudatosságot? Ebben az esetben a szerelem drog.

Dain: Ebben a valóságban a szerelem drogként működik, mert nem az éberség megteremtéséről szól. Általában egy fantazmagória az alapja, ami még több fantazmagóriához vezet, azzal az elképzeléssel, hogy ez végül majd elvezet a fantazmagória tökéletességéhez, de ez nem teremti annak az éberségét, hogy mi az, ami valójában lehetséges.

Gary: Pontosan.

Kérdés: *Az emberek az ételt, alkoholt, túlzásba vitt sportolást vagy szexet drogként használják?*

Gary: Minden drog, ami elvág az éberségedtől. Hajlandónak kell lenned ébernek lenni mindenre. Nagyon sokan nem tudatosan táplálkoznak. Nem azt nézik, hogy mire vágyik a testük; azt teszik, amit előre eldöntenek. A legnagyobb drog a világon a tudattalanság.

Mi van a cigarettával? Az drog?

Gary: Nos, megváltoztatja a tudatosságodat? Elzár az éberségtől? Vagy limitálja azt a fajta éberséget, amire hajlandó vagy? Attól függ, hogy mire használod. Ha a dohányzásnak nincs hatása rád, vagy nem sok, akkor nem számít.

Dain: Vannak olyanok, akik dohányoznak, de mintha nem lenne rájuk hatással. Egyszer-egyszer rágyújtanak, és nem nagy ügy az egész. Aztán vannak azok, akik cigaretta függők. Minden alkalommal, amikor éberek lennének valamire, elővesznek egy szál cigit.

Úgyhogy nem arról van szó, hogy „elszívtam egy szál cigit, és ezzel megsértettem ezt a kulcsot" vagy „ittam egy sört, ezzel megszegtem ezt a kulcsot". Arról van szó, hogy elvágod-e magad az éberségedtől, elkerülöd-e, esetleg menekülsz-e előle.

Gary: Lehetsz éber úgy, hogy közben alkoholt iszol. De ha arra használod, hogy lecsökkentsd az éberségedet, az nem jó. Amikor elkezdtem az Access Consciousnesst, az volt a nézőpontom, hogy nem kellene cigizniük az embereknek, mert ártalmas az egészségükre. Ez miféle kérdés? Már elnézést, vannak emberek, akik rendben vannak a dohányzással. A fontos dolog az, hogy megkérdezzük: „Mire használom?"

Kérdés: *Meg kell kérdeznem: „Hány nagyszerű művészeti, irodalmi alkotás, zenemű született úgy, hogy a létrehozója drog hatása alatt állt? Értem, hogy vannak esetek, amikor a drog elpusztította őket – de meg tudtak volna születni ezek a nagyszerű műalkotások a drog nélkül?*

Gary: Ez nem éppen a megfelelő kérdés. Az érdekesebb kérdés ez: Ők nagyszerűbbek lettek volna-e, ha nem használnak drogot?

Dain: Te abból a nézőpontból nézed, hogy „Megszülettek volna-e ezek az alkotások, ha a készítőjük nem drogozik? Mi lenne, ha azt kérdeznéd: „A művészetük lehetett volna nagyszerűbb, ha nem drogoznak? Még nagyobb lehetőségekre invitáltak volna bennünket?" A művészet szépsége abban rejlik, hogy egy másik lehetőségre invitál; kérdést hoz létre az univerzumunkban, és egy másik energia megtapasztalására hív.

Miután végeztem a főiskolán, volt egy lakótársam, aki fotósnak tanult. Minden napját azzal kezdte, hogy megtöltötte a bongot, és elszívott egy adag marihuánát. Ezt délután is megcsinálta. Szemmel láthatóan remek fotós volt, de észrevettem, hogy amikor éppen szívott, és benne volt ennek az intenzitásában, hiába integettél a szeme előtt, és kérdezted, hogy „Helló, ott vagy?" Azt mondta: „Öreg, épp a következő alkotásomon dolgozok."

Kíváncsi vagyok, hogy a zsenialitása nagyobb lett volna-e, ha jobban jelen van.

Régen füveztem én is, mert úgy tűnt, hogy ez az egyetlen alkalom, amikor jól érzem magam, utána mégis mindig rosszabbul voltam.

Amikor átadod a tested feletti irányítást a drogoknak, megnyitod az ajtót az entitásoknak, hogy bejöjjenek. Nekem egy csomó időmbe telt, hogy megszabaduljak ezektől a nyomorult dolgoktól.

Azt is észrevettem, hogy a saját kreativitásom dinamikusan megnövekedett, ahogy túlléptem a drogokon. Szóval kíváncsi vagyok, milyen lehetőségei lettek volna ezeknek a művészeknek, ha azt választották volna, hogy még inkább jelen vannak. Érdekes lenne látni, hogy mi más lett volna lehetséges.

Kérdés: Múlt héten a nincs versenyről beszéltünk, és valaki azt kérdezte, hogy a függőség egy módja-e a verseny elkerülésének. Gary, te azt mondtad, hogy igen. Össze tudnád ezt hozni azzal, amiről most szó van?

Gary: A drog általában egy módja a verseny elkerülésének. Arra használod a drogot, hogy elvágd magad az éberségtől. Tehát, ha valaki nagyon versengő, és elvágja magát az éberségtől, mire lesz éber?

Az emberek általában azért használnak drogot és alkoholt, mert nem tudják az összes éberségüket kezelni. Ez az elsődleges oka az ivásnak, vagy bármilyen drog használatának. Nem tudod, hogy mit tegyél a sok éberségeddel, úgyhogy lecsökkented és kikapcsolod a drogokkal.

Kérdés: Ha ezek a művészek drogoznak, ők hozzák létre a műalkotást, vagy valamilyen entitás teszi? Vegyük Van Gogh-ot például. Lehet, hogy nem is ő festett. Talán egy entitás helyette?

Gary: Lehetséges, de én leginkább azt gondolom, hogy a művészek azért drogoznak, mert a látásukat elhomályosítja az, hogy más emberek gondolatait, érzéseit és érzelmeit felszedik. Médiumi képességeik vannak, és ezeket a dolgokat összeszedik, ez pedig olyan módon változtatja meg az érzékelésüket, amit nem tudnak megfejteni vagy kezelni.

Dain: Nem fogják fel, hogy felszedik a gondolatokat, érzéseket, érzelmeket és nézőpontokat más emberektől – és nem fogják fel az éberséget a saját potenciáljukról sem. Úgy tűnik, hogy azok az emberek, akik drogoznak és függővé válnak, próbálják azt a kreatív, generatív energiára való éberségüket elkerülni, ami lehetővé tenné, hogy bármit megteremtsenek az életükben, amit szeretnének. És úgy tűnik, mintha el akarnák kerülni a potenciáljukról és erejükről való éberséget. Úgy tűnik, azt érzik, hogy bármi áron ki kell ezt kapcsolniuk.

Gary: Azért mondjuk, hogy „ne drogozz", mert próbálunk rávenni, hogy lépj az éberséged és képességeid magasabb szintjére.

Dain: A drogok visszahúznak a sűrűség felé. Annak a térnek az intenzív rezgése, ami vagy, sokkal értékesebb, mint az a sűrűség, amihez vonzódsz a drogokkal.

TÍZ KULCS A TELJES SZABADSÁGHOZ

Gary: A másik dolog, hogy mivel sokan azt hiszitek, hogy a verseny rossz, próbáljátok elkerülni a versenyt, miközben versengők vagytok. Ahhoz, hogy elkerüld a versenyt másokkal, magadat próbálod a legkisebb közös többszörössé tenni. Más szóval, próbálod magadat olyan tudattalanná és elérhetetlenné tenni, mint mindenki más körülötted.

Voltak emberek, akik odajöttek hozzám, és azt mondták: „Azt hiszem, nem lehetek az Access Consciousnessben."

Én azt kérdeztem: „Miért?"

Azt mondták: „Tudod, miből élek?"

„Nem."

Azt mondták: „Füvet termesztek."

Azt feleltem: „Füvet termesztesz. És?"

Ők azt kérdezték: „Hogy érted, hogy és?"

Azt kérdeztem: „Kis gyerekeknek árusítod?"

„Nem."

„Akkor kinek adod el? Drogdílereknek?"

„Hát igen."

„Ha alkoholt állítanál elő, nem lenne vele bajom. Ha ronda székeket gyártanál, nem lenne róla nézőpontom. Egyszerűen ezzel foglalkozol."

És akkor ők azt felelték: „De, de, de, ez nem jelenti azt, hogy a tudattalanságnak szentelem magam?"

Azt mondtam, „Nem, a tudattalanságon keresztül keresel pénzt. A legtöbb pénzt ebből csinálják ebben a valóságban – a tudattalanságból."

Kérdés: Karl Marx mondta, hogy a vallás nem véletlenül a tömegek kábítószere, azért, mert megváltoztatja a tudatosságodat.

Gary: Nem megváltoztatja a tudatosságodat; eltörli.

Igen, hát az is változás.

Gary: Változás – de nem valami jobbá tevés. Igen.

Amikor egy függőséget egy antialkoholista vallásos nézőpont mellé helyezel, a skála két végén helyezkednek el.

Gary: Igen. Ez tartja a tömegeket a hülyeség mókuskerekében.

Ugyanez vonatkozik a politikára is?

Gary: Hát, ebbe ne menjünk bele. Az önmagában egy drog.

Csak érdelkődöm.

Gary: Természetesen erre is vonatkozik. Mennyi hülyeségnek kell lenni bennük, ha politikusok lesznek? És mennyire kell hülyének nézniük minket, hogy azt higgyék, mi szeretnénk, hogy ott legyenek?

Ez alkalmazható a televízióra is és a média számos más ágára?

Gary: Mindenre ez vonatkozik, amit ennek a valóságnak neveznek. Azért mondjuk, hogy „nincs drog", mert az akarjuk, hogy találd meg a saját valóságodat, és ne vedd be ezt itt.

Kérdés: Nagyon hálás vagyok, hogy ez egy olyan hely, ahol ezeket a dolgokat teljesen másképp tudjuk megvitatni. Olyan régóta hallgattam már ugyanazokat a következtetéseket és válaszokat a drogokról, mikor tudtam, hogy van egy másik lehetőség. Az én kérdésem azokra a drogokra vonatkozik, amiket receptre írnak fel, hogy kontrollálják a testünket, például a fogamzásgátló tabletta. Amikor először elkezdtem szedni, dühös voltam, hogy használnom kellett ahhoz, hogy ne legyek terhes. Valószínűleg éber voltam arra, hogy van egy másik lehetőség arra, hogy választásban legyek a testemmel, de nem tudtam, hogy mi lehet az.

Gary: Először is, ha elmégy egy orvoshoz, és az orvos gyógyszereket ír fel, az ő nézőpontjában bízol, vagy a sajátodban? Ránézhetsz a nézőpontjára, és azt mondhatod:„Ő tudja a választ." és átadhatod a tested feletti irányítást neki. Ez az, ahová menni akarsz? A testünk feletti irányításról beszélünk.

Éveken keresztül bíztam a tablettákban, és csak mostanában hagytam abba a szedésüket, mert éber lettem arra, hogy a testem változott, mióta ezt az Access Consciousness dolgot csinálom. Nem ugyanúgy válaszolt, mint korábban. Ez után nem sokkal teremtettem egy terhességet. Volt egy vetélésem, meg minden, ami nem volt akkora nagy dráma, mint amivé próbáltam tenni. Ebből a tapasztalatból azt az éberséget kaptam, hogy mennyire jelentőségtelivé tettem azt, hogy nő vagyok, és női szerveim vannak, különösen azért, mert nincs irányításom vagy beleszólásom abba, hogy a testem hogyan működik, és mikor működik.

Gary: Az is lehet drog, hogy nő vagy, vagy férfi vagy, mert lehetővé teszi, hogy kikapcsold az éberségedet minden másra. Amikor a végtelen lényből működsz, végtelen testből, akkor teljesen más választásod van arra vonatkozóan, hogy hogyan működsz a testeddel.

Nekem az jön, hogy a tabletta szedése, legalábbis nekem, olyan volt, mint az éberségem elkerülése, és a választás elkerülése, ami lehetséges lett volna a testemmel. Most azt kérdezem: „Mi egyéb lehetséges?", mert még mindig beragadva érzem magam annak a jelentőségébe, hogy mit teremt a testem és az elmém a gyógyszerek kontrollja nélkül. Mi az, ami valóban lehetséges a testünkkel? Tényleg választhatunk valami teljesen mást? És az hogy nézne ki?

Gary: Lehet, hogy érdemes futtatnod ezt a processzt:

Milyen kivetített jövőbeli valóságokat, amelyek soha nem létezhetnek, használok, hogy kiiktassam az éberségemet a testemről teljes könnyedséggel? Mindent, ami ez, elpusztítanád és nem teremtetté tennéd? Helyes, helytelen, jó, rossz, POD, POC, mind a 9, rövidek, fiúk és túlontúl.

Kérdés: Gary és Dain, ez egy lenyűgöző sorozat volt eddig. Le vagyok nyűgözve és el vagyok ragadtatva. A lányommal kapcsolatos a kérdésem. A kapcsolatunk érdekes, csodálatos, hatalmas, gyönyörű, kicsavart, bizarr és tébolyult. A drogoknak is szerepe van ebben, és az igazságszolgálatatás is képben van. Az eszközeim a következők, és ezek működnek is, amikor nem szállok ki belőlük – megengedés, nincs jelentőség, jelenlét, éberség szemben azzal, amit szeretnék neki, és nem kötődni a végkimenetelhez. Múlt héten kinyitottam az Alapozó kézikönyvet, és találtam még egyet, nincs ellenállás. A világom még mindig nyílik ezeknek a szavaknak a hatásától: ellenállás a drogokkal, szemben azzal, hogy nincs drog, ellenállás a börtönnel, ellenállás bármivel.

Ezek közül mind működik, mégis úgy érzem, mintha felhúzós játék volnék, vagy egy jojó. Folyamatosan bajban vagyok azzal, hogy azt akarom, hogy valami mást válasszon. Mi az, ami folyamatosan visszaszippant ebbe?

Gary: Amik folyamatosan visszaszippantanak, azok a kivetített jövőbeli valóságok arról, hogy olyan anya lehess, amilyen nem lehetsz soha. Futtasd mindet ezek közül az anyaságra, arra, hogy neki vagy az anyja, és a nem anyaságra, és arra, hogy nem az ő anyjaként létezel.

És arra is futtasd a kivetített jövőbeli valóság processzt, hogy meghal, és hogy börtönbe kerül.

Kérdés: *Nyilvánvalóan tudattalanság függő vagyok. Hogyan kezeljük a függőség részt?*

Gary: Nos, a függőség rész az a tény, hogy a függőséget használod arra, hogy megpróbálj elbújni az éberséged elől. Felteheted ezt a kérdést:

Az éberségem mekkora részét próbálom megsemmisíteni a drogokkal, amiket választok? Mindent, ami ez, elpusztítanád és nem teremtetté tennéd? Helyes, helytelen, jó, rossz, POD, POC, mind a 9, rövidek, fiúk és túlontúl.

Ha valaki más függőségéről beszélsz, tudd, hogy nem tudod megoldani másnak a függőségét. Bátorítani tudod. Mondhatod ezt: „Felfogom, hogy inkább meghalnál, mint hogy jelen legyél, úgyhogy ha van bármi, amivel segíthetek, kérlek, szólj." Ezt úgy nevezik, bogár a fülbe.

Kérdés: *Fiatalabb koromban sokat ittam, és végül úgy döntöttem, hogy abbahagyom. „Remek. Most éber leszek és tudatos." Aztán elmentem egy buliba, ahol valaki füvezett, és én voltam betépve, vagy ha valaki ivott, én voltam részeg. Ez egy képesség? Hogyan tudnám ezt megváltoztatni, vagy hogyan lehetnék jobban választásban ezzel?*

Gary: El kell ismerned, hogy mit csinál a tested. Az a típus vagy, akinek a teste kiszedi a drogot más emberek testéből, éber leszel azokra a drogokra, amiket használnak. Lehet, hogy megpróbálod valóssá tenni, vagy magadévá tenni, csak mert éber vagy rá.

Tedd fel a kérdést: „Ez a személy kábítószert szed? Ez a személy drogozik?"

Elmesélted, hogy elmentél bulizni, és ezek a dolgok történtek. Azzal versenyzel, hogy próbálsz olyan lenni, mint mások. Ezért verődnek az emberek csapatokba. Soha nem akarnak teljesen egyedül lenni. A csapatszellem egy verseny, a csapat erőfeszítése hozza létre, a faj elpusztításáért. Az alkohol és a drog nagy részben erről szól.

Ebben a valóságban az emberek a tudattalanságot csapatsporttá teszik. Mindenki azon versenyez, hogy ki a legrészegebb, leghülyébb, és legkevésbé éber. Az emberek azon versengenek, hogy tudattalanságot teremtsenek, generáljanak, birtokoljanak, tegyenek és akként létezzenek.

Vágom. A kifejezés, amit a csapatoknál használok: „Ne feledd, a csapatban nincs „én".

Gary: Pontosan. Ez történik, amikor tagja leszel egy csapatnak.

Aha, feladod az egyéni...,

Gary: Igen, az emberek csapattagok akarnak lenni. Ezért keresik a közösségeket, és azokat a dolgokat, amiket szerintük a közösség megad nekik. Keresik azokat, akikhez tartozhatnak, meg minden ilyesmit, mert azon versengenek, hogy csapattagok lehessenek. A legtöbben hajlandóak beállni a tudattalanság csapatába.

Kérdés: Olyanok között nőttem fel, akiknek az a nézőpontja, hogy a drog tudatos dolog, és a drogozás arról szól, hogy nagyobb legyen a tudatosságunk, és még inkább tudatossággá váljunk. Ott van az amerikai őslakosoknak az a nézőpontja, például, a tradicionális pejotl ceremónia része a vallásuknak, és arról szól, hogy tudatossá váljanak.

Gary: Várj egy pillanatot. Az elképzelés az volt, hogy a tudatállapot megváltoztatásával éberré válsz más valóságokra. A más valóságokra való éberségről volt szó, nem pedig a tudatosságról.

Igen, ez a pontos megfogalmazás, köszönöm.

Gary: A kábítószerezés soha nem a tudatosságtól szólt, még az 1960-as években sem. A megváltozott tudatállapotokról szólt, amik arra valók lettek volna, hogy más valóságoktól adjanak éberséget. Én az 1960-as években nőttem fel; használtam drogot, jó voltam benne, jobb voltam ebben, mint bármelyikőtök valaha lesz. Az volt a nézőpont, hogy semmilyen más módon nem tudod ezt elérni. És ez a hazugság.

Dain: Ez a legnagyobb hazugság ebben a témában, és ez az, ami beragaszt – az elképzelés, hogy nem tudod elérni ezt a hatást (vagy valami annál is nagyszerűbbet), ha nem használsz kábítószert. Nem tudom, hogy vagytok vele, de az Access Consciousness-szel sokkal nagyszerűbb tapasztalataim voltak, mint ami a drogokkal valaha volt, a pszichedelikus szereket is ideértve.

Nemrég csináltunk egy Létezés Energetikai Szintézise hívást, ami sokkal inkább hasonlított egy tudattágító tapasztalásra, mint amit valaha tapasztaltam. És az egyetlen másnaposság, amit okoz, a nagyobb éberség. Az elképzelés, hogy nincs más módja annak, hogy kezeld az éberségedet, vagy érzékelj más valóságokat s más lehetőségeket, csak a drog, egy óriási hazugság, amit beadtak az embereknek.

A másik dolog, hogy amikor drogozol, aktiválod az érzékelő agykérget, ami a tehetségeidet és képességeidet fokozza fel. Minden, amit érzékelsz, felfokozódik, és bezáródik az érzékelő agykéregbe. Úgyhogy minden korlátozást, amiről azt gondolod, hogy túljutottál rajta, miközben drogoztál, egyszerűen elrejtesz az elméd egy sötét sarkába, és nem tudsz hozzáférni, csak akkor, amikor éppen drogozol.

Gary: Drogozás közben sem tudsz hozzáférni ezekhez. Alapvetően fogod ezeket a dolgokat és elraktározod az érzékelő agykéregben. Aztán valami egyszer csak aktiválja, és nem tudod irányítani.

Soha nem hallottam még ezt így, végre leesett. Köszönöm.

Gary: Manapság egy drogos kultúrában élünk. Mindig van egy drog, amitől jobban kell, hogy érezd magad. Vagy az, hogy jobban nézz ki, vagy az, hogy könnyebben juss szexhez. Dain és én dolgoztunk egy nővel, aki fiatalabb korában dührohamokat kapott. Mindenféle drogot kipróbált. A kábítószerek, amiket használt, bezáródtak a testébe, de annyira, hogy nem is érezte a testét. Dolgoztunk az érzékelő agykéreggel kapcsolatos aspektusával a droghasználatnak, és később, amikor megérintettem a karját, majdnem kiugrott a kocsiból, mert annyira érzékeny volt. A drog érzéketlenné tette a kezeit.

Használtál-e drogokat, hogy érzéketlenné tedd a testedet és érzéketlenné tedd az éberségedet ennek a valóságnak a hülyeségére? Mindent, ami ez, elpusztítanád és nem teremtetté tennéd? Helyes, helytelen, jó, rossz, POD, POC, mind a 9, rövidek, fiúk és túlontúl.

Sokan azért drogoznak, mert úgy érzik, hogy ezzel törvényen kívüliek lesznek, mivel ez nem törvényes. A normák ellen lázadnak a drogokkal. Ha nem lenne törvényellenes, nem kellene csinálniuk. A drogozás adja a romantikáját, életerejét és lelkesedését a törvényen kívüliségnek, a kockáztatásnak és annak, hogy veszélyesen élnek. Az emberek imádnak az életükkel orosz rulettet játszani.

Valaki küldött nekem egy karikatúrát, az van rajta: „Az életvitelünket sötét erő fenyegeti. Meg kell védenünk az életmódunkat." Mi a sötét erő, ami az életmódunkra tör? Az életmódunk!

Az életmód, amit választunk, meghatározza, hogy milyen éberségünk lehet. Milyen éberséget szeretnél? Milyen éberséget nem választasz, amit választhatnál?

Eldöntötted valaha, hogy te voltál az összes barátod közül a vadócka? Sok ember csinálta ezt. Te voltál a legfurább, legvadabb, legdilisebb, miközben folyamatosan azon versengtél, hogy normális lehess? Ez nem működik neked, de folyamatosan azt gondolod, hogy egyszer majd sikerülni fog. Ez ennek a valóságnak a választott drogja – hogy próbálsz normális lenni, miközben próbálsz törvényen kívüli lenni, miközben próbálsz nem normális lenni, miközben nem vagy normális. Ez az őrület Möbius-szalagja.

Kérdés: *Egy másfajta helyzetről szeretnék kérdezni, ami valamelyest kapcsolatos a drogokkal. Nagyon sok depresszióssal dolgoztam, és ahogy elkezdtem az Access Consciousness eszközeit használni velük, észrevettem, hogy a depressziójuk nagy része arról szól, hogy nem tudnak beilleszkedni. Annyira sok részüket lekapcsolják, hogy nem tudnak azok maradni, akik voltak. Nem tudtak hozzáférni a potenciáljukhoz, és aztán antidepresszánsokat kezdtek szedni, amitől megszűntek a hullámzásaik, és zombivá váltak. Erre mondják, hogy „jobb". Őrület, amit csinálunk. Abból, amit mentális betegségnek hívnak, egyre több csak egy jele annak, hogy az emberek tudják, hogy valami nem stimmel ezzel a valósággal, de nem tudják, hogy mit tegyenek ezzel. Beszélnél az antidepresszánsokról és a szorongásoldó szerekről?*

Gary: Ezekkel a szerekkel próbálsz valamit kezdeni azzal, hogy nem tudod kezelni azt, amire éber vagy. Azt javaslom, hogy olvasd el Aldous Huxley Szép új világ című könyvét. Az emberek egy szóma nevű szert használtak, ami alapvetően egy antidepresszáns volt. Mindenki mindennel elégedett volt tőle. Ugyanazt csináljuk itt is a drogokkal, függetlenül attól, hogy legálisak, utcai drogok, vagy bármilyen más típusú drogok. Az elképzelés az, hogy el tudsz jutni arra a pontra, hogy nem érdekel, hogy mi történik körülötted. És nem érdekel, hogy mi történik veled. Ez a célja ezen szerek kilencvenkilenc százalékának. Azt mondják, hogy mindenféle dologra való, de nem igaz. Ez egy módja annak, hogy elégedett legyél azzal az őrülettel, ami körülötted van, mintha így majd beilleszkednél, és nem lesz többé problémád azzal, ami történik.

Csináltunk egy kis haladó testmunkát mostanában, miután futtattak rajtam egy öregedés gátló processzt, volt egy bizonyos elégedettség érzésem, ami emlékeztetett arra, amikor drogoztam azért, hogy kikapcsoljam az éberségemet. Régebben minden reggel füveztem, hogy legyen egyfajta elégedettség érzés az életemben, holott egyáltalán nem voltam elégedett.

Ez után a processz után drog nélkül is elégedett voltam. Egyszerűen elégedett voltam az életemmel.

Dain: Nagyon hasonló élményem volt a haladó testkezelésekkel. Olyan elégedettség ez, ami túlmegy rajtam. Olyan, mintha az elégedettség a körülöttem lévő térben lenne, úgyhogy amikor emberek között vagyok, kijönnek a szenvedésből és fájdalomból, amiről azt hiszik, hogy meg kell tapasztalniuk. Átszivárog rajtuk valami békességérzés.

Dain, amit azokról mondtál, akiknek fogalmuk sincs, hogyan fejezzék ki a képességeiket és a potenciáljukat, egyszerűen zseniális. Antidepresszánsokat szednek, és ez még távolabb viszi őket a potenciáljuktól. Olyan, mintha nem lennének éberek a potenciáljukra vagy a kapacitásaikra, hogy kifejezzék a másságukat. A depresszió arról szól, hogy nem vagy képes valami lenni vagy valamit megtenni. Ez azzal jár, hogy nem vagy képes kifejezni a kapacitásodat és a potenciálodat az életedben és a megélésedben. Azt látom, hogy nagyrészt ez az oka annak, hogy az emberek belemennek a depresszióba. Lenyűgöző sikereket érek el az Access Consciousness eszközökkel ezeknél az embereknél.

Gary: Van itt egy processzem, ami segíthet ebben, ha szeretnéd.

A titkos szándékok, lényégek, fantazmagóriák és soha nem létezhető kivetített jövőbeli valóságok milyen generálását és teremtését használod a drog által befolyásolt érzékelő agykéreg kérges testének kartotékozó rendszereiként, hogy létezésbe zárd a helyzeti FEPASOP-okat, amiket arra intézményesítesz, hogy a drogot és a tudattalanságot válaszd inkább a teljes éberség helyett? Mindent, ami ez, elpusztítanád és nem teremtetté tennéd-e? Helyes, helytelen, jó, rossz, POD, POC, mind a 9, rövidek, fiúk és túlontúl.

Mi az a kérges test?

Dain: Az a csodás dolog, ami összeköti a két agyféltekédet.

Köszönöm.

Dain: A titkos szándékok, lényégek, fantazmagóriák és soha nem létezhető kivetített jövőbeli valóságok milyen generálását és teremtését használod a drog által befolyásolt érzékelő agykéreg kérges testének kartotékozó rendszereiként, hogy létezésbe zárd a helyzeti FEPASOP-okat, amiket arra intézményesítesz, hogy a drogot és a tudattalanságot válaszd inkább a teljes éberség helyett? Mindent, ami ez, elpusztítanád és nem teremtetté tennéd-e? Helyes, helytelen, jó, rossz, POD, POC, mind a 9, rövidek, fiúk és túlontúl.

Kérdés: *Úgy tűnik, hogy az emberek azért drogoznak, hogy kikapcsolják az bűntudatukat, szégyenérzetüket vagy felelősségüket.*

Dain: Az érdekes dolog az, hogy az érzéseik, érzelmeik, gondolataik kilencvennyolc százaléka nem tartozik hozzájuk.

Az emberek kilencvenkilenc százaléka a kilencvennyolc százalékban azért drogozik, hogy megszabaduljon azoknak az érzéseknek a 98000 százalékától, ami nem is az övé.

Az Access Consciousnessben megadjuk a lehetőséget az embereknek, hogy éberek legyenek és elismerjék, hogy mi van valójában, amitől könnyedebbé válnak. Sokszor ez az, amiről azt gondolták, hogy a drogoktól fogják megkapni. Csakhogy drogozás után mindig nehezebbnek érzik magukat. Mi az éberségnek és a kapacitásaiknak olyan formáját adjuk nekik, ami folyamatos könnyedséget teremt, amit szerintem eleve keresnek.

Igen, ez mindenféle függőségre igaz.

Gary: Ha minden, amit érzékelsz drogozás közben és alkoholfogyasztás közben az érzékelő agykérebe jut, nem tudsz könnyedséggel hozzáférni. Csak valami külső forrás hatására aktiválódik, ami része az eredeti programnak. Tegyük fel, hogy bevetted a drogot, aztán hallottál valami zenét. Minden alkalommal, amikor azt a zenét hallod, ugyanaz a válaszreakció stimulálódik, ami a drog hatása alatt, de nem tudod irányítani.

Valakinek, akivel dolgozom, bűntudata van, beszélek neki a bűntudatról mint zavaró beültetésről, amit a társadalom és a kultúra arra használ, hogy kontrolláljon bennünket. Sokan hiszik azt, hogy a bűntudat valós. Azt gondolják, hogy hozzájuk tartozik, és amikor beszélünk erről, mintha több éberségük lenne erről az univerzumukban. Látják, hogy a zavaró beültetések miatt isznak, és az Access Consciousness eszközöket használjuk, hogy elpusztítsuk ezeket a beültetéseket.

Gary: Pontosan emiatt isznak – a bűntudat és a szégyen miatt, amit az a tény hoz létre, hogy nem szabadna ezt tenniük. Tudják, hogy meg akarják tenni, és tudják, hogy nem tudják, hogy miért teszik ezt, és amikor éberek lesznek, lesz választásuk is. „Oké, most már lehetek teljesen éber, vagy kikapcsolhatom az éberségemet. Melyiket szeretném?" Más lehetőségek nyílnak meg. Futtassuk újra ezt a processzt.

A titkos szándékok, lénységek, fantazmagóriák és soha nem létezhető kivetített jövőbeli valóságok milyen generálását és teremtését használod a drog által befolyásolt érzékelő agykéreg kérges testének kartotékozó rendszereiként, hogy létezésbe zárd a helyzeti FEPASOP-okat, amiket arra intézményesítesz, hogy a drogot és a tudattalanságot válaszd inkább a teljes éberség helyett? Mindent, ami ez, elpusztítanád és nem teremtetté tennéd-e? Helyes, helytelen, jó, rossz, POD, POC, mind a 9, rövidek, fiúk és túlontúl.

Kérdés: *Ez a tisztítás kikulcsolja az összes olyan dolgot, amit bezártunk az érzékelő agykéregbe?*

Gary: Remélem. Fogalmam sincs. Ahogy beszélgettünk, éreztem ezt az energiát – és átalakítottam egy processzé. Remélhetőleg elkezdi kikulcsolni azokat a dolgokat, és több éberséghez és több választáshoz juttat.

Kérdés: *Tinédzserkoromban sok éven át voltam anorexiás. Tudtam, hogy éber voltam arra az őrületre, amit a szüleim csináltak, főleg egymással, és én tehetetlennek éreztem magam, hogy bármit kezdjek ezzel. Nem volt helye a hozzájárulásomnak, és tudtam, hogy a kontrollnak is nagy része van a problémámban.*

Gary: Hé, hé, hé, kedvesem. Először is, kérlek, figyelj. Amikor azt mondod, hogy „az volt az problémám vagy „ez az problémám", bezársz egy hazugságot.

Ez nem a problémád. A problémát adják neked, úgyhogy nem lehet a tied. Nem olyasvalami, ami bármikor a tied lenne. Az egész elképzelés az „én problémám"-ról egy paródia, amit a pszichológiai közösség rakott az emberekre. Arról az elképzelésről van szó, hogy a dolog, amit nézőpontként kaptál, a tied. Nem a tied. Soha. Ez nagyon fontos, kérlek, fogjátok ezt fel.

Igen, értem. Ha magamévá teszem, soha nem tudok megszabadulni tőle.

Gary: Pontosan, soha nem tudod megváltoztatni és soha nem szabadulhatsz meg tőle, mert egy hazugságból működsz.

Régen a tudatosságomat, vagy az éberségemet éhezéssel változtattam meg, alvásmegvonással vagy túledzéssel. Ez teljesen kiszedett abból, hogy jelen legyek azzal, ami történik.

Gary: Ezek azok a dolgok, amiket bezártál a testedbe azzal az adrenalin lökettel, ami használtál – sok ember használja az adrenalin löketet drogként.

Ez a processz, amit futtatsz, erre is jó lesz?

Gary: Szerintem igen. Ha volt bármilyen problémád a drogokkal, vagy a droghasználattal, vagy gyerekként drogoknak és alkoholnak voltál kitéve, lehet, hogy érdemes ezt a processzt végtelenítve lejátszani, míg valami változik a világodban. Futtassuk újra, Dr. Dain.

Dain: A titkos szándékok, lénységek, fantazmagóriák és soha nem létezhető kivetített jövőbeli valóságok milyen generálását és teremtését használod a drog által befolyásolt érzékelő agykéreg kérges testének kartotékozó rendszereiként, hogy létezésbe zárd a helyzeti FEPASOP-okat, amiket arra intézményesítesz, hogy a drogot és a tudattalanságot válaszd inkább a teljes éberség helyett?

Mindent, ami ez, elpusztítanád és nem teremtetté tennéd-e? Helyes, helytelen, jó, rossz, POD, POC, mind a 9, rövidek, fiúk és túlontúl.

Kérdés: *Amikor régen néhanapján füveztem, nagyon intenzívnek találtam, ezért nem csináltam. A teljes éberségről is ugyanez a nézőpontom, hogy túl intenzív.*

Gary: Nos, a teljes éberség is intenzív, de ugyanakkor intenzíven teres. A drogasűrűség intenzitásáról szól. Az éberség a térűr intenzitását adja. A térűr intenzitása nem összehúzó, kényszerítő vagy befolyásoló. Kiterjesztő. A lehetőségekről és az örömteliségről szól. Úgyhogy, igen, az éberségnek is van intenzitása.

A droghasználatot félreazonosítottuk és félrealkalmaztuk akként az elképzelésként, hogy több éberséghez juttat. Azt gondoltuk, hogy a drogok nagyobb éberséget vagy tudatosságot hoznak létre. Azt mondták, hogy ez a drogok célja. Azt feltételeztük, hogy a tudatosság ugyanazt az intenzitását fogja adni az éberség állapotának, mint amit a drogoktól kapunk, de ez nem így van. Futtassuk újra a processzt, Dain.

Dain: A titkos szándékok, lénységek, fantazmagóriák és soha nem létezhető kivetített jövőbeli valóságok milyen generálását és teremtését használod a drog által befolyásolt érzékelő agykéreg kérges testének kartotékozó rendszereiként, hogy létezésbe zárd a helyzeti FEPASOP-okat, amiket arra intézményesítesz, hogy a drogot és a tudattalanságot válaszd inkább a teljes éberség helyett? Mindent, ami ez, elpusztítanád és nem teremtetté tennéd-e? Helyes, helytelen, jó, rossz, POD, POC, mind a 9, rövidek, fiúk és túlontúl.

Kérdés: *Nekem az jön fel, hogy a drogok és a tudattalanság választása egy zárt rendszernek és az elkülönülésnek a választása. Ez a teljes elkülönülés, miközben az éberség olyan, mint a Mi királysága. Beszélnél erről egy keveset?*

Gary: A legfőbb oka annak, hogy azt mondjuk, hogy nincs drog, az, hogy a droghasználatnak a legfőbb oka, hogy elkülönítsd magad magadtól. Elkülöníted magadat az éberségedtől, és mindenki mástól. Ugyanakkor próbálsz olyan lenni, mint mindenki más. Ez az Én királyságát teremti.

Évekkel ezelőtt egyszer drogot használtam, és egy barátom hagyott ott egy kis pénzt nálam. Eldöntöttem, hogy szükségem van erre a pénzre, úgyhogy elvettem. Azt gondoltam, hogy rendben van, ha elveszem, mert az én házamban van. Hasznát veszem, ezért az enyém. Ilyet soha nem tettem volna normális körülmények között. Ez az én valóságom lehetőségein kívül állt.

Aztán el kellett adnom néhány dolgomat, hogy vissza tudjam fizetni a pénzt. Két hétbe tellett, míg meg tudtam szerezni a pénz – és szüksége volt a pénzre akkoriban, ezért is adta ide nekem. Elvesztettem egy barátot, elvesztettem magamban a bizalmamat azzal, hogy ezt választottam. Amikor drogozunk, ilyen dolgokat teszünk.

Dain: Ha képesek volnánk olyannak lenni, mint a Mi királysága – ha úgy tudnánk itt lenni ebben a valóságban, hogy mindenki más dolgára éberek tudnánk lenni és nem éreznénk úgy, hogy elveszítjük magunkat, nem lenne szükség drogokra, és nem is lenne relevanciájuk. Teljesen irrelevánsak lennének az életünkben. Ebben a valóságban nem kapjuk meg az eszközöket ahhoz, hogy ezt megteremtsük, úgyhogy úgy tűnik, mintha harcolnunk kellene minden lehetséges eszközzel.

Ha megkapnánk az eszközöket ahhoz, hogy éljünk, és hogy legyen valamiféle kapcsolódás-érzetünk ahelyett, hogy benyeljen és elárasszon az az őrület, ami ez a valóság, teljesen más választások lennének elérhetőek.

Gary: Igen, sajnos azt hiszem mindannyian azon versengünk, hogy meglássuk, hogy képesek vagyunk-e akkora hülyék lenni, mint mindenki más körülöttünk.

Kérdés: Ebben valahol visszautasítjuk, hogy úgy létezzünk, vagy elismerjük, hogy hol kapcsolódunk egymáshoz és a Földhöz és az energiákkal, amit keresünk? Nekem most az jön fel, hogy hányszor voltam önmagam, és adtam ezt fel más emberek nézőpontjaiért, vagy a hazugságért, amit a drogok adtak nekem.

Gary: Igen, feladtad magad ahelyett, hogy éber lettél volna a lehetőségekre. Feladtad magad a drogoknak. Ezért van a nincs drog a kulcsok között.

Nem arról beszélek, hogy ne szedd be a gyógyszeredet, ha nincs egyensúlyban a tested. Meg kell kérdezned a testedet: „Szükséged van erre?" Dolgoztam egy férfival, aki vérnyomás gyógyszert szedett, mert túl magas volt a vérnyomása. Az orvos folyamatosan azt mondta, hogy még többet kell belőle szednie- csakhogy soha nem lett jobban. Csak egy kicsit vitte le a vérnyomását. Végül azt kérdeztem tőle: „Mit teremtesz, ami magas vérnyomást hoz létre?"

Kiderült, hogy bosszankodást teremt, ami megemeli a vérnyomását, ami lehetővé tette, hogy gyógyszert szedjen, és ezért nem volt képes erekcióra – mert a felesége nem akart szexelni. Ez bizarr, de így teremtjük ezeket a helyzeteket.

Kérdés: *Beszélnél arról, hogy a sebészeti altatószerek milyen hatással vannak ránk?*

Gary: Műtét után futtassatok MTVSS-t az immunrendszeri pontokon. A molekuláris demanifesztációt és demolekuláris manifesztációt is futtatni kell a beadott szereken. Folyamatosan túl sok gyógyszert adagolnak a rendszerbe, azt gondolván, hogy így kell biztosítani azt, hogy ne legyünk tudatunknál. Azt gondolják, hogy miközben ezeken a szereken vagyunk, nem vagyunk éberek, ami őrültség. Nagyon sok dolog történik az operációk alatt, a zéró összegű traumát is futtatni kell, és egyéb testkezeléseket, hogy eltöröljük azt, ami akkor történt a testtel, amikor a gyógyszereket kapta.

A szerek bevitele a testbe nagyrészt a testünket érvényteleníti és pusztítja. Azt akarjuk, hogy a testünk együttműködjön velünk. Működik az nekünk, hogy érvénytelenítjük? Nem, ha ezt tesszük, a testünk egyszer csak feladja a velünk való kapcsolatot.

Hozunk döntéseket, miközben altatásban vagyunk, és utána nem tudunk hozzájuk férni?

Gary: Igen, ezért futtatjuk ezt a processzt. Amikor altatásban vagyunk, az összes információ az érzékelő agykéregbe megy. Volt egy barátom, akit egyszer hipnotizáltak, hogy megtudja, miért van olyan fura nézőpontja a péniszéről. Kiderült, hogy miközben altatásban volt egy műtét alatt, valaki viccet csinált a péniszéből. A végén valami érthetetlen nézőpont, amit az a személy mondott nagyon negatív módon befolyásolta őt.

Csináljuk meg a processzt még egyszer, Dain.

Dain: A titkos szándékok, lénységek, fantazmagóriák és soha nem létezhető kivetített jövőbeli valóságok milyen generálását és teremtését használod a drog által befolyásolt érzékelő agykéreg kérges testének kartotékozó rendszereiként, hogy létezésbe zárd a helyzeti FEPASOP-okat, amiket arra intézményesítesz, hogy a drogot és a tudattalanságot válaszd inkább a teljes éberség helyett? Mindent, ami ez, elpusztítanád és nem teremtetté tennéd-e? Helyes, helytelen, jó, rossz, POD, POC, mind a 9, rövidek, fiúk és túlontúl.

Gary: Nővér barátaim meséltek vicceket arról, hogy milyen tréfákat űztek azokkal a páciensekkel, akiket operáltak.

Ha valaki kigúnyolja a testedet, miközben altatásban vagy, ezek a dolgok az érzékelő agykéregbe jutnak, aztán úgy fogsz ezekre reagálni, hogy azt sem tudod, mire reagálsz, vagy honnan jön ez a nézőpont. Én ragaszkodtam hozzá, hogy ne szólaljanak meg az én operációm alatt, és az orvosom beleegyezett. Azt akartam, hogy ott legyen egy barátom, hogy biztosan ne beszéljen senki, de a barátom nem ment bele. Igazából kijöttem az altatásból, és hallottam, hogy fura dolgokat beszélnek. Ezek után megbízok egy orvosban? Még ha piros hó esik sem! Ezért fontos, hogy futtassuk ezeket a processzeket, s azokat is, amiket a műtét utánra javasoltam.

Kérdés: *Apámnak két műtétje volt tavaly, egyszer a prosztatájával, egyszer a térdével műtötték. Mindkét alkalommal altatták. Az első alkalommal még aznap haza akarták engedni, de amikor odaértem,* *magán kívül volt. Ott kellett maradnom vele éjszakára – és nem az apám volt ott akkor abban a testben.*

Másnap este haza tudtam hozni, és visszatért. Második alkalommal térdműtétje volt. Nem tudták ugyanazt az általános altatószert adni neki az előző reakciója miatt, úgyhogy epidurális érzéstelenítést kapott, de ugyanúgy reagált. Nem is hasonlított az apámra. Hat napot töltött kórházban, pedig normál esetben három nap múlva kinn kellett volna, hogy legyen. Nem engedték ki az elmeállapota miatt. Van valami, amit tehetek érte most?

Gary: Az apukád egy másik lénnyel a testében jött ki a kórházból. De apukád még mindig ott van. Távolítsd el az entitást, aki belépett a testébe a műtét alatt. Egy ilyen helyzetben, hetven százalék esélye van, hogy rá tudod venni, hogy elmenjen.

Amikor valaki kés alá fekszik, és meghal az altatásban, ez a személy ott lófrál a műtőben, és várja a testét, hogy megjelenjen. Amint érzi, hogy egy test altatásban van, belemegy, mert olyan érzés, mintha az övé lenne.

Csak csináljam meg az entitás tisztítást, amit általában csinálunk az Access Consciousnessben? Lehet távolból is? Lehetséges? Én itt vagyok az államokban ő meg az Egyesült Királyságban.

Gary: Persze, hogy lehet.

Oké. Köszönöm.

Gary: Csináljuk meg utoljára a processzt, Dain.

Dain: A titkos szándékok, lénységek, fantazmagóriák és soha nem létezhető kivetített jövőbeli valóságok milyen generálását és teremtését használod a drog által befolyásolt érzékelő agykéreg kérges testének kartotékozó rendszereiként, hogy létezésbe zárd a helyzeti FEPASOP-okat, amiket arra intézményesítesz, hogy a drogot és a tudattalanságot válaszd inkább a teljes éberség helyett? Mindent, ami ez, elpusztítanád és nem teremtetté tennéd-e? Helyes, helytelen, jó, rossz, POD, POC, mind a 9, rövidek, fiúk és túlontúl.

Gary: Kezditek látni, hogy a drogok miért nem előnyösek az életetekben?

Kérdés: Én sokáig nagyon sokat ittam. Amikor filmszakadásod van, vagy öntudatlan leszel, annak ugyanolyan hatása van, mint az altatószereknek a műtét alatt?

Gary: Igen, bármi, amit megtapasztalsz, megkerüli a kognitív képességeidet és egyenesen az érzékelő kéregbe megy. Reaktív állapotba kerülsz. Szagokra vagy zenékre reagálsz, és olyan érzelmeid lesznek eseményekről, amiknek semmi köze azokhoz az információkhoz, amikhez hozzáférésed van. Nem gondoltál ezekre a dolgokra, mert megzavartak a drogok.

Vedd meg az Access Consciousness referenciaanyagait, és keresd ki az információkat az érzékelő agykéregről. Olvasd végig, és nézd meg, hogy vonatkozik-e rád, és használd a processzeket.

Oké. Köszönöm.

Gary: Szívesen.

Ez egy remek hívás volt, köszönöm, srácok. Köszönöm, igen, köszi, Dain és Gary.

Dain: Köszönjük.

Gary: Köszönjük mindenkinek, hogy részt vett ezen a híváson. Remélem, hogy segít megérteni a „nincs semmilyen drog" kulcsot. Nem azt kérjük, hogy ne szedjétek a gyógyszereiteket, amelyekre a testeteknek szüksége van. Arra kérünk, hogy olyan dolgokat ne szedjetek, ami kikapcsolja az éberségeteket.

Szeretnénk adni valami éberséget arról, hogy a testetek mire vágyik valójában. Az érdekel bennünket, hogy legyetek hajlandóak nagyobb egységközösségben lenni a testetekkel, nagyobb egységközösségben lenni a Földdel, és nagyobb egységközösségben a mi királyságával, és a lehetőségekkel, amit ez teremt.

A kilencedik kulcs a teljes szabadsághoz

NE HALLGASS, NE MESÉLJ ÉS NE VEGYÉL BE TÖRTÉNETEKET

Gary: Üdvözlünk mindenkit. Ma este a kilencedik kulcsról fogunk beszélni: Ne hallgass, ne mesélj, és ne vegyél be történeteket. Sajnos Dain nem tud ma este velünk lenni.

Szóval, mi is az a történet? Miből áll egy történet? A történet célja, hogy alátámasszon egy nézőpontot. Ez egy módja annak, hogy megmagyarázd és igazold a választásaidat, és hogy valóssá tedd a választást, amit helyessé tettél. A legtöbb embernek az a nézőpontja, hogy ha valamit jól csinálnak, akkor minden működni fog az életükben. De ez tényleg így van? Tényleg ez fog működni?

Kérdés: A „történet" mindig a múltra vagy a jövőre utal – és soha nem a jelen pillanatra? Lehet történeted a „jelen" pillanatról is?

Gary: Nem igazán. Ha tényleg jelen vagy az életedben, nincs sztori. Az egyik dolog, amit az Access Consciousness processzeivel csinálunk, hogy ahelyett, hogy bevennénk és meghallgatnánk a sztorikat, azt kérdezzük: „OK, mi zajlik itt valójában? Mi van ez alatt?"

Egyetlen oka van annak, hogy az emberek sztorizzanak, az, hogy igazolják a választásukat. Igazolniuk kell, hogy miért választják azt, amit választanak. Alá kell támasztaniuk azt, hogy igazuk van abban, hogy választják ezt a kiakadást, vagy problémát, vagy bármi legyen is az. Kell valaki, aki értékeli a dolgokat, és aztán úgy találja, hogy jogos a nézőpontjuk. Ebből egyiknek sincs köze ahhoz, ami valójában történik. A sztorikat általában következtetésekre alapozva kreálják, amiknek semmi közük ahhoz, ami valójában történik.

Kérdés: *Hogyan tudok segíteni a harmincöt éves lányomnak, aki inkább meghal, mint hogy tovább kelljen küzdenie az intenzív érzelmekkel és lelki fájdalmakkal? Hálásan elhiszi az összes hazugságot, amit ez a valóság tartogat.*

Gary: Nem hiszi el hálásan a hazugságokat – de elhiszi a hazugságokat. Csak annyit kell tenned, hogy felteszel egy kérdést: „Mit szeretnél igazából teremteni, szívem? Ha a halál fontosabb neked, mint az élet, én megértem." Ez minden, amit lehet mondani bárkinek.

Kérdés: *Ki kell iktatnunk a miért szót a szókincsünkből – mert erre csak sztorival lehet felelni?*

Gary: Nem csak erről van szó. A miért olyan, mint egy ipszilon elágazás. Ha mindig a jobb oldalit választod, akkor körbe haladsz, és végül ott kötsz ki, ahonnan elindultál. Ez tartja fenn a történeteket. Ahelyett, hogy lenne egy éberséged arról, hogy mi zajlik valójában, beleragadsz a történetbe. Észrevetted valaha, hogy azok, akiknek van egy sztorijuk, mindig azt hajtogatják újra meg újra, mintha ezzel jutnának valahova – csakhogy egy sztorival soha sehova nem lehet eljutni.

Hallottatok már olyat, hogy valaki azt mondta: „Ezt meg ezt meg ezt tettem, és ez ezért volt?" Amikor belemégy a mertekbe, azt azért teszed, mert igazolsz.

Kérdés: *A sztori egy válasz?*

Gary: Igen. A sztori a válasz a nézőpontod helyességére. Ez a válasz, ami alátámasztja a választást, amit hoztál, ez a válasz a magyarázatra, ez a válasz a kapcsolatra, amit szeretnél létrehozni valakivel, és ez a válasz egy olyan dologra, ami nem történik meg.

Miért kell igazolnunk a meghozott választásainkat ahelyett, hogy felismernénk, hogy szimplán választunk? Az én nézőpontom az, hogy ha minden egyes tíz másodpercben választasz, kiiktathatod a történetet, képes vagy jelen lenni minden nap minden pillanatában, és megtehetsz bármit, amit csak szeretnél.

A történetmesélők kilencvenkilenc százaléka nem látja, hogy mi is ez valójában. Tehát, elég egyszerű a dolog: ha tisztán szeretnéd látni a dolgokat, ne hallgass, ne mesélj és ne vegyél be történeteket.

Kérdés: *A nézőpontok történetek? Azt mondod, hogy minden csak egy sztori?*

Gary: Nem. A nézőpont valami, amit arra használsz, hogy létezésbe zárj valamit, amiről eldöntötted, hogy úgy van. A nézőpontok alapvetően bezárt konklúziók, amire azért jutottál, hogy azt érezd, hogy valamiképpen létezel. A legtöbb ember azt gondolja, hogy ő a nézőpontjainak az összessége.

A történet célja, hogy alátámassza a nézőpontodat. Megmagyarázza és igazolja a választásaidat, és megmutatja, hogy a választás, amit hoztál, helyes.

Gary: Az emberek azt hiszik, hogy minden sztori és minden nézőpont alatt ott van az „ok és igazolás" arra, hogy az adott személy miért tett valamit, de az oknak és igazolásnak semmi köze az adott személy tényleges választásához. A sztori a választásod igazolása; nem a valóság azzal kapcsolatban, hogy mit választottál, vagy miért választottad.

Kérdés: *Mi a különbség egy sztori és egy példa között? A példa sztorivá válik, amikor olyan szavakkal mondod el, mint például a mert, a de, vagy az érzések? Beszélnél arról, hogy bevesszük a történeteket?*

Gary: Példa az, amikor megmutatsz az embereknek valamit, hogy legyen elképzelésük arról, hogy az adott dolog hogyan alkalmazható. A sztori az, amivel bizonyítod a nézőpontodat. Az, hogy valami hogyan alkalmazható, nem ugyanaz, mint a történet.

Az, hogy milyen szavakat használsz, nem annyira fontos; inkább az számít, hogy azért mondod, hogy elmagyarázz valamit, vagy azért, hogy bizonygasd a nézőpontodat.

Amikor példaként használsz egy történetet, akkor nem a nézőpontod helyességéről vagy helytelenségéről szól. Arról van szó, hogy megmutasd valakinek, hogy hogyan lehet valamit alkalmazni. Ez a példaként használt sztori. Ne mesélj történeteket, hacsak nem példaként meséled. De ne vedd be a történeteket azzal, hogy meghallgatod más emberek nézőpontjait arról, hogy ők hogyan gondolják, hogy lennie kellene a dolgoknak, vagy hogyan kellene neked viselkedned ebben.

Bevenni a sztorit azt jelenti, hogy amikor valaki elmeséli a nézőpontját, akkor elvárja, hogy bevedd – és meg is teszed. Amikor az emberek elmondják, hogy mit kell megtapasztalnod, hogyan kell valaminek lenni, vagy mit kell tenned – és te azt teszed – akkor bevetted a sztorit.

Kérdés: Mit mondasz azoknak, akik imádják a történetüket? Vannak emberek, akik az egész életüket sztorikra alapozzák: írók, new age követők, történetmondók, prédikátorok, tanárok, történészek és Access Consciousness gyakorlók. Vannak emberek, akik workshopokon mesélik a történeteiket.

Gary: Nagyon sok ember mesél történeteket. Semmi baj nincs a történetmondással, ha ezt szeretnéd tenni. Ahhoz próbálok eszközöket adni, hogy ki tudj mozdulni az életed nehézségeiből. Az, ha beveszed a sztorikat, megszünteti a képességedet a választásra. Az, ha beveszed a sztorikat, eltörli a választást. Amikor az emberek sztoriznak, hoztak egy választást. Eldöntötték, hogy mit választanak, és nem változtatják meg a történetüket, mert nem akarják megváltoztatni a választásukat sem. Az emberek azért sztoriznak, hogy igazolják a saját nézőpontjukat.

Az emberek olyan történeteket mesélnek, amilyeneket csak akarnak, de nem kell, hogy odafigyelj rájuk, ha nem akarsz.

Láttál már olyat, hogy valaki próbálta igazolni a nézőpontját? Sztorikat használnak ezek az emberek a nézőpontjuk bizonygatására. Én akkor csinálom, amikor facilitálok. Történeteket használok arra, hogy illusztráljam azt, amiről beszélek. A legtöbb emberben nagyobb hajlandóság van arra, hogy a történetre figyeljen, mint arra, hogy ránézzen a valóságra.

Kérdés: A történetek útján tanulunk meg emlékezni a dolgokra, mint például a nyelvre?

Gary: Nem.

Történetekkel mosták át az agyunkat, hogy beilleszkedjünk a kontextuális valóságba?

Gary: Igen.

Az, ha megválogatjuk, hogy milyen szavakat használunk, és melyeket nem, nem sztori?

Gary: Nem, amikor kommunikálsz, ébernek kell lenned a szavaidra, mert a szavak, amiket használsz, meghatározzák az energiát, ami közted és a másik ember között létrejön.

Szóval akkor, hogyan kell abbahagyni azt, hogy bevesszük a sztorikat?

Gary: Csak abbahagyod.

Az Access Consciousnessben beszélsz a szavak erejéről és a megfelelő szóhasználatról. A nem megfelelő szóhasználat is csak egy másik sztori?

Gary: Nem. A sztori mindig igazolás. A sztori az oka és igazolása a választásnak, amit hoztál. Ezért hozol létre történeteket.

Kérdés: Amikor azt mondod, hogy „ne hallgass meg történeteket", mit értesz a meghallgatás alatt? A szociális munkásként és tanárként eltöltött időszakom alatt azt tanultam, hogy hallgassam meg az embereket. De néha ez a hallgatás olyan, mintha megengedném valakinek, hogy hatalmat gyakoroljon felettem. Olyan, mintha manipulatívak lennének; csak fecsegnek, ahelyett, hogy mondanának valamit.

Gary: Igen, ez az egyik olyan hely, ahol nem érdemes meghallgatni a sztorikat. Amikor ez történik, mondd ezt: „Várj egy picit, kérlek!

Valamit nem értek. Nem igazán értem, hogy mi a célja annak, hogy ezeket elmondod nekem.". Újra kell rendeznie azt, ahogyan igazolja a tetteit, és közben a történet általában véget ér, vagy megváltozik. Neked mindkettő jó, mert nem kell hallgatnod többé a szarságokat.

Kérdés: *Én mindig értékesnek tartottam azt, ha kérdés nélkül figyelek. Az, hogy „Látod, ő annyira jól tud hallgatni." mindig pozitív dolognak tűnt. Most ezt megkérdőjelezem. Igazság, az emberek figyelnek-e egyébként is? Legtöbb ember azért hallgat, hogy eldöntse, hogy mit tud mondani vagy tenni, ami ahhoz a beszélgetéshez vezet, amit le akar folytatni.*

Gary: Ezt mindannyian fogjátok? Az anyósaim ebben tökéletesek voltak. Bármiről beszélgettek veled, és vártak, amíg kimondod a megfelelő szót, ami lehetővé tette, hogy átvegyék a szót, és arra irányíthassák a beszélgetést, amerre ők akarták, hogy menjen. Ő egy rendkívül érdekes embernek tartja magát. De azok az emberek, akiket a saját nézőpontjuk érdekel a legjobban, egyáltalán nem biztos, hogy figyelnek; gyakorlatilag általában a kulcsszavakra várnak, ami lehetővé teszi nekik, hogy úgy feleljenek, hogy átvehessék a beszélgetést, és mindent arra vigyenek, amerre ők akarják.

Kérdés: *Úgy tűnik, hogy az embereket leginkább az érdekli, hogy elmondják a nézőpontjaikat, és nem a figyelés. Miért tanítja ez a valóság, hogy figyeljünk – mintha ez valami jó vagy nemes dolog volna?*

Gary: Nos, figyelni jó és nemes, mert az emberek ilyen módon ki tudnak használni, és mindannyian tudjuk, hogy ez az élet célja, nem igaz? Hagyni, hogy az emberek kihasználjanak.

Kérdés: *Mit értenek az alatt az emberek, hogy figyelni? A figyelés az is lehet, hogy érzékeled az energiát.*

Gary: Ha a sztorira figyelsz, észreveszed, hogy gyakran nem passzol annak az energiájával, ami valójában zajlik. Miért nem? Mert az, aki a történetet meséli, alátámaszt, igazol, magyaráz, racionalizál, és kiokád magából valamit, mintha ez valami mást hozna létre.

Nagyon sokan, akiket ismerek, olyanok is, akik foglalkoznak Access Consciousness-szel, sztoriznak. Hogyan ne hallgassam a sztorit?

Otthagyjam őket, vagy közben ne figyeljek oda? Félbeszakítod őket, közbeszólsz, az energiáját figyeled annak, amit mondanak ahelyett, hogy a szavaikra figyelnél, odadobsz egy kis beszólást?

Gary: Mindenképp az energiájára figyelj annak, amit mondanak, és igen, beszólhatsz, és továbbállhatsz.

Kérdés: *Egy beszólás arra való, hogy egy másik lehetőséghez juttasd őket anélkül, hogy elmondanád nekik?*

Gary: Nem, ez a kérdésfeltevésnek egy módja, ami arra készteti őket, hogy egy másik helyről nézzék a dolgot, vagy elkezdi fúrni az oldalát, valamelyik a kettő közül.

Kérdés: *Milyen hozzájárulás lehetek önmagamnak és a barátaimnak, akik mániásan bele vannak tekeredve a történeteikbe?*

Gary: A kedvencem, amit mondani szoktam, ez: „Ó, te jó ég, elfelejtettem! Találkozóm van valakivel. Mennem kell, később találkozunk."

Kérdés: *Miért van az, hogy a tíz kulcsból hat tagadó formában van megfogalmazva? Csak kíváncsiságból kérdezem.*

Gary: Azért, mert az emberek így képesek meghallani. A legtöbb ember nem hallja meg azt, hogy megtennéd, vagy tedd meg ezt. Könnyebb volt negatív formában megkülönböztetni. És működik. Ez a valódi oka. Működik.

Kérdés: *Amikor az Access Consciousness facilitátor szerepében vagyok, és valaki mondja és mondja a szotriját, és már átjött a lényege annak, amit mondanak energetikailag, miket mondhatok, hogy finoman leállítsam őket?*

Gary: Mondhatod azt: „Hallgass el." „Állj, állj, állj." vagy „Figyelj. Hallottad, amit mondtál?"

Ők azt mondják: „Mit? Mit mondtam? Akkor majd meg kell ismételned, amit mondtak.

Mire ők: „Hát igen, de nem így értettem."

Erre azt mondod: „Igen, de ezt mondtad, és így is értetted, mert ez sokkal jobban illik az energiájához annak, amit mondtál, mint amiről gondolod, hogy mondtad. Elemezzük ki ezt egy kicsit, jó? Szedjük szét, hogy lehessen itt egy kis szabadságod." Így kell elegánsan beszélni velük. Mindannyian hallottátok már, amikor azt mondom valakinek, hogy: „Hallgass el", ugye? Vagy: „hé, hé, hé". Néha ezt kell tenni.

Kérdés: A sztori néha annyira finom dolog, mint az „eső". Mit tudsz az esőről? Egyetlen szóban ezernyi történet van.

Gary: Az nem sztori; az éberség. Az éberség és a sztori nem ugyanaz a dolog. Az emberek arra használják a sztorit, hogy eltöröljék az éberséget. Arra használják a sztorit, hogy igazolják azt, ami nem éberség, mintha az igaz volna.

Kérdés: Látom, hogy az emberek a közös történeteiken keresztül kapcsolódnak; válásról szóló történetekkel, tinédzserekkel kapcsolatos történetekkel, az első autójuk megvásárlásáról szóló történetekkel. Miről szól ez az egész?

Gary: Az őrületről szól, ami az alapja a legtöbb kapcsolat megteremtésének. Az emberek ítéleteket hoznak létre, hogy kapcsolatot teremtsenek. A közös történetekben azt keresik, hogy „Ugyanaz az ítéletünk itt? Ugyanazon az oldalon állunk? Mindenről hasonlóan ítélkezünk?" Ha igen, az azt jelenti, hogy együtt vannak.

Tényleg igaz az, hogy együtt vagyunk, vagy ez egy hazugság, amit beveszünk és elkövetünk magunkkal szemben, hogy biztosak legyünk abban, hogy van valaki, aki „ott van nekünk".

Kérdés: Az összes sztori alapvetően lénység?

Gary: Nem, a legtöbb sztori kivetített jövőbeli valóság.

De a múltról szólnak. Hogyan lehetnek kivetített jövőbeli valóságok?

Gary: Mert próbálnak rávenni, hogy összehangolódj és egyetérts a nézőpontjukkal, mintha az megváltoztatná a jövőt, és valami mást teremtene.

Ó, oké. Honnan tudod megkülönböztetni a sztorit a lénységtől?

Gary: Meg tudod különböztetni, hogy ha azért csinálod, hogy nagyobb tisztánlátást teremts. Az éberségért mesélt történet azt jelenti, hogy azért meséled, hogy éberséget hozz, nem azért, hogy következtetésbe mehess. Az emberek kilencvenkilenc százaléka a lénységből mondja a történetet; azért csinálják, hogy létrehozzanak egy következtetést a világodban vagy az övékben azért, hogy egy bizonyos színben tüntessék fel a történteket.

Köszönöm, ez nagyszerű.

Kérdés: *És a nagyobb tisztánlátás nagyobb éberséget jelent?*

Gary: Igen.

Kérdés: *Amikor valaki olyan információt mond valaki másról, ami nagyon valósnak hangzik, milyen éberség kell ahhoz, hogy tudd, hogy ez információ és nem egy sztori?*

Gary: Az emberek folyamatosan másokról beszélnek; például ez meg ez rossz dolgokat csinál. Ez éberség vagy ítélkezés? Általában amikor az emberek sztoriznak másokról, az egy ítélkezés, amit próbálnak óvatosan elültetni a világodban. Próbálnak úgy tenni, mintha nem lenne fontos, hogy ezt mondják, de ez kell ahhoz, hogy valamiféle következtetést vonj le. Amikor az emberek másokról mondanak információt, általában abból lehet megmondani, hogy ez egy ítélet vagy éberség, hogy energetikailag milyen érzést kelt.

Kérdés: *Volt egy erőteljes, de ellentétes tapasztalásom egy fogászati kezelésen a minap. Volt egy erőszakos, korai élményem egy fogorvossal kapcsolatban öt éves koromban, keményen megütöttem, erre ő pofonvágott, káromkodott, és fizikailag kidobott a rendelőjéből. Ez bennem maradt, és a fogorvoshoz járás mindig egy torúra volt. Kiszedettem az amalgámtöméseimet, mert már negyven évesek voltak, és kényszerítettem magam, hogy elmenjek orvoshoz, mielőtt nagyobb baj lesz. Mivel azelőtt volt a nincs semmilyen drog hívás, küzdöttem azzal, hogy ne ítéljem meg magam, mert annyira vágytam azokra a tompító, tudatosságot megváltoztató szerekre.*

Gary: Először is, ha fájdalmad van és szenvedsz, a gyógyszerszedés elfogadható. Ha azért szeded őket rövid ideig, hogy egy bizonyos eredményt elérj, nincs probléma. Ha hosszútávon használod őket azért, hogy ne kelljen ébernek lenned, vagy ne kelljen jelen lenned, az nem jó.

Amikor a dinitrogén-oxid hatni kezdett, kényszerítettem magam, hogy sorra vegyek mindent a szobában abból az időből, amikor az az irracionális terror történt, amit megtapasztaltam. Szó szerint sorra vettem minden elemet, amit érzékeltem, a hangoktól a szagokon és színeken át a méretekig, a fogorvos kezének összehasonlításáig. Mivel nem emlékeztem minden részletére annak, ami gyerekkoromban történt velem, csak a legnagyobb dolgokat vettem sorra, a kezeit, a szagokat, a hangokat, azt, hogy mekkora voltam a székben, az érzelmi terrort, és a legfontosabb az volt: történik-e ebből ebben a pillanatban bármi? A dinitrogén-oxid láthatólag lecsökkentette az érzelmességet, és segített abban, hogy fókuszáljak a dolgokra. Mintha bizonyos dolgokat felerősített volna. Ez kicsit összezavart, tekintve az elmúlt híváson elhangzottakat, de továbbra is arra fókuszáltam, hogy sorra vegyem a jelent, és megköveteljem a változás.

Gary: Még egyszer, most említetted, hogy változást kértél és éberséget. Megkövetelted ezt, és ez történik, amikor ezt teszed.

Ezt a gyakorlatot megcsináltam más alkalmakkor is, de az elmém összevissza ugrabugrált, mint egy béka az országúton, s nem volt semmi eredménye. Ez alkalommal azonnali éberségem lett arról, hogy egész életemben ez elől a tapasztalat elől menekültem. Nem tudtam megmondani az embereknek, hogy fájdalmam van, vagy rosszul vagyok, és nem tudtam kedvességet vagy segítséget elfogadni. Anyám nem volt együttérző, amikor a fogorvos így viselkedett öt éves koromban, és évekig küldött ugyanahhoz a fogorvoshoz. Egy személyes verseny volt ez nekem: „Meg tudom csinálni. Nem kérek segítséget. Rohadjatok meg, mert nem tudjátok, hogy mire van szükségem, és nem segítetek mindennek ellenére." Mindent megváltoztatott, hogy ezt felismertem és tovább léptem. Ez felszabadít az alól a teher alól, hogy egy helyben maradjak, miközben megütnek, vagy beteljesülnek a negatív elvárásaim, nem is annyira fizikailag, mint inkább érzelmileg. Valahol tudom, hogy mire van szükségem, és meg tudom teremteni. Az emberek azt mondják, hogy egy visszafojtott robbanékony energiát érzékelnek bennem.

Gary: Ez nem lenne meglepő, mivel egész életedben el voltál nyomva. Azt javaslom, hogy a harag elfojtását processzeld egy kicsit:

A harag elnyomásának mint a más emberek valósága kiiktatásának forrásának milyen generálását és teremtését használod, hogy valóságba zárd a helyzeti FEPASOP-okat, amiket a rosszaságodként és más emberek nézőpontjának helyességeként intézményesítesz? Mindent, ami ez, elpusztítanád és nem teremtetté tennéd? Helyes, helytelen, jó, rossz, POD, POC, mind a 9, rövidek, fiúk és túlontúl.

Azt veszem észre, hogy teljesen beléptem a pillanat megtapasztalásába. Majdnem ugyanabban a pillanatban a jelenlegi fogorvosom azt kérdezte: "Fáj, ugye? Adok valamit rá rögön. Nem szabad, hogy fájjon. Mindig szóljon, ha ez történik, és rögtön intézkedem." Egy pillanat alatt megkedveltük egymást. Még mindig elérzékenyülök ezen. Mi történik ilyenkor? Úgy tűnik, hogy ha ténylegesen teljes éberségben lennék, nem érzelmeskednék.

Gary: Nem arról van szó, hogy a teljes éberség kiiktatja az érzelmeket; a teljes éberség kiiktatja a negatív érzelmeket. Amit megtapasztaltál, az a pozitív elengedés.

Három óra a fogorvos székében tizenöt percnek tűnt.

Gary: Igen. Amikor eljutsz oda, hogy hálás vagy és megkövetelsz valamit, megjön a tisztánlátás. Tisztánlátást kértél abban a megkövetelésben, amit hoztál, és pontosan ez is történt. Gratulálok ahhoz, hogy ennyire intenzív voltál, és ilyen jól csináltad.

A bántás vagy az agresszió elvárása határozottan elmúlt, legalábbis a fogorvossal szemben. Nagyobb könnyedségem volt azzal, hogy lazítsak és segítséget kérjek. Nyugodtabbnak is érzem magam. Ebben a helyzetben hogyan működnek a gyógyszerek?

Gary: Mivel hoztál egy megkövetelést, csakis az előnyödre tudtad őket használni. Most az emberek persze mondhatják: "Amikor elszívok egy spanglit, megkövetelem, hogy tudatossá váljak általa," de nem ezt tesszük. Megkövetelted, hogy túllépsz egy korlátozáson, amiben voltál. Amikor hobbiból füvezel, nem követelsz még semmit, csak hobbiból füvezel.

Valójában a drogok abban segítettek, hogy elkülönüljek a történet traumájától és drámájától annyira, hogy tisztábban tudjak fókuszálni?

Gary: Igen, és ez az oka annak, hogy a sztorit érdemes kiiktatni. Tiszta fókuszt érdemes teremteni, hogy azt lásd, mi van ott valójában, nem pedig azt, amiről azt gondoltad, hogy ott van.

A gondolataid és érzelmeid csak igazolások. Öt éves voltál, és igazolnod kellett, hogy anyád miért a megfelelő, vagy nem a megfelelő dolgot tette, és hibáztatnod kellett magad negyven éven keresztül. A félelmeid többségéért ezt a sztorit tetted felelőssé. Az az elképzelés a ne mesélj és ne vegyél be történeteket mögött az, hogy eljuss arra a pontra, ahol túl tudsz lépni a sztorin, és el tudod engedni azt, ami bezárta a sztorit a valóságodba.

Most ismerem fel, hogy ez az információ a tudattalanból van. Legnagyobb részét belül tartogattam, az éberségemen kívül. Az, hogy azt mondogattam magamnak, hogy a félelemnek nincs értelme, vagy hogy az a régi esemény nem most történik, vagy nem valós többé, nem hozott éberséget. Milyen processzt használhatnék, hogy megtaláljam ezeket a vakfoltokat a gyermekkoromban, különösen azokat, amelyek traumához és sztorikhoz kapcsolódnak? Irracionális félelmeim vannak a hatóságoktól, és csak hihetetlen módon lázadok. Azt gyanítom, hogy a fogorvossal való gyermekkori tapasztalatom nem az egyetlen ok.

Gary: Ezt érdemes lehet futtatni:

A hatóságokkal való örökös harccal kapcsolatos milyen fantazmagóriát, lénységet, titkos szándékot, kivetített jövőbeli valóságot tettem annyira valóssá, hogy még a totális éberség és tudatosság jelenlétében sem tudom megváltoztatni, választani, vagy meggyógyítani? Mindent, ami ez, Isten tudja hányszorosan, elpusztítanád és nem teremtetté tennéd? Helyes, helytelen, jó, rossz, POD, POC, mind a 9, rövidek, fiúk és túlontúl.

Kérdés: Nemrég történt egy bombatámadás Osloban, ami felhozott egy csomó nézőpontot abban az Access Consciousness Facebook csoportban, aminek a tagja vagyok. Vannak helyek a világban, ahol háború van, és az éhezéssel és szexuális erőszakkal állnak hadban. Milyen kérdéseket tehetünk fel, hogy ne ragadjunk bele ennek a traumájába és drámájába? Mi az oka annak, hogy az emberek hosszasan időznek ilyen típusú történeteknél?

Gary: A rossz hír az emberi valóság nézőpontjából mindig a legjobb hír. Van választásod abban, hogy hogyan reagálsz erre. Ránézhetsz arra, ami történik, és megkérdezheted: „Miért választják ezt az emberek?" Vannak emberek, akik választják a halált. Miért? Azért, mert ha ők választják a halálukat, akkor azt is kiválasztják, hogy hogyan zajlik le, kinek fognak hiányozni, meg az összes ehhez hasonló dolog. Nem gondolnád, hogy az embereknek ez benne van az „éberségében", pedig igen, és nem feltétlenül akarják ezt annyira megváltoztatni.

Kérdés: Nagyon jól megtanultam, hogy hogyan igazoljam a nézőpontjaimat a családban, mert bizonyos nézőpontokkal szemben elég erős volt a nem megengedés. Azt mondtad, hogy a tisztánlátás is lehet célja a történet mesélésnek. Beszélnél még erről, kérlek? Látom, hogy ez egy nagyon ingoványos talaj, például a nővéremmel. Látom, hogy hogyan használom a tisztánlátás megteremtését arra, hogy igazoljam a nézőpontjaimat.

Gary: Azért meséled a történetet, hogy igazold a nézőpontodat. Ez nem hoz tisztánlátást, és nem is a lehetőségekhez vezet. Mindet azért érdemes tenni, hogy tisztánlátásod legyen, hogy ez minden nap minden pillanatában nagyszerűbb lehetőségekhez vezessen, minden létező módon, ahogyan létezel és ahogyan létezhetsz. Ha ez nincs meg, mit teremtesz voltaképpen?

Korlátozást.

Gary: Igen. Úgyhogy, ha nem szeretnél korlátozást teremteni, akkor az elérhető lehetőségek ezen érzetéből kell teremtened.

Abban, amit elmeséltem, ahol teljes nem megengedést éreztem, milyen választásaim vannak?

Gary: Várj egy percet. Abban a pillanatban, amikor a nem megengedést érzed, hagyd abba a beszédet. Két okból kell ezt megtenned. Amikor abbahagyod a beszédet, a másik személynek kérdésbe kell mennie. Ha kérdésbe megy, ki irányít?

Az éberség.

Gary: Igen. Teljes éberségre törekedj.

Igen. Értem, hogy mondhattam volna azt is, hogy „Ez egy érdekes nézőpont", hogy nem megengedésben voltak bármilyen nézőponttal – és nem kellett volna, hogy érdekeljen, és nem kellett volna törnöm magam az egyetértésükért és beleegyezésükért.

Gary: Annak a célja, hogy történeteket mesélünk és beveszünk, az, hogy az emberek bekapcsolódjanak valami olyasmibe, ami nem megváltoztatható, és nem megoldható. Miért tennének ilyet az emberek? Azért, mert ha bevonnak téged valamibe, ami nem megoldható vagy nem megváltoztatható, vagy valamin hosszú ideig kell gondolkodnod, akkor kiiktatták a jelenlétedet a saját életedből. Ezért mondom, hogy ne mesélj, ne vegyél be, és ne hallgass meg történeteket. A sztorinak az egyetlen célja, hogy erőtlenítsen. Ez az, amiben élni akarsz?

Kérdés: *Volt egy kliensem, aki azt mondta: „Szeretnék tisztán látni. Tisztán kell látnom. A tisztánlátás majd segít, hogy válasszak.", de benne maradt a történtben, ami megakadályozta a választást. Azon tűnődöm, hogy ha az, amit mondott a tisztánlátásról, ugyanez a fajta illúzió volt-e, amitől nem mozdul ki a megrekedésből.*

Gary: Ez az egyik legnehezebb dolog – olyan emberekkel foglalkozni, akik nem akarnak éberek lenni, miközben azt mondják, hogy éberek akarnak lenni. Ha valaki mesél egy sztorit, azt mondhatod: „Várnál egy percet? Valami nem tiszta nekem itt. Nem vágom, hogy miről beszélsz." Ettől majd rá kell nézniük egy másik helyről, egy másik pozícióból kell beszélniük, és egy másik helyről kell választaniuk, ahelyett, hogy ugyanazt a vonalat vinnék tovább.

Ha valaki újrakezdi, és elmondja még egyszer ugyanazt a sztorit, akkor mondom azt: "Várjunk már. Most mondtad, hogy éberséget akarsz."

Azt mondják: "Igen, ezt még hadd mondjam el. Nagyon fontos," és elmondják a sztorit újra.

Én pedig azt mondom: "Oké, most emeltem árat."

Mire ők: "Ezt hogy érted?"

Én azt mondom: "Ha a történetet kell hallgatnom, felmennek az áraim. Elkezdtél a történetnek egy olyan szálán haladni, ami nem illik az energiájához, amivel bejöttél ide, amiről azt mondtad, hogy ez a problémád, amit meg szeretnél oldani. Úgyhogy foglalkozhatunk annak a tényleges energiájával, ami történik, vagy foglalkozhatunk a sztorival. Az én óradíjam megduplázódik, amikor meg kell hallgatnom a történeteket."

A történet az a mód, ahogyan az emberek igazolják a választásaikat. A nincs választás is egy választás. Ha valaki azt mondja, hogy lehet választani x, y, z közül, és nincs több választás, akkor lehetséges, hogy van még ott valami más, amit nem ismert el, vagy nem nézett rá.

Kérdés: Gyakran, amikor függőkkel vagy alkoholistákkal dolgozom, és hallgatom a sztorit, felteszem a kérdést: "Mesélj az ivásról" vagy "Mesélj az ételfüggőségedről" és belemennek a sztoriba – de én nagyon sok információhoz jutok ebből.

Gary: Kiszeded belőle a választ azért, hogy információhoz juss, és ez működik. De ha az emberek csak mondják és mondják a sztorijukat – ha valaki besétálna és az mondaná: "anyám rosszul bánt velem, és ez az oka annak, hogy iszom. El se hiszem, hogy ilyen rosszul bánt velem. Annyira gonosz volt velem és annyira rossz volt és blablabla" akkor az ivással mint problémával dolgoztok, vagy valami másmilyen problémával?

Pontosan. Oké.

Gary: Észrevetted, hogy amikor valaki csak mondja és mondja a sztoriját, soha nem tud túljutni rajta?

Igen. *Nem hagyom, hogy benne maradjanak a történetben, de információhoz jutok belőle.*

Gary: Ez rendben van, de nagyon sok ember van, aki történeteket mesél, és a történet nagyon sokáig tart. Folyamatosan visszatérnek hozzá. Miért térnek vissza a történethez? Mert bevették azt a hazugságot, hogy a sztorit kell megváltoztatni.

Vannak emberek, akik azt mondják, hogy ha nem vagy elégedett a történettel, akkor a történetet kell megváltoztatni. Nem. Ha nem vagy elégedett a történeteddel, nagy az esély arra, hogy nem a történettel van a probléma. A probléma az, ami a történet előtt van. Ahhoz kell eljutni, ami a történet előtt volt, vagy nem leszel eredményes.

Kérdés: Néha beszélgetek olyanokkal, akik olyan, mintha belevesztek volna egy nem tudatos végtelenítésébe a sztorijuknak. Mit tehetek, hogy nagyobb éberséget teremtsek számukra?

Gary: Ahhoz, hogy bármit megváltoztass a sztori kezdete elé kell menned – nem ahhoz, hogy mi történt a történet közben. Az emberek azért térnek vissza és mesélik ugyanazt a történetet újra meg újra, mert próbálnak azzal foglalkozni, ami a sztori szerintük, ahelyett, hogy azzal foglalkoznának, ami a sztorit létrehozta. Ez az a dolog, ami megváltoztatásra szorul.

Kérdés: Amikor jelen vagyok valakivel, például egy klienssel, aki vég nélkül sztorizik, van-e valami, amit tehetek, hogy egy más választás lehetősége felé terelgethessem? Vagy csak üljek ott és hallgassak?

Gary: Miért tennéd?

Hát ez az, fájdalmas.

Gary: Három választási lehetőséged van. Ülhetsz ott és hallgathatsz, szeded a sátorfádat és odébb állsz, vagy mondhatod ezt: „Tudod mit? Imádom, hogy folyamatosan sztorizol."

Köszönöm.

Kérdés: Beszélnél még egy kicsit arról, hogy hogyan fordítsuk az emberek történeteit az előnyünkre a Mi királyságában?

Gary: Amikor valakinek van egy sztorija, én mindig észreveszem annak az energiáját, ami igaz. Ez általában az első mondat, ami elhagyja a szájukat, energetikailag ez a legerősebb. Olyanokat mondanak, hogy például „Ezt tettem, mert" vagy „ezt csak azért csináltam..." vagy „ezt tettem, de...". A probléma az első dolog, amit mondanak. A mert, vagy a de, vagy a csak vezeti be a történetet, ami racionalizálja, igazolja és magyarázza azt, amit tettek. Ez teszi a sztorit valóssá számukra. Tényleg valós? Vagy az első dolog, ami elhagyta a száját, volt az a valóság, amit senki nem hajlandó birtokolni?

Kérdés: Amikor nagyon el vagyok foglalva a sztorimmal és elerőtlenítem magam, annyira gyorsan be tudom magam húzni a csőbe...

Gary: Tudom. Jó buli, igaz?

Nem az.

Gary: De igen! Fel kell fognod, hogy élvezed, különben nem választanád. És amikor a történeted végére érsz, ha elkezded azt mondani,„Hé, ez aztán jó móka volt", nem fogod annyiszor csinálni.

Úgy érted, hogy ismerjem el, hogy mókás, annak ellenére, hogy kínzó?

Gary: Csak akkor vált kínzóvá, miután hallottad magad túl sokat beszélni, és azt mondtad:„Tyű, halálra untatom magam".

Ez a módja annak, hogy kikeveredjek belőle?

Gary: Aha. Mondd azt: „Halálra untattam magam. Tudod mit? A sztori szívás. Mit művelek?"

Kérdés: Az összes mentális betegségnek nevezett dolog, mint a szorongás, depresszió és paranoia, történeteken alapszik?

Gary: Igen.

Wow!

Gary: Bevenni a sztorit egy hazugság, amihez az kell, hogy az adott személy folyamatosan az éberség és választás hiányába vezesse magát.

Ezt imádom. Mit tehetünk, hogy ezt megváltoztassuk?

Gary: Ez az oka annak, hogy arra kérünk, hogy ne hallgass meg, ne vegyél be és ne mesélj történeteket. Ha tisztán látod, hogy mi az, hogy sztori, és hogy az emberek miért ragadnak bele a történeteikbe, akkor fel tudod majd ismerni – és tudni fogod, hogy van ott egy hazugság. Amikor látod, hogy valaki egy hazugságból próbál élni, az a dolog hirtelen világossá válik, hogy mi van eltolva az életében. A legtöbb ember azt hiszi, hogy a sztori az oka annak, hogy össze vannak kavarodva, azt gondolván, hogy egyszer majd jobb lesz. Működik ez?

Egyáltalán nem.

Gary: Soha. Úgyhogy milyen más választásaid vannak?

Kérdés: Hogyan tudsz valakivel együtt dolgozni, aki egész életét pszichiáterrel töltötte, és teljesen bele van tekeredve a sztorikba?

Gary: A pszichoterápia erről szól. Újra meg újra elmondod a történetedet, amíg eléggé „megfogyatkozik" az a töltés, ami van rajta – és akkor tovább lépsz egy újabb, kicsit más történetre, én azt szoktam mondani: „Van választásod."

Ők azt kérdezik: „Hogy érted, hogy van választásom? Nincs választásom."

Én azt mondom: „De van. Mindig van választásunk. Hiszel abban, hogy szabad akarat van ebben az univerzumban?"

Ha azt mondják, igen, akkor megfogtad őket. Ha azt mondják, nem, befogod a szád, és otthagyod őket.

Kérdés: Erről tudok mesélni. Pszichoterapeutaként amikor az emberek a történetüket mesélik, én azt szoktam mondani: „Oké, ha most nem mesélnéd ezt a sztorit, mire lennél éber?"

Gary: Zseniális!

Kérdés: Mondanál példákat arra, hogy mi van a történet előtt, és hogyan lehet azt megváltoztatni?

Gary: Eljött hozzám egy hölgy, aki az anyjával való kapcsolatán szeretett volna változtatni. Feltettem neki a kérdést: „Mi az, amit meg szeretnél változtatni az anyáddal való kapcsolaton?"

Azt mondta: „Nos, anyám aljas."

Azt mondtam: „Nekem nem úgy tűnik, hogy meg akarod változtatni a kapcsolatodat anyáddal. Olyan, mintha anyádat akarnád megváltoztatni, vagy csak szidni akarnád."

Azt válaszolta: „Igen, de nem érted meg őt."

Azt kérdeztem: „Hogy érted, hogy nem értem meg őt?"

Azt felelte: „Hát, minden alkalommal, amikor mondok neki valamit, ő azt mondja, hogy blablabla"

Azt mondtam: „Na jó, kezdjük elölről. Mit akarsz az anyádtól valójában?"

Minden igazolása megvolt arról, hogy az anyjának miért kell változnia ahhoz, hogy úgy változzon a kapcsolatuk, hogy neki működjön. És amikor végül elégszer megkérdeztem, hogy „Mit akarsz az anyádtól?", hirtelen ráébredt, hogy arra vágyik, hogy az anyja egy bizonyos módon törődjön vele. Eldöntötte, hogy nem fogad be semmit, amit az anyja választ, ami nem egyezik azzal, ahogyan ő akarta, hogy kimutassa a törődését. Ahogy eljutottunk ehhez, minden elkezdett megváltozni a hölgy számára.

Ránézhetnénk valamire, amit én csinálok? Kudarcot teremtek. Bizonyos dolgokkal kapcsolatban, amik nem változnak, belemegyek egy csomó szarságba. Azt mondom: „Ez nem változik, meg az nem változik."

Gary: Igen, mert próbálod elhinni, hogy a történeted igaz.

Próbáltam azt a nézőpontot nézni, ahol létrejött ez a dolog, de ez nem csak egy pont volt, sok ilyen pont volt.

Gary: Mi volt az előtt, hogy a történet létrejött?

Nekem csak ha ránézek...

Gary: Azt kell keresned, hogy a sztori megteremtése előtt mi volt.

Nem egyetlen dolog van. Nagyon sok történés van, ami folyamatosan...

Gary: A történéseket arra használják az emberek, hogy információt gyűjtsenek ahhoz, hogy a sztorit valóssá tegyék. Így igazolják azt, ami történik. Mi van az előtt? Ki voltál, mielőtt az esemény megtörtént? Menj az esemény elé. Kérdezd meg: „Mi történt az esemény előtt? És mi történt azelőtt?" Mehetsz visszafelé az időben az első alkalom elé, amikor a döntést vagy választást meghoztad, hogy miért tudsz vagy nem tudsz megtenni valamit. Ez az, ami megnyitja az egészet.

Most felfoghatatlannak tűnik ez nekem. Oda megy vissza a dolog, amikor próbáltam magamat ajándékozni, és visszautasítottak. És még azelőttre megy vissza, az anyaméhbe. Hogyan engedem ezt el?

Gary: A saját személyes történetedről beszélsz?

Igen.

Gary: A történeted valós számodra?

Ha! Persze, különben nem beszélnék.

Gary: Hazudtál nekem.

Tudom, hogy ez egy sztori, de olyan, mintha a molekuláim rendszerébe lenne beágyazva.

Gary: Azt értem, de valóssá tetted. Azt kérdeztem: „Valós-e a történeted?" és ezt a kérdést nem tudtad megválaszolni, kezdjük ezzel.

Próbáltam nemet mondani, de nekem valós. Arra néztem rá, hogy hogyan ragaszkodom hozzá.

Gary: Igazából nem valós. Te teszed valóssá. Miért teszed valóssá a történetedet? Miért teszed valóssá a sztoridat?

Ezt szeretném tudni, Gary. Szeretném ezt megváltoztatni.

Gary: Egy bizonyos végeredményhez ragaszkodsz?

Nem igazán tudom, mit értesz ez alatt.

Gary: Ha valóssá akarod tenni a történetedet, akkor ragaszkodnod kell hozzá, bármi áron, bármi történjék is. Akkor akarod valóssá tenni a történetedet, ha igazsággá akarod tenni. Igazolnod kell, és hozzá kell tenned, hogy létezésben tartsd. Úgyhogy abból, amiként a történetedet és az életedet meghatároztad, mennyi alapul hazugságon? Kevés, sok, vagy megatonnányi?

Megatonnányi.

Gary: Mindent, ami ez, elpusztítanád és nem teremtetté tennéd? Helyes, helytelen, jó, rossz, POD, POC, mind a 9, rövidek, fiúk és túlontúl.

Kérdés: Úgy tűnik, hogy nem lehet sztorid, hacsak nem veszed be az indentitásokat, mint például: nő vagyok, anya vagyok, ez vagyok, az vagyok. Szóval, ha elpusztítod az összes identitásodat, akkor nem lehetnek történeteid. Ez így pontos?

Gary: Igen. Nincs történetem, mert az emberek mindig azt mondják: „A te történeteid unalmasak." Én meg azt mondom: „Ez azért van, mert nincsenek újak. Nem teremtek újakat. Mi értéke volna annak? Amint megszabadulok valamitől, ha emlékszem a történetre, örökké használom." Legtöbben örökké használjátok a sztoritokat – de arra használjátok, hogy életben tartsátok.

Az emberek arra használják a történeteiket, hogy létezésben tartsák az identitásukat.

Gary: Igen, és azért tartják meg a történeteket, hogy megtartsák azt, amiről eldöntötték, hogy igaz, ami valójában nem igaz számukra. Próbálják ezt is életben tartani.

Wow.

Kérdés: Ha van egy történet, az nem csak addig történet, amíg van benne érzelmi töltés? Ha nincs érzelmi töltés, az még mindig egy sztori? Mikor sztori? És mikor nem az?

Gary: A sztori bármi, ami igazolja a választásodat vagy a cselekedeteidet. Ha próbálsz igazolni bármit a sztoriddal vagy a cselekedeteiddel, akkor úgy meséled a történetet, vagy úgy éled a történetet, mintha a sztori te lennél.

De akkor nem kell megvédenünk egy hamis igazságérzetet a sztoriban?

Gary: Nem, akkor csinálod ezt, amikor érzelmileg érintett vagy a történetben. Az egy teljesen más univerzum. Az érzelmi érintettség teljesen más, mint amikor csak éber vagy, hogy: „Rendben, ez egy sztori."

Oké, megvan. Köszönöm.

Kérdés: *Az én praxisomban olyan gyerekekkel dolgozom, akiket a születésükkor ért valamilyen trauma. Az egyik célom, hogy valamiféle kiterjedtség érzést tudjak nekik biztosítani a traumájukon túl. Ezt nyilvánvalóan nem tudom csak szavakkal megtenni. Van valami meglátásod, hogy hogyan tudom ezt megtenni, hogy ne váljon a sztori az életükké?*

Gary: Olvastad a Beszélgetés az állatokkal című könyvet?

Nem.

Gary: Abban a könyvben beszélek az éberségi zónáról, amely minden állatnak van a testén kívül. Amikor valamilyen traumatikus vagy félelemkeltő helyzetben vannak, gyakran megtörténik, hogy a zónájuk összeomlik. Azoknak a gyerekeknek, akik születési traumát élnek át, gyakran omlik össze a zónájuk, és nincs meg a személyes terük.

Azt mondod, hogy befordul a terük?

Gary: Igen. Nyolc-tizenkét lábra kell tőlük állnod, megragadni a zónájukat, kihúzni, és aztán kiterjeszteni még húsz lábnyira magad mögé.

Rendben.

Gary: Nagyon egyszerű. A Beszélgetés az állatokkal-ban van egy leírás, hogy hogyan kell csinálni. Ez lenne a legkönnyebb módja annak, hogy megtanuld hogyan add meg a kiterjedtség érzetét könnyedén. Amikor egy állat megsérül, a zónája gyakran összeomlik, s nem gyógyul jól.

Az egyetlen teremtmények, akiknek nem sikerült a zónáit kiterjesztenem, a szarvasok. Ha egyszer megsérültek, és a zónájuk összeomlott, úgy tűnt, hogy soha nem jöttek vissza. Lovakkal és tehenekkel nagyon erőteljes sikereim voltak. És nagyszerű sikereket értem el vadállatokkal is, akik menhelyen voltak.

Köszönöm. Megpróbálom. Valószínűleg sok gyermeknek fog segíteni.

Gary: Ha működik, remek – és ha nem, térj vissza ahhoz, amit egyébként csinálsz. Mindig azt csináld, ami működik. Ne úgy cselekedj, ahogyan szerinted kell.

Akkor is csinálhatod ezt, amikor valaki kényszeressé válik egy bizonyos sztorival kapcsolatban, és újra meg újra el kell mesélnie. Vagy futtathatod a Barjait a háromszoros sorozatrendszerekkel.*

Kérdés: *Visszatérve a sztorira és a vadállatokra. A minap egy menhelyen voltam önkéntesként. Egy mosómedve ketrecet takarítottam, de nem voltam éber, és ahogy visszaraktam a kezemet a ketrecbe, hogy takarítsam, az egyik mosómedve megharapott. Azonnal kihúztam a kezem, és észrevettem, hogy a mosómedvéknek nem volt történetük erről.*

Amint ezt láttam, minden rendben volt, teljesen másképp tudtam megközelíteni a dolgot. Jó nagy harapás volt. Felsértette a bőrömet, és körülbelül öt percig meg volt duzzadva, aztán minden elmúlt. Gondoltam, „Na, ez érdekes!"

Gary: Az állatoknak soha nincs története semmiről. Az ő nézőpontjuk ez: „Felkelt a nap, dalolhatok?" „A nap felkelt, hová menjek?" Nincs nézőpontjuk arról, hogy a dolgoknak egy bizonyos módon kell kinézniük, vagy egy bizonyos módon kell lenniük. Csak itt vannak. Ránéznek, hogy mi elérhető, és azt kérdezik: „Most hova menjünk? Mit csináljunk?"

Igen, és a mosómedvék nem döntöttek el semmit rólam. Csak ott volt egy kar egy nem megfelelő helyen.

Gary: Igen, voltam Új-Zélandon egy állatmenhelyen, és beengedtek egy ketrecbe bennünket néhány leopárddal. Suzy simogatta őket, és az egyik mellettem ült. Egy krokodilbőr övet viseltem, ami nagyon merev volt. Úgy ültem, hogy az öv hátul kiemelkedett körülbelül nyolc centire. Hirtelen egy leopárd odanyúlt és elkapta. Azt mondtam: „Hagyd ezt abba!"

A gondozó odavolt, mert ha egy vad leopárd ezt tette volna egy átlagemberrel, az a személy visított vagy kiabált volna, vagy megrémül, és azt gondolja, hogy az állat meg akarja harapni. Én nem. Tudtam, hogy csak az övemet akarja megvizsgálni, úgyhogy azt mondtam: „Nem, ezt hagyd abba!". Az állatnak nem volt erről nézőpontja. Az állatnak nem volt sztorija, és nekem sem volt sztorim. És a gondozónak sem volt sztorija, mert nem kellett neki kezelnie egy nehézséget, vagy egy problémát.

Meg kell értenetek, hogy egy történet sem ad teljes jelenlétet. A sztori eltörli a jelenlétet, mert a történet mindig valami olyanról szól, ami a múltban történt, soha nem arról szól, hogy a jelenben legyél.

Kérdés: Beszélnél arról az elképzelésről, hogy a történet a molekuláris struktúrádba van zárva?

Gary: A hazugságokat zárod a molekuláris struktúrádba.

Amikor ezt tesszük, az a miénk egyáltalán? Vagy ez csak egy minta, ami a mezőből jön, hogy úgy mondjam?

Gary: A tudományos oldala ennek az, hogy amikor egy gondolattal, érzéssel vagy érzelemmel keresztezel egy molekulát, voltaképpen elliptikussá teszed a sejt struktúráját, és ez a kezdete a betegségnek. A gondolatokon, érzéseken, érzelmeken és szex-nem szex nézőpontokon keresztül zárod be a testedbe.

Ennek mindennél jobban az ítéletekhez van köze. Amikor próbálod igazolni a sztoridat az ítéleteiden keresztül, vagy amikor megpróbálod igazolni az ítéletedet a sztoridon keresztül, be tudod ezt zárni a tested sejtrendszerébe. Ez az oka annak, hogy próbáljuk az embereket rávenni, hogy menjenek test tanfolyamra. A testkezelések rendkívül dinamikusan oldják ki ezeket a dolgokat, hogy nagyobb szabadságod legyen a testeddel, amilyen akár évek óta nem volt.

Nekem az jön, hogy bezárom a dolgokat, de ezek az enyémek egyáltalán?

Gary: Az nem számít.

De úgy vesszük ezt magunkra, mintha a miénk lenne.

Gary: Ne mesélj, ne hallgass, és ne vegyél be történeteket. Például, mondjuk, hogy zsidó vagy, és a családod beadja neked, hogy mit jelent zsidónak lenni. A világ többi része is erőlteti rád a nézőpontját arról, hogy mit jelent zsidónak lenni. Úgyhogy ezt bezárod a sejtjeid struktúrájába, és az életedbe, mintha valós volna. Nem valós. Zsidó vagy, vagy végtelen lény? Fel kell fognod a különbséget. Mindegy, hogy Dél-Afrikai vagy, angol, amerikai, ausztrál, svéd, vagy bármi más. Azt kell felfognod, hogy ezek kulturálisan működtetett nézőpontok. Ugyanezt kell megérteni azzal kapcsolatban is, hogy nő vagy, vagy férfi.

Szóval akkor tulajdonképpen életeken és generációkon átívelő mintázatokat törlünk el?

Gary: Igen, pontosan. Ezért mondjuk, hogy „Ne mesélj, ne vegyél be és ne hallgass meg történeteket." Volt egy barátom, aki zsidó volt, én pedig nem tudtam, hogy zsidó, mert nincs arról nézőpontom, hogy mi az, hogy zsidó. Nem volt az a nézőpontom, hogy ez bármit is jelent. Nagyon rossz passzban volt, és megkérdeztem tőle: „Mi baj?"

Azt mondta: „Te nem tudod, milyen zsidónak lenni."

Kérdeztem tőle: „Ezt hogy érted?"

Azt felelte: „Az emberek kibeszélik, hogy hogy nézel ki, meg ilyenek."

Erre én azt mondtam: „Nem értem. Nekem úgy nézel ki, mint egy személy."

Azt mondta: „Nem, nem, nem. Mintha az emberek próbálnák az orromat nagynak látni."

Az feleltem: „Én nem látok nagy orrot. Te miről beszélsz?" Egy egész univerzumot épített erre.

Ha választjuk, ahogy te mondod, hogy melyik családba születünk, létezik egy olyan hajlam, hogy ezzel a mintázattal, vagy sztorival szülessünk, hogy ismételgessük a történetet, amiből ki akarunk keveredni?

Gary: Nem hiszem. Szerintem azzal az elképzeléssel születünk, hogy meg fogjuk változtatni a sztorit. És amikor nem sikerül megváltoztatni, akkor bevesszük, és még valósabbá tesszük magunknak.

Kérdés: *Amikor először találkozom emberekkel, gyakran teszik fel a kérdést, hogy „Ki vagy te?" és „Honnan jöttél?" Ezek a kérdések részei a sztorinak? Ezek az emberek valami kapcsolódási felületet keresnek?*

Gary: Az emberek ítéleteken keresztül kapcsolódnak. És elkülönüléseket hoznak létre az ítéleteiken keresztül. Amikor azt kérdezik tőlem: „Honnan jöttél?" Azt válaszolom: „Mindenhonnan." Amikor azt kérdezik: „Mivel foglalkozol?" Azt felelem: „Bármivel".

Azt mondják: „Nem, nem, nem. Tudnom kell, hogy mivel foglalkozol. Mivel foglalkozol?"

Én megkérdezem, hogy mivel foglalkoznak, és azt mondják: „Ezzel, és ezzel és ezzel." Igazából nem akarják tudni, hogy mivel foglalkozom, csak el akarják dönteni, hogy ítélkezzenek felettem és elkülönüljenek tőlem, vagy közel kerüljenek hozzám.

Egyszer jártam egy nővel. Azt mondta: „Szerintem nagyon jól kijövünk majd. Szereted a jó tollakat és az El Caminokat, és én is."

Uh…szerintem több van az életben, mint a jó tollak és az El Caminok. Ez az éberségem. Ez az, ami igaz nekem.

„Szüksége" volt arra, hogy kapcsolódjon valakihez, akinek hasonló ideáljai vannak, mint neki. Azt gondolta, hogy ha ugyanazokat a dolgokat szeretitek, akkor jól ki fogtok jönni egy párkapcsolatban. A világ nagy része így működik. Ezért kérik, hogy meséld el a történetedet. Tudni akarják, hogy vissza tudnak-e utasítani.

Kérdés: A francia diákjaim folyamatosan a te történetedről kérdeznek engem. Mindent tudni akarnak rólad, milyen üzleted volt, mielőtt megalkottad a Barst, és így tovább. Ez engem megakaszt, mert nem akarok belemenni ebbe.

Gary: Nos, mondhatod nekik azt, hogy: „Az ő nézőpontjából a múltja nem létezik. Minden, amit azelőtt csinált, hogy az Access Consciousnesst elkezdte, pontosan kellett ahhoz, hogy felkészítse arra, amit most csinál. Az, amit tett, soha nem számított igazán. Mindez arra is vonatkozik, amit most csinál. Mi van, ha minden, amit tettél – és ez az a kérdés, amit fel kell nekik tenni – felkészít arra, amit tenni fogsz? De ezt nem úgy kell értelmezni, hogy a történeted az értéked."

Kérdés: Beszéltél arról, hogy az állatok nem használnak sztorikat. Mi a különbség a döntés és a sztori között? Ha átmennek a vízen egy bizonyos helyen, és megmarja őket egy kígyó például, nem mennek át a vízen ugyanott újra. Vannak következtetéseik, számításaik és döntéseik. Mi a különbség?

Gary: Nincs történetük róla, mert nem onnan nézik, hogy „Rendben, megmart egy kígyó, és örökké egy őrült állatnak kell lennem." vagy „Ezt meg azt kell tennem, blablabla." Mindennek igazolásokat gyártunk, aminek köze nincs a választáshoz. A sztori a valódi választás kiiktatása.

Szóval, ha azt választják, hogy nem kelnek át újra a vízen, hogy ne marja meg őket egy kígyó, az nem sztori? Azt mondják: „Nem megyek át a vízen, mert lehet, hogy kígyó van benne."

Gary: Ez következtetés, de nem sztori.

Szóval az, hogy „ha átmegyek a vízen, akkor megmar egy kígyó", az nem egy sztori. Az egy következtetés.

Gary: Egy következtetés. Bármivel kapcsolatban lehet következtetésed. Ez akkor sztori, amikor arra használod, hogy igazold vele azt, amit választasz.

Jó, szóval ezt a testükbe is bezárják. A lovamat bántalmazták. Lökdösték és rugdosták, és mindezt bezárta a testébe. És nagyon sok ló nem hagyja, hogy felnyergeld. Rúgnak, mint az őrült, mert a nyereg azt jelenti, hogy...

Gary: Ezek következtetések, amiket levonnak, de nincsenek történeteik.

Azon kívül, hogy megkéred őket, hogy ezt pusztítsák el és tegyék nem teremtetté, a testkezelés jó módja annak, hogy...

Gary: A testkezelés remek, és arról is szól, hogy lenyugtasd őket. Ismerek egy hölgyet, akinek volt egy csődörje, ami bokkolt. Rá tudtam ültetni valakit a hátára az istállóban, és ki tudtam vezetni, és olyankor nem bokkolt. De ha ráraktál egy nyerget olyankor, amikor a szabadban volt, akkor igen. A nyereg azt jelentette, hogy „harc", az emberek azt jelentették, hogy „rendben van". Ez egy következtetés; nem sztori.

A testmunka annyi, hogy rárakod a kezed és megkérdezed, hogy mit kér a teste? Ez elegendő ahhoz, hogy elengedje a bántalmazást?

Gary: Pontosan.

Kérdés: *A tisztító mondat a sztori vagy döntés előtti pillanathoz viszi vissza őket?*

Gary: Igen. Ez az oka annak, hogy valaki mesél egy történetet, és te megkérdezheted tőle: „Szeretnéd ezt POC-PODolni? Ha azt mondja, igen, nincs baj. Ha nemet mond, akkor baj van.

Nagyon sokan mondják, hogy „Igen, POC-PODolom, aztán visszacsinálom – mert a történet, ami a problémámról szól valósabb számomra, mint a probléma."

Kérdés: *Segítenétek megérteni, hogy hol értettem és alkalmaztam félre a részletek fontosságát? Látom, hogy amikor arra kérlek benneteket, hogy facilitáljatok, vagy segítsetek valamiben, abba ragadok bele, hogy azt gondolom, hogy ha minden részletet elmesélek nektek, akkor ez segít nektek abban, hogy segíteni tudjatok nekem.*

Gary: Valószínűleg legjobban úgy tudom megtenni, hogy megkérdezem: "Amikor a házadban vagy és behunyod a szemed, látod, hogy hol vannak a bútorok?"

Igen.

Gary: Képes vagy arra, hogy úgy járkálj a lakásodban, hogy ne menj neki mindennek?

Nagyjából, igen.

Gary: A "nagyjából" nem ugyanaz, mint az igen.

Oké, szerintem akkor igen, tudok igent csinálni belőle.

Gary: Ha igenre tudod változtatni, akkor nem lehet, hogy éber vagy minden másra is, nem csak a két szemeddel látott sztorira?

(Nevet) De.

Gary: Ez azért van, mert éber vagy minden dolog energiájára, és nem csupán arra, amit látsz. A sztorival kapcsolatban az a lényeg, hogy ne csak azt nézd, amit hallasz, hanem legyél éber azokra az energiákra, amik a sztori előtt érkeznek, vagy amik megváltoznak a sztori miatt.

És az, ha túlmennék ezen, adna egy választást valami újra.

Gary: Nos, nagyobb tisztánlátást adna, mint bármi más. A családod mindig azt akarta, hogy igazold, hogy miért választod a dolgokat. Ha igazolnod kell, hogy miért választasz dolgokat, akkor van-e választásod valójában?

Nincs.

Gary: Nincs, mert nem akarták, hogy legyen választásod; azt akarták, hogy azt válaszd, amiről ők azt gondolták, hogy fontos, hogy válaszd.

Így van.

Gary: A legtöbb család ezt csinálja. Látnod kell, hogy nem számít, hogy ők mit akartak, hogy válassz. Csak az számít, hogy te mit választasz, és hogy mi működik neked.

Oké. És annak van-e valami értéke, hogy elmesélsz egy történetet azért, hogy méltass valamit, vagy hogy inspirálj? Vannak olyan történetek, amiket azért mesélek, mert rámutatnak valami csodára, amit teremtettem az életemben.

Gary: Ez rendben van.

Csak szerettem volna biztos lenni abban, hogy nem az időmet vesztegetem, vagy hogy ebben nincs semmi azonosulás.

Gary: Tudnod kell, hogy mit próbálsz éppen tenni, és mit szeretnél teremteni. Ha arra vágysz, hogy tisztánlátást és inspirációt teremts, az egy dolog. Az nem sztori. Nincs benne igazolás, amikor inspirálni akarod az embereket. Csak akkor sztori, ha arra használod, hogy igazolj vele valamit.

Kérdés: *Ha valaki sztorizik nekem, néha megkérdezem: "Ha kivennéd ebből a puszta tényeket, akkor más lenne a történet?" Ha ezt csinálod, rá tudnak látni, hogy ez csak egy sztori.*

Gary: Ez az egyik módja annak, hogy rávedd őket, hogy máshonnan nézzék a dolgokat, és ki tudjanak jönni az igazolásból. Mindenki használja azt a technikát, ami neki működik.

Az Access Consciousnessben mi a tisztító mondatot használjuk, hogy energetikailag kitisztítsuk mindazt, ami az igazolás előtt volt, ami megteremtette a sztorit. Csak az energetikájához megyünk, és POC-PODoljuk.

Vannak, akik pszichológiailag közelítenek. Vannak olyan csoportok, akik azt mondják, hogy újra kell írni a történetet, hogy más vége legyen. De mi lenne, ha nem lenne egyáltalán történeted, és nem lenne vége sem? Más emberek pusztán az önigazolásaikhoz akarnak ragaszkodni. Érdekes lehet megkérdezni őket: "Mi az önigazolásod arra, hogy megtartsd ezt a történetet?" Steve Bowman egyszerűen azt kérdezi az emberektől: "Szeretnéd ezt megváltoztatni?" Néha ennyi elegendő ahhoz, hogy az emberek megváljanak a történetüktől.

Kérdés: *Úgy tűnik, hogy amikor belemegyünk a történetbe, mintha ezzel azt fejeznénk ki, hogy a szilárdságot preferáljuk a teljes térűrrel szemben.*

Gary: Igen, amikor sztorizol, az mindig arról szól, hogy lecsökkented az elérhető teret.

És ez tartja fenn a történet szilárdságát.

Gary: Igen, ez tartja meg a szilárdságát. Lecsökkentetted a teret azért, hogy valamit valósként tarts meg, ami nem az. A történet majdnem mindig egy hazugság arról, ami történik.

Ilyenkor magunkat is a sűrűséggel azonosítjuk? Ekként a sűrűségként azonosítjuk magunkat, és nem vesszük észre a térűrt?

Gary: Ennek a beszélgetésnek az elején azt mondtam, hogy a történet célja, hogy igazoljon, racionalizáljon, magyarázzon – és mi más? Hogy bizonyítsa a választásod helyességét. Ezek azok az okok, amik miatt valaki sztorizik. A sztorit szilárddá és valóssá teszed, és ezek után minden választásodat igazolnod kell. Ez az, ahol élni szeretnél? Ez az oka annak, hogy azt mondom: „Hagyd abba a sztorizást". Ez a legrosszabb kulcs az összes közül.

Kérdés: A legrosszabb? Miért?

Gary: Ez a legrosszabb, mert mindenki sztorizik. És mindannyian azt próbáljátok nézni, hogy hogyan lesz elfogadható, vagy nem elfogadható, hogy igazoljátok a történeteteket.

Szeretnék köszönetet mondani. A kérdés, amit adtál: „Hiszel-e abban, hogy szabad akarat van az univerzumban?", a lehetőségek egy teljesen más univerzumát nyitotta meg számomra. Lehetővé tette, hogy feltegyek magamnak néhány kérdést? „Milyen történetet használok arra, hogy igazoljam a korlátozásokat az életemben? Milyen történetet igazol az életem?

Gary: Erről van szó. A történetek igazolások. Remélem, ez a beszélgetés mindannyiótoknak hozott egy kis tisztánlátást.

A tizedik kulcs a teljes szabadsághoz

NINCS KIZÁRÁS

Gary: Üdv mindenkinek! Ez az utolsó beszélgetésünk a tíz kulcsról. Ma este a tizedik kulcs a témánk: nincs kizárás.

Szeretném azzal kezdeni, hogy felolvasok egy emailt, amit kaptunk, és amit én személyesen nagyon nagyra értékelek:

Hála és köszönet. Köszönöm, hogy csináljátok ezeket a fantasztikus telekurzusokat. Nem is tudom elmondani, mennyi csodás dolog történt ezek alatt a hetek alatt. Annyival több potenciálba léptem be, és húha, ki tudta, hogy ez csak egy választás, s még csak nem is nehéz? A szavak le sem tudják írni, hogy milyen nagy hozzájárulás volt ez a családomhoz, a munkámhoz, az otthonomhoz és az életemhez. Több mint egy évtizede voltam depressziós, most mosolygok és tudom, hogy választhatok, és annyit teremthetek, amennyit eddig nem is álmodtam, hogy lehetséges. Isten tudja hányszorosan tudok csak hálát mondani mindenért, ami vagytok, és hálámat küldöm a kurzus résztvevőinek is – milyen csodás hozzájárulás vagytok – és magamnak is, amiért választottam, hogy követem az energiát, és megnézem, mi egyéb lehetséges.

Dain: Juhuu!

Gary: Nagyon hálás vagyok ezért az emailért. Remélem, hogy mindannyian valami drámai változást kaptatok ezektől a hívásoktól, és ha nem, remélem, hogy újra meg fogjátok hallgatni őket néhány ezerszer. Minden kulcs, ha alkalmazzátok, eljuttat a szabadság egy olyan fokára, ami beindítja az életeteket, és valami nagyszerűbbet tudtok teremteni vele, mint amiről valaha úgy tudtátok, hogy lehetséges.

Rendben. Van valakinek kérdése?

Kérdés: *Tisztáznátok a különbséget az éberség és a tíz kulcs bármilyen megszegése között?*

Gary: Ezek a kulcsok a totális jelenléthez, totális éberséghez és totális lehetőségekhez minden választásban, amit meg szeretnél hozni. Nem arról van szó, hogy megszeged őket, vagy sem. Arról van szó, hogy rájuk nézel, és látod, hogy hogyan tudnád az életedet jobbá tenni velük.

Honnan tudjuk, hogy éberséget tapasztalunk-e, vagy a nem érdekes nézőpont, a történetek, verseny, vagy jelentőség logikájának a csapdájába estünk?

Gary: Ez az oka annak, hogy odaadjuk a tíz kulcsot, mert mindegyik kimozdít a következtetésből, és segít, hogy az éberség terébe mozdulj el.

Úgy tűnik, hogy összekeverem az éberségből működést, és azt, hogy jól csináljam. Mi az éberségből működés tapasztalata szemben a nézőpontból működéssel?

Gary: Az éberségnek nincs nézőpontja.

Dain: Amikor éberségből működsz, annak van egy könnyedsége. Semmi szükség rá, hogy bizonygasd, hogy igazat mondasz. Semmi szükség arra, hogy egy nyomorult szót mondj bárkinek bármiről.

Gary: Hacsak valaki nem tesz fel egy kérdést.

Dain: Így van. Amikor muszáj valakinek valamit mondanod, vagy muszáj, hogy a nézőpontodban meg legyél támogatva, akkor az nem éberség.

Az éberség nem kapcsolódik semmihez. Nem kell verbalizálni. Van egyfajta könnyedsége. Ez egyfajta szabadság, ami néhány embernek olyan érzés, mintha azt mondaná: „Ó, már nem is érdekel." Valójában a gondoskodásnak egy magasabb szintjéről van szó, de sokkal kevesebb nézőpontod van, és a fura dolog ebben az, hogy a legtöbb ember a gondoskodást azzal azonosítja ebben a valóságban, hogy van nézőpontod.

Mi a különbség abban, ha éberségből működsz vagy ítélkezésből és ELF-nek nevezel valakit?

Gary: Először is, az, ha valakit ELF-nek nevezel, az nem az ítélkezésről szól. Arról szól, hogy megfigyeled, hogy valaki ELF, egy gonosz kis rohadék (evil little f---). Ez nem ítélet. Ez egy megállapítás.

Az a nézőpontod, hogy ha valakire valami negatívat mondasz, akkor az egy ítélet, és ha valami pozitívat, akkor az nem ítélet. Nem. A pozitív éppen olyan nagy ítélet lehet, mint a negatív.

Dain: És sokszor sokkal nagyobb. A kérdés az: „Van-e valami negatív abban, ha elismered, hogy valaki egy ELF?" Ez negatív, vagy pusztán elismered azt, ami van?

Gary: Csak megfigyeled azt, ami van. Amikor az van, ami van, az könnyű.

Hogy lehet elejét venni annak, hogy az éberségből működést jelentőségtelivé tegyük?

Gary: Ha éberségből működsz, nem lesz jelentőségteli. Csak az lesz, ami.

Dain: Ha jelentőségteli, akkor már nem éberségből működsz.

Honnan tudom, hogy éberségből működöm szemben azzal, amikor egy általam szeretett sztoriból működöm?

Gary: Nos, először is, az éberségben általában nincs semmi különösebb mondanivalód. Csak ott vagy és élvezed. Ránézel arra, hogy mi zajlik, és azt mondod:„Ez aranyos, ez nem aranyos. Ez jó, ez nem jó. Ez rendben van, ez is egy választás, hát na." Sokkal inkább... azt akartam mondani, hogy blazírt, de nem blazírt. Alapvetően egyfajta békesség. Semmi nem tűnik fontosnak és semminek nincs különösebb jelentősége.

Dain: A másik dolog, ami történik, amikor éberségből működsz, hogy ha egy újabb éberség- vagy információfoszlányhoz jutsz, abban a pillanatban hajlandó vagy megváltoztatni a nézőpontodat.

Ha benne vagy a sztoriban, akkor azt a részét, amelyiket szereted, folytatni akarod. Akkor is ezt teszed, ha a többi szereplő a sztoriban nem hajlandó erre – és még akkor is, amikor a dolgok nem abba az irányba tartanak, amibe gondolod, hogy tartanak. Folyamatosan próbálod arra vinni, amerre te akarod, hogy menjen. Ez a különbség az éberség és az általad kedvelt történet között.

Jól feltételezem, hogy te és Dain 100 százalékosan éberségből működtök minden pillanatban, és mindenki más kevesebb százalékban?

Gary: Ez vicces. Nem, nem egészen.

Dain: (Viccel) És nem, a válasz abszolút igen. Teljes mértékben.

Gary: Nem, nem így van. Annyira hazudós vagy, Dain.

Nem 100 százalékban működünk éberségből, de sokkal inkább éberségből működünk, mint a többi ember, mert ha valami egy kicsit is fura a világunkban, megpróbálunk valamit, hogy megtudjuk, hogy mi ez, és megváltoztatjuk.

Dain: Nagyon sokan csak akkor tesznek fel kérdést Garynek vagy nekem, ha elromlott valami, vagy beleütköztek egy falba, amit nem tudnak kikerülni; egyébként soha, soha nem tesznek fel kérdéseket. Én amint megkaptam az Access Consciousness eszközeit, azt mondtam: „Ezek az eszközök meg fognak változtatni dolgokat." Elkezdtem mindennel és bármivel kapcsolatban kérdéseket feltenni, ami egy picit is „hibádzott" a világomban. Mi ez? Mit tegyek vele? Meg tudom változtatni? Hogyan változtatom meg? Mi kell ahhoz?

Sokkal nagyszerűbb lehetőségei elérhetőek az éberségnek annál, mint amit bárkitől hallani fogsz ebben a valóságban. Az éberség a kulcs a szabadsághoz, amit kerestél. De mivel az éberség a másság kulcsa, senki nem akarja, hogy tudj erről. Milyen lenne, ha abbahagynád azt, hogy kizárod a lenyűgöző végtelen lehetőségeket az életedből, amik akkor jelenhetnek meg, ha kérdéseket teszel fel azokkal a dolgokkal kapcsolatban, amikkel kapcsolatban normális esetben nem teszel fel kérdéseket?

Kérdés: *Egy ELF mindig ELF, vagy ő is 10 másodperces választásban van az életében?*

Gary: Annak a célja, hogy felismerd, hogy valaki ELF, nem az, hogy ítélkezz; annak a felismeréséről van szó, hogy ez a személy hajlamos arra, hogy gonosz szarságokat műveljen. Amint ezt elismered, általában saját maguktól elkezdik ezt megváltoztatni.

Dain: Van választásuk minden tíz másodpercben, ahogy neked is – és mindenki másnak. Egyszerűen arról van szó, hogy hajlamosak arra, hogy bármilyen okból is, azt választják, hogy ELF-ek.

Gary: De ha elismered, hajlamosak ezt megváltoztatni.

Dain: Különösen akkor, ha ítélkezés nélkül ismered ezt el. Ismertem egy hölgyet, aki ELF volt. Nagyon sok dolgom volt az egyik helyen, ahova utaztam, és időt szakítottam arra, hogy dolgozzam vele és a fiával, mert láttam, hogy a gyereknek vannak elérhető lehetőségei. Lemondtam három másik kezelést, hogy dolgozhassak vele.

Húsz perccel azelőtt, hogy meg kellett volna érkeznie felhívott, és azt mondta: „Sam úgy döntött, hogy nem akar elmenni a konzultációra."

Mondom neki: „Tudod, mit? Te akkora egy ELF vagy."

Másnap felhívott, és azt mondta: „Köszönöm, hogy elismerted, hogy az vagyok." és kedvessé változott.

Nem kell kizárnod az ELF-ségüket azzal, hogy megítéled. Egy másik lehetőséget hozol létre, amikor valakit elismersz ELF-ként, és nem ítélkezésből teszed.

Gary: Velük is tíz másodperces szakaszokban érdemes lenni, hogy lásd, mikor működnek ELF-ként, és mikor nem – és nem belemenni abba a következtetésbe, hogy ha ELF-ek, akkor azok is maradnak.

Gary, szoktál néha beszélni az ex-feleségeidről – és Dain szokott beszélni a mostohaanyjáról. Az exeid és Dain mostohaanyja mindig olyanok maradnak, amilyenek voltak, vagy tudnak-e növekedni?

Gary: Változhatnak, ha választják. Ez mindig az ő választásuk. Sajnos nem hozhatjuk meg ezt a választást helyettük.

Az, ha ragaszkodunk egy valakivel kapcsolatos nézőponthoz, nehezebbé teszi számára a változást?

Gary: Igen, ez egy olyan hely, ahol kizárod a változást mint egy számára elérhető lehetőséget.

Dain: Kérlek, vegyétek észre, hogy Garynek igazából nincsenek nézőpontjai a volt feleségeiről, és nekem sincs nézőpontom a mostohaanyámról. Nem úgy hozzuk ezt ide mint egy nézőpontot, hanem humorizálunk ezzel, hogy megláttassunk dolgokat az emberekkel...

Gary: Egy másik irányból megközelítve, én mindig meglepődök, amikor az exeim visszatérnek oda, ahonnan régen működtek. Valahogy mindig azt feltételezem, hogy mivel annyit dolgoztam már a gyerekeimmel és ők kapcsolódnak a gyerekeimhez, ez majd változtat rajtuk. Az a megdöbbentő számomra, amikor ugyanazokat a dolgokat csinálják újra.

Kérdés: *Ha valaki tapintatlan, gonosz, vagy bármi, eljutsz egy pontra, ahol már semmi nem zavar? Vagy illúzióba kergetem magam?*

Gary: Nos, ha próbálsz eljutni oda, hogy semmi ne zavarjon, az azt jelenti, hogy már zavar – és ezzel kizárod azt a helyet, ahol humorosnak tekintheted ezt. Amikor valaki ELF, én ezt humorosnak tekintem. Szerintem vicces.

Még akkor is, ha valaki elrontja a napodat, vagy a tanfolyamodat, vagy olyan hatása van rád, hogy ez összezavarja a dolgaidat?

Gary: Én nem vagyok hajlandó beleragadni senkinek a nézőpontjába. Ha hagyod, hogy valaki elrontsa a napodat, valamilyen mértékig beveszel valamit vele kapcsolatban. Az elképzelés az, hogy eljuttassunk egy olyan pontra, ahol semmi nincs rád hatással, és csak ott vagy, önmagadként.

Szóval csak elengeded, ahogyan Dain tette azzal a hölggyel?

Dain: Igen, csak elismertem, „Húha, ez a nő egy ELF. Ki tenne ilyet egy másik emberrel?" Állandóan ilyen dolgokat művelt a pici fia érdekében. Idegesített, hogy lemondtam három másik embert, és ők nem jöttek el? Igen. És amikor ELF-nek neveztem, egyszerűen elismertem azt, ami van. Nem ítélkezésből tettem.

Gary: Nem is dühből. A düh itt lényegtelen. A nincs kizárás azt jelenti, hogy nem kell a dühödet sem feladni emiatt.

Dain mondhatta volna azt is, hogy „Ez parasztság volt. Mekkora egy ELF vagy!" De nem kellett ezt tennie, mert ha eljutsz egy pontra, ahol hajlandó vagy a dühödet is számításba venni, akkor pusztán ez mindent és mindenkit elkezd megváltoztatni körülötted.

Dain: Nem próbálod kizárni a dühöt, ami nagyon sok energiába és ítélkezésbe kerül.

Gary: És nem próbálod kizárni azt az éberséget sem, ami azzal kapcsolatos, ami ő nem hajlandó lenni, és amit nem hajlandó birtokolni.

Amikor ti vagytok dühösek, az nem ugyanolyan, mint amikor mi vagyunk dühösek.

Gary: Mi nem zárjuk ki a dühöt az életünkből. Nem zárjuk ki a dühöt, a düh az egyik olyan dolog a sok közül, ami lehetek, amit tehetek, amit teremthetek és generálhatok. Úgyhogy ha dühös leszek, tudom, hogy dühös vagyok.

Dain: Az igaz. Nem lehet nem észrevenni.

Gary: Én nem próbálom elnyomni a dühömet vagy idegességemet bármivel kapcsolatban.

Dain: De emiatt, ott van – aztán nincs ott többé.

Gary: Igen, felvillan, és azonnal elmegy. Olyan, mint egy szatír. Viselhetem a viharkabátomat, és takargathatom a meztelenségemet és sebezhetőségemet a haragommal, vagy megtapasztalom a dühömet és tovább megyek. Én inkább megtapasztalom és tovább állok.

Reméltem, hogy azt mondjátok, hogy titeket soha semmi nem zavar.

Gary: A nincs kizárás olyan helyet biztosít, ahol szinte semmi nem zavar – mert mindent hajlandó vagy megtapasztalni. Hajlandó vagy az összes érzelmet, minden nézőpontot, minden éberséget és minden valóságot magadba foglalni. A nincs kizárás lényege, hogy ne vágd el többé magad az éberségedtől. Ezt teszed, amikor próbálod magadat jóvá, helyessé tenni, vagy próbálsz következtetésre jutni, vagy bármi ilyesmi. Ezek a dolgok arról szólnak, hogy kizárod az éberségedet, és a választásra való képességedet.

Köszönöm.

Kérdés: *Ez a kulcs kicsit bajos nekem egy bizonyos személlyel. Annyira ellenállásban és reakcióban vagyok vele, hogy mindenáron próbálom őt elkerülni.*

Gary: Ez határozottan kizárás.

Üzenetet hagy a telefonomon, és nem bírom rávenni magam, hogy visszahívjam. Egyszerűen nem bírom megnyomni a hívás gombot. Évek óta nem láttam ezt a személyt, és amikor egyszer csak újra megjelent, valami nagyobb traumán esett át. A múltban én voltam az, aki mindenkinek segített kimászni a csávából, ez egy olyan szokásom, amit feladtam, amikor felfedeztem, hogy felsőbbrendű seggfej vagyok, és hogy egy csomó ember szereti a csávát, amiben van, és nem kér a segítségből.

Gary: Ez így van.

De ahelyett, hogy megengedésbe kerültem volna ezzel a nővel, azt veszem észre, hogy visszautasítom azt, hogy manipuláljon az áldozatiságával.

Gary: Itt van a kutya elásva. Megengedésben kell lenned azzal, hogy szeret áldozat lenni, ezért jön folyton áldozatként vissza, mert az ő nézőpontjából az teszi őt hitelessé, hogy ő egy áldozat.

Adok egy processzt erre. Beszéltünk arról korábban, hogy a teremtés alapvető elemei a létezés, befogadás, választás, kérdés, lehetőség és hozzájárulás. Valahol összezavarodtunk és elkezdtük azt gondolni, hogy a hozzájárulás a legfontosabb termék, és a legfontosabb a négy elem közül.

Kérdés: *Beszélnél még arról, hogy milyen értelemben gondoljuk, hogy a hozzájárulás a legfontosabb elem? Nem értem.*

Gary: A hozzájárulás a szimultán történő befogadás és ajándékozás. Valahogyan azt gondoljuk, hogy a teremtés legnagyobb forrása az, hogy mivel tudunk hozzájárulni másokhoz, vagy mások mivel tudnak hozzájárulás lenni nekünk, holott ha a kérdést, választást, lehetőséget hozzáadjuk a hozzájáruláshoz, ez hihetetlen mértékben terjeszt ki mindent.

Dain: Lemondunk a kérdésről, választásról és lehetőségekről a hozzájárulás javára. Azt hisszük, hogy valaki, vagy valami, vagy valamilyen választás, vagy valamilyen létmód hozza el majd ezt nekünk. Ez nagy kár, mert elvágjuk magunkat az elérhető generatív, kreatív elemek többségétől, amikor ezt tesszük.

Nem tudsz választani semmit, hacsak nem az a nézőpontod, hogy az a dolog hozzájárulás neked. Például a felsőbbrendű seggfejség. Soha nem választanád, hacsak nem gondolnád, hogy valahol hozzájárulás lesz az életedhez, élésedhez és valóságodhoz.

Garyvel azt vettük észre, hogy a fantáziák, lénységek és titkos szándékok esetében az, amiről azt gondolod, hogy hozzájárulás, általában 180 fokra található a valódi hozzájárulástól.

Gary: A processz pedig:

Milyen hozzájárulás a _____ az életemhez, élésemhez és valóságomhoz? Mindent, ami ez, Isten tudja hányszoroasan, elpusztítanád és nem teremtetté tennéd? Helyes, helytelen, jó, rossz, POD, POC, mind a 9, rövidek, fiúk és túlontúl.

Dain: Tegyük fel, hogy valami spanyol zene szól a háttérben. Ha ki akarnád zárni, ezt kérdeznéd:

Milyen hozzájárulás a spanyol zene az életemhez, élésemhez és valóságomhoz? Mindent, ami ez, elpusztítok és nem teremtetté teszek? Helyes, helytelen, jó, rossz, POD, POC, mind a 9, rövidek, fiúk és túlontúl.

Gary: És azt is megkérdeznéd:

Milyen hozzájárulás a spanyol zene hiánya az életemhez, élésemhez és valóságomhoz? Mindent, ami ez, Isten tudja hányszorosan, elpusztítanál és nem teremtetté tennél? Helyes, helytelen, jó, rossz, POD, POC, mind a 9, rövidek, fiúk és túlontúl.

Dain: A legtöbb dolog esetében mindkét oldalát érdemes futtatni a kérdésnek. Az egyik oldalon általában sokkal több energia lesz, mint a másikon.

Megpróbálhatod ezt futtatni:

Milyen hozzájárulások a veszekedős, dühös, zárkózott, rejtett és kontrolláló nők és férfiak az életemhez, élésemhez és valóságomhoz? Mindent, ami ez, Isten tudja hányszorosan, elpusztítanád és nem teremtetté tennéd? Helyes, helytelen, jó, rossz, POD, POC, mind a 9, rövidek, fiúk és túlontúl.

Gary: Ezt mindannyiótoknak legalább 365 napig kell futtatni non stop, hogy minden valaha volt kapcsolati problémán felül tudjatok kerekedni.

Dain: Milyen hozzájárulások a veszekedős, dühös, zárkózott, rejtett és kontrolláló nők és férfiak az életemhez, élésemhez és valóságomhoz? Mindent, ami ez, Isten tudja hányszorosan, elpusztítanád és nem teremtetté tennéd? Helyes, helytelen, jó, rossz, POD, POC, mind a 9, rövidek, fiúk és túlontúl.

Gary: Ma ezt futtattam: „Milyen hozzájárulás a lótenyésztés az életemhez, élésemhez és valóságomhoz?" Majdnem kirúgott a repülőből. Aztán futtattam a másik oldalt: „Milyen hozzájárulás a lovak nem tenyésztése az életemhez, élésemhez és valóságomhoz?" Ez ugyanolyan szörnyű volt. Anélkül, hogy észrevettem volna, eleve rosszul kezdtem bele a lótenyésztésbe. Ennek a processznek a futtatása meghatározó eleme volt annak, hogy máshonnan kezdjem el szemlélni ezt.

Azt próbálom megláttatni veletek, hogy az érme mindkét oldalát nézni kell. Nem vagyok seggfej. Seggfej vagyok. A valóság az, hogy létezik mindkét nézőpont, és mindig próbáljuk bizonyítani az egyiket, és megcáfolni a másikat. De mindkettő vagyunk. Én seggfej vagyok. És tudom, hogy seggfej vagyok. Nem próbálom tagadni, vagy megváltoztatni. Van ezzel bármi probléma?

Tegyük fel, észreveszed, hogy felsőbbrendű seggfej vagy. Futtathatod ezt:

Milyen hozzájárulás az életemhez, megélésemhez és valóságomhoz az, hogy egy felsőbbrendű seggfej vagyok? Mindent, ami nem engedi, hogy ez megjelenjen, Isten tudja hányszorosan, elpusztítok és nem teremtetté teszek. Helyes, helytelen, jó, rossz, POD, POC, mind a 9, rövidek, fiúk és túlontúl.

Milyen hozzájárulás az életemhez, megélésemhez és valóságomhoz az, hogy nem vagyok felsőbbrendű seggfej? Mindent, ami nem engedi, hogy ez megjelenjen, Isten tudja hányszorosan, elpusztítok és nem teremtetté teszek. Helyes, helytelen, jó, rossz, POD, POC, mind a 9, rövidek, fiúk és túlontúl.

Vagy ha gonosz vagy másokkal, futtasd:

Milyen hozzájárulás a gonoszság az életemhez, megélésemhez és valóságomhoz? Mindent, ami nem engedi, hogy ez megjelenjen, Isten tudja hányszorosan, elpusztítok és nem teremtetté teszek. Helyes, helytelen, jó, rossz, POD, POC, mind a 9, rövidek, fiúk és túlontúl.

Milyen hozzájárulás a nem gonoszság az életemhez, megélésemhez és valóságomhoz? Mindent, ami nem engedi, hogy ez megjelenjen, Isten tudja hányszorosan, elpusztítok és nem teremtetté teszek. Helyes, helytelen, jó, rossz, POD, POC, mind a 9, rövidek, fiúk és túlontúl.

Ezek olyan módok, amelyekkel ki tudsz jönni azokról a helyekről, ahol be vagy ragadva abban, ahogyan cselekszel, vagy ahogyan reagálsz emberekre.

Kérdés: *Beszéltem arról a nőről, aki játssza az áldozatot és manipulál engem. Az, hogy manipulálnak, azt kívánja tőlem, hogy éberebb legyek, és ne húzzak fel falakat, így van? Mégis van egy tagadhatatlan késztetés bennem arra, hogy felhúzzam a falaimat és akkor is kizárjam.*

Gary: Ha falakat húzol az életed egyetlen területén, akkor az életed más területein is megtetted. Ha falakat húzol, kikapcsolod az éberségedet. Akkor próbálod felhúzni a falat, amikor az éberséged nem érkezik el hozzád. Talán érdemes ezt futtatnod:

Milyen hozzájárulás a falak felhúzása az életemhez, élésemhez és a valóságomhoz? És mindent, ami nem engedi, hogy ez felbukkanjon, azt elpusztítom és nem teremtetté teszem Isten tudja hányszorosan. Helyes, helytelen, jó, rossz, POD, POC, mind a 9, rövidek, fiúk és túlontúl.

Milyen hozzájárulás a falak fel nem húzása az életemhez? És mindent, ami nem engedi, hogy ez felbukkanjon, azt elpusztítom és nem teremtetté teszem Isten tudja hányszorosan. Helyes, helytelen, jó, rossz, POD, POC, mind a 9, rövidek, fiúk és túlontúl.

Kérdés: Van egy személy, aki állandóan felbukkan az életemben, és egyszerűen nem akarok körülötte lenni, mert újra és újra bebizonyítja, hogy egy ELF. Nem akarok újra vele játszani. Hogy csináljam, hogy ne legyek kizárásban?

Gary: Mit zársz ki akkor, amikor nem játszol újra vele? A csodálatot? A hálát? Mit? Adok két lehetőséget – az egyiket, a másikat, vagy mindkettőt?

Csak ennyi választási lehetőségem van?

Gary: Igen.

Dain: Próbálja megkönnyíteni.

Össze vagyok zavarodva.

Gary: Nem vagy!

(Nevet)

Gary: Csak próbálod kikerülni a választ. A hálát kizárod? Igen vagy nem?

Igen.

Gary: A csodálatot kizárod? Igen vagy nem?

Erre nemet mondok.

Gary: Nem zárod ki a rajongást?

A gonoszságáért és az ELF-ségéért?

Gary: Nem ezt kérdeztem. Kizárod-e a csodálatot?

Igen.

Gary: Szóval, akarod tudni, hogy hogyan szabadulj meg tőle?

Igen.

Gary: Hála és csodálat.

Ó, jaj!

Gary: (Nevet) Kizárod a két fegyvert, amivel el tudod magadtól távolítani.

Dain: Régen az én agyamat is kisütötte ez. Teljesen értem, hogy ez mennyire felfoghatatlan ez most neked, de ha ránézel, felismerheted, hogy soha nem vagy hálás ezért a személyért, és nem csodálod. Ezt fontos megérteni. Ez az egyik olyan terület, ahol az emberek a legtöbb kérdést felteszik. Azokról az emberekről kérdeznek, akikkel már nem akarnak lenni.

Újra és újra. Láttam, hogy Gary hálás az ELF-eknek és csodálja őket. Eleinte én is azt gondoltam: „Hogy tudsz kedves lenni ezzel az emberrel?" A válasz az, hogy a hála és a csodálat az a két dolog, amit ezek a személyek ki nem állnak. Ezzel gyorsabban el lehet őket riasztani, mint bármivel, amit el tudsz képzelni.

Gary: A hang sebességével menekülnek, hadd mondjam el. Csak annyit mondasz: „Annyira hálás vagyok neked. Rengeteget tanultam tőled."

Azt kérdezik: „Mi? Miről beszélsz?"

Te pedig azt feleled: „Nos, egyszerűen hálás vagyok neked. Csodálom azt, ahogyan az életedet éled."

Azt fogják kérdezni: „Ezt hogy érted?"

Te pedig: „Nos, ki a legfontosabb személy az életedben? Csodálom azt, hogy ezt meg tudod tenni."

El kell menekülniük tőled, különben bele kellene menni a maguk feletti ítélkezésbe. Az hozza őket folyton vissza, hogy ítélkezel felettük és kizárod a csodálatot és a hálát. Annak a korlátnak akarnak ütközni, amivel kizárod a hálát és a csodálatot, mert tudják, hogy ha valaha átjutnak rajta, el kell menniük – de addig, amíg nem jutnak át, az áldozatuk vagy.

Tényleg tudod őket csodálni, és hálás tudsz lenni nekik? Igazából hálás vagy nekik?

Gary: Igen, hálás vagyok azoknak, akik próbálnak átverni. Azt mondom:„Wow, annyira köszönöm. Hálás vagyok az információért, amit kaptam. Hálás vagyok azért, hogy láthatom, mi az, amiből működsz. Hálás vagyok azért, hogy nem kell a feltételezett áldozatiságod áldozatának lennem. Csodálom azt, hogy mennyire rettenetes az életed, és mégis fel tudsz kelni és járni." Ez tényleges csodálat és nem süketelés. Nem szoktam süketelni.

Dain: Ha rá tudsz nézni arra, amiről Gary beszél, vagy csak egy picit is el tudsz csípni az energiájából most azzal a személlyel kapcsolatban, akiről beszélsz, és aztán futtatod ezt a processzt, érdekes dolgok történhetnek.

Milyen hozzájárulás ez a személy az életemhez, megélésemhez és valóságomhoz? Mindent, ami nem engedi, hogy ez felbukkanjon, Isten tudja hányszorosan, elpusztítom és nem teremtetté teszem. Helyes, helytelen, jó, rossz, POD, POC, mind a 9, rövidek, fiúk és túlontúl.

Milyen hozzájárulás az, hogy kizárom ezt a személyt az életemből? Mindent, ami nem engedi, hogy ez felbukkanjon, Isten tudja hányszorosan, elpusztítom és nem teremtetté teszem. Helyes, helytelen, jó, rossz, POD, POC, mind a 9, rövidek, fiúk és túlontúl.

Gary: Amikor ellenállsz valakinek, amikor kizárod, összehúzod magad. Megállítod magad a befogadásban.

Dain: Ez történik, amikor próbálsz valakit kizárni az életedből, megélésedből és valóságodból. Összehúzod magad és lecsökkented a befogadásodat.

Köszönöm. Ez sokat segít.

Gary: Szívesen.

Kérdés: Mi a különbség a hozzájárulás és az érték között?

Gary: A hozzájárulás a szimultán ajándékozás és befogadás. Az érték az, amiről azt gondoljuk, hogy valamit vagy valakit fontossá tesz.

Mi van, ha azt teszed fontossá, hogy hozzájárulás vagy?

Gary: Az, hogy hozzájárulás vagy, nem arról szól, hogy éber vagy, úgyhogy amikor a hozzájárulást fontossá teszed, akkor kizárod azt, ami megadná annak a szabadságát, hogy valami mást válassz.

Amikor valaki azt mondja: „Ellenállok ennek a személynek." vagy „mindenáron elkerülöm ezt a személyt", hol van ebben a kérdés? Hallottatok itt bármilyen kérdést?

Nem.

Gary: Milyen választásod van ilyen körülmények között?

Nincs. Azt is látom, hogy a hozzájárulás értéknek tekintése is megakadályoz a választásban, szerintem az egész életemet így éltem le.

Gary: Igen, legtöbben ezt tettük. Mindenki értékesebbé teszi a hozzájárulást, mint a kérdést, választást és lehetőséget. Ahelyett, hogy kérdésbe, választásba vagy lehetőségbe mennél, ami több éberséghez juttatna, következtetésbe mégy: „Hozzájárulásnak kell lennem" vagy „nem tudok neki hozzájárulás lenni". Ezt a két választást szoktuk kreálni saját magunknak. Ezek közül egyik sem szól a kérdésről, ami az lenne: „Oké, szóval mi lenne az, ami ezt a személyt arra késztetné, hogy békén hagyjon? Mi egyéb lehetséges itt?"

Dain: Amikor próbálsz kizárni valakit, próbálod megtalálni, hogy melyik az a részed, amit le kell kapcsolnod magadról, hogy kizárhasd őt. Ez nehéznek érződik.

Gary: Ki kell zárnod magadat annak érdekében, hogy ki tudd zárni őt.

Dain: Ez a része tényleg gyilkos. Lehet, hogy a nincs kizárás nem is lenne a tíz kulcs egyike, ha nem vezetne ahhoz, hogy ezzel ki kell zárnod saját magadat. Így működik. Vedd észre, hogy az egy ajándék magadnak, ha abbahagyod a kizárást. Nem róla szól. Nem érte teszed. Lehetővé tesz egy másik nézőpontot. Amíg kizárásban vagy, addig belemész abba, hogy mennyivel járul hozzá ő, vagy mivel nem járul hozzá, te mivel tudsz hozzájárulni, vagy ő nem akar hozzájárulni. Egyáltalán nem mégy kérdésbe, lehetőségbe vagy választásba. És végső soron teljes választásodnak, teljes kérdésnek és teljes lehetőségnek kell lenni.

Ha azt figyeled, milyen hozzájárulás lehetsz, vagy mit kaphatsz, vagy mit nem kaphatsz ezektől az emberektől, vagy mit kell adnod, vagy mit nem tudsz adni ezeknek az embereknek, akkor a többi elemét a teremtésnek kizárod.

Kérdés: Úgy tűnik, hogy amikor alszom, elmegyek egy olyan térbe, ami a valódi tudatosság, vagy az én valóságom. Gyönyörűnek és fénnyel telinek érződik. Olyan, mint egy majdnem álom állapot, és nem kell cselekednem ebben a valóságban, de úgy tűnik, mintha kizárná ezt a valóságot.

Gary: Nem tudod kizárni ezt a valóságot. Magadba kell foglalnod ezt a valóságot, de miközben magadba foglalod, alkalmaznod kell a választást, kérdést és a lehetőségeket. Még egyszer, azt próbálod kideríteni, hogy ez a valóság hozzájárul-e a te valóságodhoz. Lehet, hogy ez a valóság nem hozzájárulás a te valóságodhoz, de ha kizárod, kizárod az éberségedet is – mert ebbe a valóságba az éberséged is beletartozik.

Azt választom, hogy nem veszek részt ebben a valóságban erről a helyről.

Gary: A nem részvétel kizárása saját magadnak az életedben való részvételből, mert ebben a valóságban élsz amellett, hogy a sajátodban is.

Amikor nem vagy hajlandó teljes mértékben kontrollálni ezt a valóságot a kérdéseddel, választásaiddal és a lehetőségekkel, kizárod önmagad.

Két valóságot érzékelek – az én valóságomat és a Föld bolygó kontextuális valóságát. És olyan, mintha ez a kettő kizárná egymást.

Gary: Itt a hiba. Fel kell tenned a kérdést, és el kell jutnod a választáshoz és a lehetőségekhez, amit az teremtene, ha bevonnál, nem pedig kizárnál.

Milyen tisztító mondatokat használhatnék, hogy teljes könnyedséggel legyen a kontextuális valóság az én valóságom része?

Gary: Milyen hozzájárulás a kontextuális valóság az életemhez, megélésemhez és valóságomhoz? Mindent, ami nem engedi, hogy ez megjelenjen, elpusztítok és nem teremtetté teszek Isten tudja hányszorosan. Helyes, helytelen, jó, rossz, POD, POC, mind a 9, rövidek, fiúk és túlontúl.

Milyen hozzájárulás az, ha a kontextuális valóság nem része az életemnek, megélésemnek és valóságomnak? Mindent, ami nem engedi, hogy ez megjelenjen, elpusztítok és nem teremtetté teszek Isten tudja hányszorosan. Helyes, helytelen, jó, rossz, POD, POC, mind a 9, rövidek, fiúk és túlontúl.

Beszélnél még a kontextuális valóság bevonásáról az érzékeléssel, tudással, létezéssel és befogadással?

Gary: Igen, nem lehet totális érzékelésed, tudásod, létezésed és befogadásod, ha nem vonod be ezt a valóságot.

Kérdés: Van egy kérdésem a belefoglalásról és kizárásról. Úgy látom, hogy az Access Consciousness tanfolyamaim olyanokat vonzanak, akiket a társadalom aszociálisnak nevezne. Ezek az emberek arra vágynak, hogy befogadják őket, és amikor eljönnek ezekre a tanfolyamokra, teljesen nyilvánvaló, hogy miért nem illenek máshova. Sokszor a többi résztvevő számára kevésbé élvezhetővé teszik a tanfolyamot.

Gary: Hé, a befogadás az, hogy „Vannak őrült emberek, és vannak nem őrültek." A legtöbb olyan ember, akiről azt gondolod, hogy nem őrült, sokkal őrültebb, mint akiről tudod, hogy az.

Nem arról szól a dolog, hogy az Access Consciousness eseményeidet örömtelivé tedd, mert az öröm nem célja az eseményeknek. Az öröm egy mellékhatása annak, ha jól végzed a munkád. Ezeknek az eseményeknek arról kell szólni, hogy éberséget teremts. Ha éberséget teremtesz, a végén mindenki örömteli lesz, mert több éberséghez jutott. Ne akard, hogy arról szóljon, hogy örömteli tapasztalat legyen, mert sok esetben a nem annyira örömteli a legnagyszerűbb kérdés, lehetőség és választás, amihez valaki juthat.

Kérdés: A pszichénken az első megtapasztalása a kizárásnak a szüleink voltak.

Gary: Hát ez egy érdekes nézőpont. Ennek melyik része kérdés? Ez nem kérdés; ez következtetés – és ha következtetsz, kizársz. Nem gondolod, hogy a szüleid részei a valóságodnak.

Tele volt ítélettel és büntetéssel.

Gary: Mi volt tele ítélettel és büntetéssel? A szüleiddel kapcsolatos tapasztalatod? Jó, ez egy érdekes nézőpont. Ennek melyik részét teremtetted vagy generáltad te?

Egyetlen személy van, akit kizársz, amikor kizárásban vagy – te. Minden, amit mondtál a kizárásról szól – az éberséged kizárásáról azzal kapcsolatban, hogy mi egyéb lehetséges itt. Milyen választásaid vannak? Milyen kérdést tehetnél fel, amitől ez az egész eltűnne?

Kérdés: Miért választjuk azt, hogy ebbe a korlátozott valóságba születünk? Kell, hogy legyen egy másik lehetőség.

Gary: Azért választod, hogy ebbe a korlátozott valóságba jössz, mert annyi következtetésed van arról, hogy addig kell visszajönnöd, és újra csinálnod, míg jól nem tudod csinálni.

Dain: Van még valami, amit fel kell fogni: ez egy választás. Azzal kapcsolatban, hogy következtetsz vagy befogadsz, vagy kizársz, ez választás kérdése. Miért jössz ebbe a korlátolt valóságba? Mert nem jutottál el oda, ahol ez a valóság érdekes nézőpont. Még az is, ami a szüleiddel történik, egy érdekes nézőpont. Amíg nem jutsz el oda, hogy „érdekes nézőpont", ennek a valóságnak a polaritása mindig visszaránt, mintha nem lenne választásod.

Az első dolog, amit fel kell fogni, hogy ez az egész választás kérdése. Ezzel a hívással és az egész Access Consciousness-szel reményeink szerint szembesíteni tudunk benneteket azzal az éberséggel, hogy sokkal másabb választásaitok vannak, mint amiről valaha tudtátok, hogy elérhető számotokra. Reméljük, hogy megvan bennetek a nyitottság és a hívás, hogy elkezdjétek választani őket.

Kérdés: Van egy kliensem, akinek valaki ártani akar, meg akarja mérgezni. Használhatom ezt a tisztítást vele? Működne?

Gary: Igen, sokat segítene. Ha mást nem, éber lesz arra, hogy mikor és hol történik meg a dolog.

Hogy fogalmazzam meg?

Gary: Milyen hozzájárulás (annak a személynek a neve, aki ártani akar neki) az életemhez, a valóságomhoz és a megélésemhez? Mindent, ami ez, Isten tudja hányszorosan, elpusztítanád és nem teremtetté tennéd? Helyes, helytelen, jó, rossz, POD, POC, mind a 9, rövidek, fiúk és túlontúl.

Gary: Ha azt hiszed, hogy többen is vannak, akkor berakhatod a kihagyott helyre azt is, hogy „ezek a személyek". Azt a processzt is csinálhatod, amit Dain mondott korábban a gonosz, ingerlékeny és dühös emberekről, és add hozzá a „mérgező embereket" ehhez a listához.

Dain: Szóval így hangzana:

Milyen hozzájárulások az ingerlékeny, dühös, zárkózott, rejtőzködő, mérgező nők és férfiak az életemhez, megélésemhez és valóságomhoz? És mindent, ami ez, Isten tudja hányszorosan, elpusztítanád és nem teremtetté tennéd? Helyes, helytelen, jó, rossz, POD, POC, mind a 9, rövidek, fiúk és túlontúl.

Gary: Ezt a processzt bármire tudod használni. Azért választunk olyan dolgokat, amik nem működnek, mert azt gondoljuk, hogy valamilyen hozzájárulást jelentenek az életünk teremtéséhez.

Kérdés: Mit tehetek, ha valaki más zár ki engem?

Gary: Kérdezd meg: Milyen kérdésem, választásom és lehetőségem van itt? És futtasd ezt a processzt:

Milyen hozzájárulás lehet az életemhez, megélésemhez és valóságomhoz az, hogy ez a személy kizár engem? És mindent, ami ez, Isten tudja hányszorosan, elpusztítanád és nem teremtetté tennéd? Helyes, helytelen, jó, rossz, POD, POC, mind a 9, rövidek, fiúk és túlontúl.

Ez remekül hangzik. Mindig azt figyeltem, hogy milyen módon zárom én ki ezt a személyt, de valójában fordítva van. Ő zár ki engem.

Dain: Volt egy lány, aki megkeresett egy kurzus után, amit Mallorcán csináltunk. Együtt volt egy fickóval, aki folyamatosan ítélkezett felette. Ez a lány azt mondta: „Egész idő alatt azt gondoltam, hogy én zárom ki őt. Azt gondoltam, ez az egész rólam szól, de felismertem, hogy pontosan az ellenkezőjéről van szó. Totális ítélkezésben van velem kapcsolatban, és én nem vettem ezt észre."

Sokszor így működik, amikor azt gondolod, hogy kizársz valakit. Sok esetben valójában ők zárnak ki téged; ők ítélkeznek feletted.

Ez nagyszerű. Köszönöm szépen.

Kérdés: Amikor olvastam a meghívót erre a telekurzusra, egy kérdés merült fel bennem: Hogyan vonom be saját magamat? Van egy családom, és különböző szerepeket vettem fel egész életemben. Látom, hogy sokszor figyelmen kívül hagyom azt, hogy én mit szeretnék. Nem is gondoltam arra, hogy megkérdezzem, mi működne nekem bizonyos helyzetekben. Mindig másokra gondolok. Igazából gyerekkoromban folyton azt mondták a szüleim, hogy nem szeretik az önző és elkényeztetett gyerekeket, és nem akarják, hogy olyanok legyünk. Emlékszem, milyen gyakran volt bűntudatom, amikor valamit úgy kaptam meg, ahogy én akartam. Korán ráhangolódtam arra, hogy másokról gondoskodjak, és én lettem a családgondozó. Ha vita volt, nekem kellett megoldani. Beszélnétek önmagunk kizárásáról?

Gary: Ha nem vonod be magad, akkor kizárod magad bármilyen számítgatással azzal kapcsolatban, amit választasz, valójában leértékeled magad. Nem teszed magad a saját életed és megélésed részévé. Futtathatnál valami ilyesmit:

Milyen hozzájárulás az életemhez az, hogy nem vagyok az életem, megélésem és valóságom része? És mindent, ami nem engedi, hogy ez megjelenjen, Isten tudja hányszorosan, elpusztítanád és nem teremtetté tennéd? Helyes, helytelen, jó, rossz, POD, POC, mind a 9, rövidek, fiúk és túlontúl.

Kérdés: *Mostanában éber lettem arra, hogy amikor hirtelen és erőteljesen reagálok bárkinek vagy bárminek a kizárására, az azért van, mert túl közel kerül egy gyengepontomhoz, vagy egy olyan helyhez bennem, amire nehéz ránéznem. Nem lenne hasznos, ha a saját processzelésembe belevennék valamit, ami bennem van, de próbálom kizárni?*

Gary: Igen, de ha érzed, hogy ezt csinálod, akkor sebezhető nem vagy hajlandó lenni. Elég sebezhetőnek kell lenned ahhoz, hogy érzékelj, tudj, létezz és befogadj mindent.

Kérdés: *Hogy néz ki az, amikor úgy mondunk nemet, hogy nem zárunk ki?*

Gary: Valahányszor összejövök a családommal, mindig megkérdezem Daint, hogy szeretne-e eljönni ebédelni vagy vacsorázni, vagy bárhová a családommal. Mindig hajlandó vagyok elfogadni, ha nemet mond, mert nem kell eljönnie.

Ő meghív engem a családjához? Nem. Miért nem hív meg? Éber arra, hogy az, ha meghívna, az nem segítene neki vagy bárki másnak, engem is beleértve. Nem tenné az ő életét vagy a családja életét könnyebbé. Ez az, amikor nemet mondasz. Ez nem kizárás – mert felismered, hogy azok az emberek, akik még érintettek, lehet, hogy nem tudnák befogadni azt, amit a másik adna, vagy hozzájárulna.

Dain: Az az éberség, hogy bevonni valakit egy bizonyos helyzetbe nem biztos, hogy mindenkinek jól működne. Volt már olyan barátod, akit kedveltél, de senki más nem kedvelte? Az a személy furcsán érezte magát a többi barátod társaságában. Vagy randiztál már olyannal, akit senki nem kedvelt körülötted? Az a személy furcsán érezte magát a barátaiddal. Egy ilyen helyzetben, amikor éber vagy arra a nehézségre, amit ez teremtene mindenki világában, kedves dolog lehet nem meghívni ezt a személyt egy eseményre. Ez kizárás, vagy éberség?

Gary: Ez éberség. A kizárás az, ha azt mondod: „Nem kedvelem ezt a személyt, úgyhogy nem engedem, hogy jöjjön."

Vannak olyan emberek, akiket kizárok azokból a dolgokból, amikben benne vagyok? Igen. Miért? Mert tudom, hogy nem fognak beleilleni. Tavaly karácsonykor volt valaki, aki az Access Consciousnessnek dolgozik. A legkisebb fiammal járt korábban. A fiam második gyerekének az anyukája eljött a házamba, találkozott ezzel a nővel, és dührohamot kapott, és elviharzott. Ő kizárt.

Én nem zárhattam ki ezt a nőt, mert velünk dolgozik. Nem zárhattam ki a karácsonyi ünnepségről, mert távol volt az otthonától és nem volt ott a családja. Nem akartam kizárni. De azt a nőt se akartam kizárni, aki a fiam gyermekének az anyja, mert azt sem tartottam volna kedvesnek. De ő átlépte a határt. Úgyhogy a jövőben azt fogom mondani neki: „Oké, meghívlak téged, de nem cirkuszolhatsz itt senkivel." Én fogom megszabni a szabályokat. Ez kizárás? Igen, de ez választás. Hajlandó vagyok a lehetőségekből, választásokból és kérdésből választani.

Dain: Garyvel észrevettük, hogy vannak olyanok az Access Consciousnessben, akik azt gondolják: „Soha nem kell olyat tennem, amit kényelmetlennek érzek" vagy „nem kell oda mennem, ahol bármilyen nehézség lehet" vagy „nem kell benne lennem semmiben, ami nem puszta öröm és könnyedség". Nem feltétlenül. Vannak elköteleződések az életedben, amiket meghoztál. Ezeket tiszteletben kell tartani – magadnak. Ez egy módja annak, hogy magadat ne zárd ki. Például, azt fontolgatod, hogy ne menj el egy családi nyaralásra. Lehet, hogy ránézel az energiájára annak, hogy mit teremtene, ha nem mennél el, és tudni fogod? „Ha nem megyek el, az pokoli lesz. A családom nem fog szeretni, kiraknak a végrendeletből", vagy bármi ilyesmi. Menj el a fránya nyaralásra. Egy hétig nyalsz, ha kell, és ismerd fel, hogy vannak dolgok, amiket meg kell tenned, hogy ne zárd ki magad a saját életedből. Elköteleződtél másokhoz, például az alapján, hogy egy bizonyos családba születtél.

Amikor eldöntöd, hogy kizársz embereket vagy szituációkat az életedből, akkor az emberek úgy érezhetik, hogy az ellenségük lettél, vagy nem vagy benne a családban. Ez azért van, mert egyoldalú döntésekkel kizártad őket az életedből.

Gary: Kizárod az éberségét annak, hogy mit teremtesz azokkal a választásokkal, amiket hozol. Hajlandónak kell lenned ránézni arra, hogy mit teremt a választásod. Az összes lehetőség, összes kérdés és összes választás kizárása az a hely, ahol kizárod az éberségét annak, hogy mi fogja az életedet könnyebbé és nagyszerűbbé tenni minden pillanatban.

Évekkel ezelőtt Simone velünk akart karácsonyozni Santa Barbarában, mert bulisabb volt, mint a családjával lenni, de nem volt semmi jó oka vagy kifogása ahhoz, hogy jöjjön, pusztán az, hogy jönni akart. Azt kérdezte tőlem: „Tényleg a családommal kell töltenem ezt az időt?"

Azt mondtam neki: „Nekem az jön, hogy igen."

Azt mondta: „Francba, én is ezt kaptam, de nem akarom hallani. Azt akartam gondolni, hogy megúszhatom, hogy velük kelljen lennem karácsonykor."

Azt mondtam, hogy: „Tudod mit? Ott kell lenned." Úgyhogy otthon maradt – és ez volt a legjobb karácsonya évek óta. Miért? Mert egy olyan helyről tette, ahol nem zárta ki azt, amit szeretett volna (mégpedig azt, hogy eljöjjön Santa Barbarára), ahogy nem zárta ki a családját sem, és azt az éberséget sem, hogy mit hoz létre a választása a világban. A végeredmény az volt, hogy minden sokkal jobban alakult, számára és minden más érintett számára is. Ebből érdemes működnöd.

Dain: Az egyik legnagyobb része ennek az, hogy éber vagy arra, hogy mit fog teremteni ez a választás a te világodban, és más emberek világában. Beszéltünk arról, hogy milyen különbség van annak az energiájában, hogy kizársz valakit, vagy teljesen önmagadként vagy jelen. Ez egy teljesen más energia.

Amikor azt mondod: azt választom, hogy „a családommal leszek azon éberség alapján, hogy mit fog teremteni, és mi fog valójában történni", egy teljesen más energia, mint amikor azt mondod: „Utálom ezt. Nem akarok itt lenni, de itt kell lennem."

Teljesen más, amikor felismered, hogy van választásod. Ez az, amit szeretnénk hozzáférhetővé tenni – hogy tetszés szerint válassz a körülmények olyan skálájából, ami sokkal szélesebb, mint ami akkor érhető el, ha kizárod magad.

Az emberek hajlamosak kizárni magukat azokból a dolgokból, amikről korábban azt gondolták, hogy meg kell tenniük. Azt gondolják: „Most, hogy az Access Consciousnessben vagyok, és van választásom, nem kell odamennem, vagy megtennem azt a dolgot többé." Ilyenkor nem vagy kedves magaddal, hogy bebizonyítsd, hogy kedves vagy magaddal.

Gary: Ha nem zárod ki az éberségedet azzal kapcsolatban, hogy a választásod mit fog létrehozni a világban, akkor elkezded bevonni a lehetőségeket, amik megjelenhetnek a világban lévő választásaid eredményeként.

A nincs kizárás azt jelenti, hogy nem mondasz le semmilyen kérdésről, választásról és lehetőségről – és nem kell lemondanod arról, hogy hozzájárulást fogadj, vagy te legyél hozzájárulás másoknak.

Legtöbben azt gondoljátok, hogy a magatoknak választás mások kizárása. Azt gondoljátok, hogy annak érdekében, hogy magatoknak tudjatok választani, másokat ki kell zárni. Nem, csak akkor tudsz magadnak választani, ha másokat is befogadsz. Ez azt jelenti, hogy az ellen kell tenned, amit tenni akarsz? Nem. Azt jelenti, hogy kötelező tenned valamit? Nem. Azt jelenti, hogy teljes éberségből kell választanod.

Mind a tíz kulcsot lehet egyénileg is használni. Kaptam egy emailt valakitől, aki azt mondta, hogy imádta a tíz kulcsot. Azt írta: „Észrevettem, hogy ha csak egyet fognánk és használnánk minden felmerülő helyzetben, az egész életünk megváltozna."

Ez a lényege. Bármelyiket használhatod bármikor. A tíz kulcs hívást azért csináljuk, mert azt reméljük, hogy meg tudjuk láttatni az emberekkel a választásokat, amik elérhetőek számukra. Ezért bántalmaztunk téged is, és reméljük, hogy egy kicsit le is nyűgöztünk.

Próbáljuk meg ezeket a processzeket:

Milyen hozzájárulás az Access Consciousness az életedhez, megélésedhez és valóságodhoz? Mindent, ami ez, Isten tudja hányszorosan, elpusztítanád és nem teremtetté tennéd? Helyes, helytelen, jó, rossz, POD, POC, mind a 9, rövidek, fiúk és túlontúl.

Milyen hozzájárulás az Access Consciousness hiánya az életedhez, megélésedhez és valóságodhoz? Mindent, ami ez, Isten tudja hányszorosan, elpusztítanád és nem teremtetté tennéd? Helyes, helytelen, jó, rossz, POD, POC, mind a 9, rövidek, fiúk és túlontúl.

Milyen hozzájárulás az életedhez, megélésedhez és valóságodhoz, ha nem teszed magadévá teljes mértékben és nem használod a tíz kulcsot? Mindent, ami ez, Isten tudja hányszorosan, elpusztítanád és nem teremtetté tennéd? Helyes, helytelen, jó, rossz, POD, POC, mind a 9, rövidek, fiúk és túlontúl.

Milyen hozzájárulás az életedhez, megélésedhez és valóságodhoz, ha használod és teljesen magadévá teszed a tíz kulcsot? Mindent, ami ez, Isten tudja hányszorosan, elpusztítanád és nem teremtetté tennéd? Helyes, helytelen, jó, rossz, POD, POC, mind a 9, rövidek, fiúk és túlontúl.

Kérdés: *Olyan, mintha az elmúlt tíz hívás folyamatossága határozná meg, hogy az energia áramlik, vagy sem.*

Gary: Aha. Számomra a könnyedség érzetéről szólt mindig is. Semmi nem szilárd, kemény, beragadt, vagy nehéz. Amikor elérsz valamihez, ami a tér érzetét teremti, akkor van ennek egyfajta könnyedsége, és ez az a hely, ahová tartani érdemes. Az összes kulcs arra van kitalálva, hogy megadja neked a teret, hogy te lehess a tér, és meglegyen a tered, hogy választhasd a nagyobb teret és választhass egy más lehetőséget.

Nekem olyan ez, hogy meglátom az összes zsákutcát – és hirtelen nincsenek zsákutcák.

Dain: Nagyszerű.

Igen, csak egy autópálya van. Vrumm.

Dain: Garyvel eléggé onnan működünk minden pillanatban. Ez az, amiből én nem működtem tizenegy évvel ezelőtt. Azzal, hogy használtam ezt a tíz kulcsot, egy másik valóságot hoztam létre.

Amikor van egy autópályád, amin haladhatsz, és valami feljön, azt mondod: „Ó, csomó helyem van az autópályán, hogy kezeljem ezt. Szuper. Milyen választásaim vannak? Milyen lehetőségek elérhetőek itt? Milyen kérdést tehetek fel, hogy megváltoztassam ezt?"

A hozzájárulás lehetővé teszi, hogy több autópálya lehessen minden helyzetben, amit kezelned kell. Ez egy másik módja a világban való létezésnek, mint amit legtöbbünknek tanítottak, úgyhogy magunkat kell megtanítanunk rá.

Szóval akkor innen nézve, még amikor egy választás kényelmetlen is, például amikor a családról beszéltél, nem lehetetlen, hogy a választás rossznak látszik, de jónak érződik.

Dain: Igen.

Gary: Lehet, hogy úgy érzed, hogy rossz, de általában valami nagyszerűbb jön ki belőle, mint amit gondoltál, mert az autópályán vagy. A legjobban így tudom leírni: nincsenek többé téglafalak előtted, amire felkenődsz.

Kérdés: Van egy kérdésem. Próbálom az energiáját iderakni, anélkül, hogy elmesélném az egész történetet. Egy olyan tapasztalatról van szó, amit ezen a hétvégén éltem át a segítség elfogadásával kapcsolatban. Nagyon kényelmetlen volt, és úgy éreztem, mintha megengedném, hogy behatoljanak az életembe, vagy elrabolják azt. Nem tudom, hogy megengedésben voltam-e és nem kizárásban, vagy mi mást választhattam volna.

Gary: Ennél kicsit részletesebben kell elmesélned.

Egy hotelben szálltam meg, és összeomlott a merevlemezem. Nem tudok semmit az ilyen dolgokról. Egy másik vendége a hotelnek, egy váratlanul felbukkant, számomra teljesen idegen személy, felajánlotta a segítségét. A lobbiban kellett volna találkoznunk, de ehelyett ragaszkodott hozzá, hogy feljöjjön a szobámba. Én nem akartam, hogy feljöjjön. A következő dolog, amit tudok, hogy ott feküdt az ágyamban és borzasztó szaga volt. Aztán felismertem, hogy nem is tudja igazán, hogy mit csinál, mert nekem Macem van, neki pedig Windowsa. Ez így folytatódott, és nem bírtam kirakni a szobámból.

Gary: Várj, várj, várj. Először is, felrúgtad az egyezséget. Azt kellett volna mondanod (csukott ajtónál): „Elnézést kérek, engem délen jó kislánynak neveltek, és a déli kislányok nem engednek fel urakat a szobájukba. Úgyhogy most le kell mennünk a földszintre, mert én kellemetlenül érzem magam." Ezt úgy nevezik, hogy nem vagy lábtörlő. A megengedés nem azt jelenti, hogy lábtörlő vagy. A megengedés ez: „Ez nem fog működni. Köszönöm szépen, hogy meglátogatott, de ez nem fog működni."

Dain: És ez nem kizárás.

Gary: Nem, ez éberség. Nem fog működni. Tudtad, amikor megjelent az ajtódban, hogy nem fog működni. Miért mentél szembe az éberségeddel?

A családom jött fel. Régen mindenféle szarságot eltűrtem, hogy egy csipetnyi jóságban is részesüljek.

Gary: Na igen, hát ez egy szép törtnet. Valóssá teszed saját magad számára?

Nem!

Gary: Jó. Azt kell választanod, amiről tudod, hogy neked jó. A tíz kulcs mindegyike arról szól, hogy eljuttasson ahhoz az éberséghez, hogy mi működik neked, és mi fogja a te életedet megkönnyíteni. Arról szól, hogy hol van a te autópályád a könnyedséghez. Amikor valaki megjelenik az ajtódnál és nem ezt kérted, akkor mondd: „Sajnálom, most nem érek rá. Találkozzunk a lobbiban fél óra múlva."

Oké.

Gary: Ez az irányítás átvétele, kedves. A tíz kulcs mögött az az elképzelés, hogy át tudd venni az irányítást ahelyett, hogy megengednéd, hogy kihasználjanak, vagy bántalmazzanak.

Igen, és ez visszavezet oda, hogy ne felejtsem el magamat is belefoglalni a dolgokba.

Gary: Pontosan, bele kell foglalnod magad ebbe az egész dologba. Kizárod a szükségleteidet, az akaratodat, az igényeidet és a vágyaidat mindenki másé kedvéért. Ez nem működik. Nem teheted ezt magaddal. Rendben?

Igen, köszönöm.

Kérdés: *Ahogy a nem kizárásról beszélsz, azt látom, hogy van egyfajta felsőbbrendűségérzésem a testemmel, ami arra késztet, hogy különféle módokon büntessem és bántalmazzam. Kizártam a testemet abból, hogy részt vegyen az igényeiben és vágyaiban. Van egy processzed, ami a testet és az entitást egy egésszé egységesíti?*

Gary: Először is, beszéljünk a lény és a test kapcsolatáról. Csukd be a szemed, és nyúlj ki, és érintsd meg a lényed külső határait. Nem a tested külső határait – a te határaidat, a végtelen lényét. Menj ki a legtávolabbi helyig, ahol a lényedként ott vagy. Most menj távolabb. Ott is ott vagy? Egy lény bele tudna férni egy ember méretű testbe? Nem. A tested van benned, a lényben.

A testedet kell integrálni a végtelen lénybe, ami vagy, mert a testnek is kell, hogy legyen egy érzékelése a végtelen térűrről.

Ahogy a barátom, Dr. Dain mondja: „A nézőpontod teremti a valóságodat. Nem a valóság teremti a nézőpontodat." Ha a testedet a lényedben látod, ahelyett, hogy valami olyasminek látnád, ami rajtad kívül van – vagy valaminek, amit kizártál a teredből – lehet, hogy másképpen fogsz vele működni.

Be kell foglalnod az életedbe a tested igényeit és vágyait. Ha nem fogod fel, például, hogy a testednek pihenésre van szüksége, akkor kimerülsz, és a tested fájni kezd, és elkezdesz betegséget teremteni

– mert a testednek meg kell próbálnia megsemmisíteni azt, hogy figyelmen kívül hagyod.

Kérdés: *Ezen az autópályán szeretnék visszamenni a fizikai formába, és megkérni titeket, hogy beszéljetek annak a részleteiről, hogy hogyan nyílik ez az autópálya a fizikai formába.*

Gary: Szükséged lesz a Haladó test tanfolyamra.

Értem, és elmegyek, megígérem, de most itt vagyok.

Gary: Annyit kell tenned, hogy futtasd ezt:

Milyen hozzájárulás a testem az életemhez, megélésemhez és valóságomhoz? És mindent, amit ezt nem engedi, hajlandó lennél-e elpusztítani és nem teremtetté tenni Isten tudja hányszorosan? Helyes, helytelen, jó, rossz, POD, POC, mind a 9, rövidek, fiúk és túlontúl.

Milyen hozzájárulás az, hogy nincs testem az életemhez, megélésemhez és valóságomhoz? És mindent, amit ezt nem engedi, hajlandó lennél-e elpusztítani és nem teremtetté tenni Isten tudja hányszorosan? Helyes, helytelen, jó, rossz, POD, POC, mind a 9, rövidek, fiúk és túlontúl.

Ezeket a kérdéseket a fizikai forma minden aspektusára lehet használni?

Gary: Igen. Ha van egy fájdalom a testedben, kérdezd meg: „Milyen hozzájárulás ez a fájdalom az életemhez, megélésemhez és valóságomhoz?"

Nemrég séta közben mindenféle fájdalmak voltak a testemben. Azt kérdeztem: „Milyen hozzájárulások ezek a fájdalmak az életemhez, megélésemhez és valóságomhoz?" Ötven százalékuk eltűnt, amikor legelőször csináltam ezt.

Még mindig nem könnyű visszaadnom más emberek cuccait. Olyan, mintha nem tudnám elég tisztán elkülöníteni, vagy a testem nem tudja tisztán elkülöníteni, hogy vissza tudjam adni, holott tudom, hogy nem hozzám tartozik.

Gary: Elismerted a tényt, hogy gyógyító vagy?

Ó igen.

Gary: Rendben, lehet, hogy érdemes lenne ezt futtatnod:

Milyen hozzájárulás az életemhez, megélésemhez és valóságomhoz hogy gyógyító vagyok? És mindent, amit ezt nem engedi, hajlandó lennél-e elpusztítani és nem teremtetté tenni Isten tudja hányszorosan? Helyes, helytelen, jó, rossz, POD, POC, mind a 9, rövidek, fiúk és túlontúl.

Milyen hozzájárulás az életemhez, megélésemhez és valóságomhoz, hogy nem vagyok gyógyító? És mindent, amit ezt nem engedi, hajlandó lennél-e elpusztítani és nem teremtetté tenni Isten tudja hányszorosan? Helyes, helytelen, jó, rossz, POD, POC, mind a 9, rövidek, fiúk és túlontúl.

Kérdés: *A hívás elején Dain azt mondta, hogy amikor éberségből működsz, egy szót sem kell szólnod. Amikor testekkel dolgozunk, főleg éberségből működünk?*

Dain: Igen, hölgyem, ez igaz.

És ha éberségből működnénk, akkor gyorsabban tudnánk cselekedni?

Dain: Pontosan! Egy olyan rezgéssé válsz, ami lehetővé teszi, hogy valami egészen más jelenjen meg, ami elég király.

Kérdés: *Úgy találod, hogy a legtöbben kívülről zárnak ki dolgokat, mint például „Nem leszek ezzel a személlyel", vagy „Nem teszem meg azt a dolgot", ahelyett, hogy magukból zárnának ki dolgokat, mint például: „Nem leszek aljas vagy gonosz"? Többnyire kívülről zárunk ki, vagy belülről – vagy mindkettő?*

Gary: Mindkettő. Oda-vissza ingadozik aszerint, hogy milyen nap van, vagy milyen emberek vannak körülötted.

Dain: És bármikor próbálsz valakit kizárni, magadat is ki kell zárnod ezzel.

Gary: Igen, ez a kellemetlen része.

Valószínűleg nincs olyan, hogy kizárunk valamit kívülről, ha nincs egy belső kizárás is benne?

Gary: Nos, ha próbálsz valakit vagy valamit kizárni az életedből, magadat is kizárod ebben a folyamatban.

Mondok egy példát – egy sztorit. Régen utáltam a kutyaszart, és bárhová mentem, beleléptem. Végül aztán elkezdtem POD-POColni mindent, ami arra késztetett, hogy azt gondoljam, hogy nem foglalhatom a kutyaszart a valóságomba, ettől kezdve a kutyaszar szólt, hogy ott van, és soha többé nem léptem bele.

Ez vicces.

Gary: Azt mondtam: „A nincs kizárásba a kutyaszar is beletartozik. Amikor kizárom a kutyaszart, mindig belelépek." Nagyjából az életed minden aspektusára ez vonatkozik. Bármit próbálsz kizárni, újra meg újra bele kell lépned.

Amikor a gyerekek kicsik, általában a nincs kizárás állapotában vannak. Úgy tűnik, mintha magukat és minden mást is befogadnának.

Gary: Ez lehet igaz, de nem feltétlenül az. Gyereke válogatja. Ez egyénileg változik.

De a kicsi gyerekek nem zárják ki saját magukat.

Gary: Nos, általában nem, de van, amelyik igen. Attól függ, hogy melyik életkorban tanulják ezt meg. Megtanulhatják három hónapos korukban – vagy néha hamarabb. Nem veheted fel azt a nézőpontot, hogy minden gyermek csodálatos, mert vannak, akik nem azok.

Egy étteremben voltam a lányommal, Grace-szel és a gyermekével a minap. Valahányszor odajött a pincér az asztalhoz, a gyerek ránézett, és várta, hogy beszéljen hozzá, mert jártunk Új-Zélandon, és ott mindenki beszél egy gyerekhez, amikor elmegy mellette. Tudták, hogy nem csak egy babáról van szó; hanem egy lényről. Beszélnek a babákhoz, azok pedig visszamosolyognak és végzik a dolgukat.

Amikor Kaliforniában jött oda a pincér a babához, a gyerek csak nézte és várt, hogy mikor kezd el hozzá beszélni. Lenyűgöző volt látni ezt a kis fickót, ahogy várja, hogy a pincér hozzá szóljon és foglalkozzon vele. Amikor a pincér nem szólalt meg, a kicsi ránézett, mintha azt kérdezte volna: „Mi történik itt?". Három és fél hónapos.

Máris utálja, ha kihagyják a beszélgetésből.

Amikor beszélgetsz valakivel, csak annyit kell tenned, hogy odafordulsz a gyerekhez, és megkérdezed: „Na és te mit gondolsz erről?", vagy mondd azt: „Nem tudom kivárni, hogy megtanulj beszélni, hogy megtudhassuk, mi a véleményed erről.

Minden egyes lény részt akar venni a beszélgetésben. Amikor ki akarod zárni a gyerekeket, akkor kizártad őket az életedből, és ez azt jelenti, hogy gondoskodniuk kell arról, hogy számítsanak azzal, hogy benne vannak valaki másnak az életében.

Kérdés: *Amikor alszunk, kizárjuk magunkat, vagy befogadjuk?*

Gary: Ez attól függ, hogy mit gondolsz, mi a lényeges akkor éjjel. Vannak olyanok, akik kimennek a testükből, és távol maradnak egész éjszaka.

Úgy érted, hogy kizárják magukat?

Gary: Elmennek, és más dolgokat csinálnak éjszaka ahelyett, hogy egyszerűen éberek lennének.

Álomnak hívjuk ezeket, de nem feltétlenül így van ez. Volt már olyan, hogy riadtan ébredtél? Vagy ébredtél már úgy, hogy az volt az érzésed, hogy valami nincs rendben? Ez az a hely, ahol kizártad magad a testedből az éjszaka alatt. Éppen beleragadsz mindenki más nézőpontjába, amikor visszatérsz a testedbe.

Egyedül hagyod a testedet, és elmégy valamit csinálni. Vannak, akik egész éjjel dolgoznak, de amikor visszajönnek a testükbe, riadtan vagy depressziósan, vagy boldogtalanul kelnek fel. Ebből mennyi az övéké valójában? Semmi. Néha visszajönnek, és olyan fáradtak, hogy azt mondják: „Úgy érzem, mintha egész éjjel dolgoztam volna" vagy „Úgy érzem, hogy egész éjjel valami szörnyű dolog történt".

Meg kell kérdezned a tested: „Testem, fáradt vagy?" Az esetek kilencvenkilenc százalékában a tested nem fáradt, mert nyolc órát pihent. Te voltál az, aki kint volt, vívta a csatáit és csinálta a dolgait.

Te és a tested ebben az értelemben kissé elkülönültök, és amikor nem vagy teljesen éber a testedre, akkor kizárod magadat a testedből.

Ez ugyanaz, mint amikor rémálmod van, és más emberek nézőpontjai kínoznak?

Gary: Az más. Néha múlt életek emlékei ezek, amikor boldog vagy boldogtalan voltál. Nincs egyetlen válasz az álmokra. És az élet egyéb dolgaira sem. Arról szól a dolog, hogy légy kérdésben, lásd a lehetőségeket, és legyél képes tudni, hogy mikor hozzájárulás valami valójában. Amikor valami igazi hozzájárulás, akkor kiterjeszti az életedet; nem szűkíti be egyetlen területét sem.

Ugyanez vonatkozik az emberekre. Azok az emberek, akik kiterjesztik az életedet, óriási ajándékok. Ők azok, akik hozzájárulások és ajándékoznak neked. Ők részei annak, ami kiterjeszti az autópályádat a nagyobb éberség felé. Ők azok, akiket magad mellett akarsz tartani. Ezek az emberek azok, akiket addig akarsz támogatni, amíg csak lehetséges.

Dain: Ők azok, akik folyamatosan nyitják a teret. Ők teszik az életedet könnyebbé. Ők járulnak hozzá az olyan választásokhoz, lehetőségekhez és kérdésekhez, amikre te nem is gondoltál.

Gary: Szeretném most lezárni ezt a beszélgetést. Szeretném megköszönni mindannyiótoknak, hogy részt vettetek ezeken a hívásokon, és remélem, hogy valamiféle teret és erőteljes változást teremtettek számotokra. Ha alkalmazzátok, az összes kulcs eljuttat egy olyan fokú szabadsághoz, ami beindítja az életeteket, és valami nagyszerűbbet hoz létre, mint amit bármikor lehetségesnek tudtatok.

Imádunk benneteket!

Dain: Köszönjük, imádunk mindannyiótokat!

Tíz kulcs a teljes szabadsághoz

A TISZTÍTÓ PROCESSZ

Az Access Consciousnessben létezik egy tisztító folyamat, amit arra használunk, hogy elpusztítsunk és nem teremtetté tegyünk blokkokat és korlátozásokat.

Itt egy rövid magyarázat arra, hogy hogyan működik. Az univerzum alapja az energia. Az univerzum minden egyes részecskéjének van energiája és tudatossága. Nincs jó energia vagy rossz energia, csak energia van. Csak az ítéleted tesz bármit jóvá vagy rosszá. Az energia jelen van, és kérésre módosítható és változtatható. Ez az az elem, ami által megjelenik a transzformáció. Minden, amit mondasz, minden, amit gondolsz, és minden, amit teszel, generálja azt, ami megjelenik az életedben. Bármit választasz, az mozgásba hozza az univerzum energiáját, a tudatosság energiáját – és az jelenik meg az életedként. Így néz ki az életed jelen pillanatban.

Teremtés pontja, pusztítás pontja

Az összes korlátozásunkat mi hoztuk létre minden időn, téren, dimenzión és valóságon keresztül. Beletartozik ebbe az is, amikor ítélkeztünk, vagy döntést hoztunk, vagy felvettünk egy nézőpontot. Az mindegy, hogy a korlátozás hogyan és miért jött létre, és a történet egyik része sem számít. Annyit kell csak tudnunk, hogy létrejött. Ezt nevezzük úgy, hogy teremtés pontja (point of creation – POC). A teremtés pontja energetikailag magában foglalja a gondolatokat, érzéseket és érzelmeket, amelyek közvetlenül megelőzték a döntést, ítélkezést, vagy nézőpontot, amit felvettünk.

Létezik a pusztítás pontja is. A pusztítás pontja (point of destruction – POD), az a pont, ahol elpusztítottuk a lényünket azzal, hogy felvettünk egy döntést, vagy egy olyan pozíciót, ami egy korlátozott nézőponton alapul. Szó szerint egy lepusztult univerzumba helyezzük magunkat. A pusztítás pontjában, ugyanúgy, mint a teremtés pontjában benne van energetikailag az összes gondolat, érzés és érzelem, ami közvetlenül megelőzte a pusztító döntést. Amikor felteszel egy kérdést egy blokkal vagy korlátozással kapcsolatban, akkor megszólítod az összes energiát, ami belezár téged ebbe. Azzal, hogy használod a tisztító mondatot, el tudod pusztítani és nemteremtetté tudod tenni a blokkot vagy korlátozást (ahogyan a gondolatot, érzést és érzelmet is, ami hozzá kapcsolódik). A tisztító mondat lehetővé teszi, hogy energetikailag visszacsináld ezeket a dolgokat, hogy ezáltal legyen más választásod.

A tisztító mondat

A tisztító mondatot a következő szavak alkotják:

Mindent, ami ez, Isten tudja hányszorosan, pusztítsd el és tedd nem teremtetté. Helyes, helytelen, jó, rossz, POD, POC, mind a 9, rövidek, fiúk és túlontúl.

Nem kell értened a tisztító mondatot ahhoz, hogy működjön, de ha szeretnél többet tudni róla, találsz a szószedetben bővebb információt.

A tisztító mondattal nem adunk válaszokat, és nem próbálunk rávenni arra, hogy változtasd meg a véleményedet. Tudjuk, hogy ez nem működik. te vagy az egyetlen, aki ki tudja kulcsolni a nézőpontokat, amik csapdában tartanak. Mi egy eszközt kínálunk, amit használhatsz, hogy megváltoztasd az energiáját azoknak a nézőpontoknak, amiket bezártál a nem változó helyzetekbe.

A tisztító mondat használatánál egyszerűen felteszünk egy kérdést azért, hogy ezzel felhozd az energiát, ami csapdába ejt, beleértve az összes trutyit, ami erre épül, vagy ami e mögé bújik, aztán kimondjuk vagy elolvassuk a tisztító mondatot, hogy kitisztítsuk a korlátozást és megváltoztassuk azt. Minél többet futtatod a tisztító mondatot, annál mélyebbre megy, és annál több szintet és réteget tud kioldani. Érdemes lehet sokszor megismételni addig, amíg a szóban forgó dolog már nem ügy számodra.

Hogy működik a tisztító processz?

Ha felteszel egy kérdést, az felhoz egy energiát, amire éber leszel. Nem szükséges választ keresned erre a kérdésre. Valójában a válasz lehet, hogy nem szavak formájában érkezik. Lehet, hogy energia formájában jön. Talán kognitív módon nem tudod, hogy mi a válasz a kérdésre. Nem számít, hogy milyen formában jön az éberség. Csak tedd fel a kérdést, és tisztítsd ki az energiát a tisztító mondattal:

Mindent, ami ez, Isten tudja hányszorosan, elpusztítanál és nem teremtetté tennél? (Mondj igent, de csak akkor, ha valóban úgy gondolod.) Helyes, helytelen, jó, rossz, POD, POC, mind a 9, rövidek, fiúk és túlontúl.

A tisztító mondat értelmetlennek tűnhet a szavak szintjén. Arra lett kitalálva, hogy rövidre zárja az elmédet, hogy megláthasd, hogy milyen választási lehetőségeid vannak. Ha mindent ki tudnál logikázni az elméddel, már mindened meglenne, amire vágytál. Bármi is az, ami visszatart attól, amire vágysz, az nem logikus. Az őrült nézőpontokat érdemes elpusztítani. A tisztító mondat arra lett tervezve, hogy kisüsse a nézőpontjaidat, hogy elkezdj az éberségedből és tudásodból működni. Végtelen lény vagy, és végtelen lényként mindent érzékelsz, tudsz, minden vagy, és mindent befogadsz. Csakis a nézőpontjaid hozzák létre a korlátozásokat, amik megállítanak ebben.

Ne tulajdoníts neki jelentőséget. Csak tisztítsd ki az energiáját minden nézőpontnak és ítélkezésnek, amit létrehoztál. Használhatod az egész tisztító mondatot, vagy mondhatod azt, hogy POD POC és az összes dolog, amit abban a könyvben olvastam.

Ne feledd: az energiáról szól. Menj az energiával. Nem tudod elrontani. Lehet, hogy azt veszed majd észre, hogy másképpen kezdesz működni annak eredményeképpen, hogy használod ezt a tisztító mondatot. Próbáld ki! Lehet, hogy mindent megváltoztat az életedben.

SZÓSZEDET

Megengedés

Amikor megengedésben vagy, minden csak egy érdekes nézőpont. Nincs semmilyen ítéleted arról, hogy bármi helyes vagy helytelen, vagy jó vagy rossz. Nem állsz ellen és nem vagy reakcióban senkivel vagy semmivel, és nincs szükség arra, hogy bármilyen ítélettel vagy nézőponttal egyetérts vagy összehangolódj. A megengedés térűrjében mindenre éber vagy és totális választásod és lehetőséged van.

Bars

Az Access Consciousness Bars egy kézrátétes kezelés. Az Access Consciousness facilitátor gyengéd érintést használ a fejen, hogy kapcsolatba lépjen azokkal a pontokkal, amelyek az ember életének különböző területeihez kapcsolódnak, és bármilyen beragadt energiát arra invitál, hogy újra mozgásba lendüljön. A Barok futtatása elkezdi elpusztítani a számítógéped adatbankját, ami mindent irányított az életedben.

Lénység

Próbáljuk bizonyítani, hogy valamik vagyunk, ahelyett, hogy azok lennénk, amik vagyunk. Például, ha egy okos üzletember lényégét veszed magadra, akkor úgy érzed majd, hogy csak akkor lehetsz önmagad, amikor okos üzletember vagy. Mi lenne, ha nem kellene semmit bizonygatnod? Mi lenne, ha csak önmagad lennél?

Tisztító mondat (POD/POC)

Az Access Consciousnessben van egy tisztító processz, amit arra használunk, hogy elpusztítsuk és nem teremtetté tegyük a blokkokat és korlátozásokat, amelyek valójában beragadt energiák. Amint éberek leszünk egy energiára, amit szeretnénk kitisztítani, a tisztító mondatot használjuk. Úgy tűnhet, hogy a tisztító mondat a szavakról szól (amelyeket rövidítve használunk), de valójában a tisztító mondat energiája az, ami megváltoztatja a dolgokat, nem pedig a szavak. A tisztító mondat szavai a következők: Helyes, helytelen, jó, rossz, POD, POC, mind a 9, rövidek, fiúk és túlontúl.

Helyes és helytelen, jó és rossz a következők rövidítése: Mi a helyes, helytelen, jó, tökéletes és megfelelő ebben? Mi a helytelen, gonosz, borzasztó, rossz és rettenetes ebben? A rövid verziója ezeknek a kérdéseknek ez? Mi a helyes és helytelen, jó és rossz?

POD és POC

A POC annak a rövidítése, hogy teremtés pontja (Point of Creation) azoknak a gondolatoknak, érzéseknek és érzelmeknek, amelyek közvetlenül megelőzték azt a döntésedet, hogy bezárd az energiákat a helyükre. A POD annak a rövidítése, hogy pusztítás pontja (Point of Destruction) azoknak a gondolatoknak, érzéseknek és érzelmeknek, amelyek közvetlenül megelőzték azt, hogy bezárd az adott dolgot, és az összes módot, ahogyan pusztítod magad azért, hogy létezésben tartsd ezt. Amikor POC-PODolsz valamit, az olyan, mintha kihúznád a kártyavárból az alsó kártyát. Összedől az egész.

Mind a 9 annak a kilenc módnak a rövidítése, ahogyan megteremtetted ezt a dolgot korlátozásként az életedben. A gondolatok, érzések és érzelmek kilenc szintjét jelentik, és azokat a nézőpontokat, amelyek ezt a korlátozást szilárddá és valóssá teszik.

A *rövidek* egy sor kérdés rövidebb változata, amelyekben a következők szerepelnek: Mi ebben a jelentőségteljes? Mi ebben a jelentéktelen? Mi ezért a büntetés? Mi ezért a jutalom?

A *fiúk* a középpontos gömböknek nevezett energetikai struktúrákat jelentik. Harminckét féle ilyen gömb van, amelyeket összefoglaló néven „a fiúk"-nak nevezünk. Egy középpontos gömb úgy néz ki, mint egy buborék, amit a gyerekek buborékfújóján fújunk, amelyen több karika van. Sok buborék keletkezik, és amikor egyet kipukkasztasz, másik keletkezik a helyén. Próbáltad valaha a hagyma rétegeit lehántani, amikor próbáltál egy dolog magjához elérni, de soha nem jutottál el oda? Ez azért van, mert nem hagymával van dolgod, hanem egy középpontos gömbbel.

A *túlontúlok* olyan érzések vagy érzékelések, amelyektől megáll a szíved, eláll a lélegzeted, vagy amelyektől nem vagy hajlandó ránézni a lehetőségekre. A túlontúlok akkor jelennek meg, amikor sokkot kapsz. A túontúlokban benne van minden, ami a hiedelmeiden, valóságon, elképzeléseden, elméleteiden, érzékeléseden, racionalizálásodon és megbocsájtáson túl van, és a többi túlontúlon is. Általában érzések és érzékelések, ritkán érzelmek, és sohasem gondolatok.

Megzavaró beültetések

A megzavaró beültetéseket arra találták ki, hogy bezárjanak ebbe a valóságba, és kimozdítsanak abból, hogy önmagad legyél. Semmi közük ahhoz, ami valójában zajlik, mégis próbálunk úgy közelíteni hozzájuk, mintha valósak lennének. A zavaró beültetéseket használjuk arra, hogy eltérítsük magunkat attól, ami valóban igaz, hogy ne kelljen ránéznünk arra, hogy mi van alattuk. A huszonnégy zavaró beültetés a következő: Méreg, harag, düh, gyűlölet, szégyen, hibáztatás, sajnálat, bűntudat, szerelem, szex, féltékenység, béke, élet, megélés, halál, valóság, üzlet, kétség, kapcsolat, félelem és addiktív, kényszeres, perverz nézőpontok.

Elementálok

Az elementálok a dolgok esszenciáját vagy alapvető formáját jelentik; ezek azok a molekuláris struktúrák, amelyek minden valóságban léteznek. A valóság alapvető építőelemei az energia, a térűr és a tudatosság (ETT) és megkérhetjük az elementálokat, hogy szilárduljanak meg akként, amit szeretnénk a kvantumösszefonódások alapján. (Bővebb információért lásd a kvantumösszefonódásokat.)

A létezés energetikai szintézise

A létezés energetikai szintézise egy módja az egyének, csoportok és a testek energiáján való munkának. Az ESB megmutatja, hogy hogyan férj hozzá energiákhoz, hogyan létezz különféle energiaként, és hogyan fogadd be az energiákat, amelyeket mindig is érzékeltél, de úgy tűnt, hogy nem tudsz hozzájuk férni.

Humanoid

A humanoid elnevezést azokra az emberekre használjuk, akik szeretnének többet birtokolni, többnek lenni és többet tenni. Általában ők hozzák létre a nagyszerű műalkotásokat, irodalmi műveket és elképzeléseket. Szeretik az élet eleganciáját és szépségét, élvezik az élet kalandját, vagy olyan dolgokat tenni, amik a világot egy jobb hellyé teszik. A humanoidok gyakran érzik azt, hogy nem illeszkednek be sehova. Hajlamosak ítélkezni maguk felett, és azon tűnődnek: „Mi a baj velem, ami miatt nem illeszkedek be?"

Beültetések

A beültetések azok a gondolatok, érzések, érzelmek és egyéb dolgok, amelyeket a fizikai formánkba raknak elektromossággal, drogokkal, rezgésekkel, fénnyel, és hangokkal, hogy kontrolláljanak, segítsenek, vagy ne segítsenek minket. A beültetések arra vannak, hogy irányítsanak, manipuláljanak, vagy kontrolláljanak bennünket és a testünket. Nem tudnak beléd ültetni semmit, hacsak nem értesz egyet, nem hangolódsz össze, vagy nem állsz ellen és nem reagálsz valamire. Például, ha egyetértesz egy vallási vezetővel, mindenféle félelmet vagy babonát ültethet beléd. Amikor nincs nézőpontod a vallásról, akkor nincs az a prédikáció mennyiség, aminek hatása lenne rád, mind csak érdekes nézőpont lesz.

A mi királysága

Amikor a mi királyságából működsz – a tudatosság és egység királyságából – akkor azt kéred, hogy minden legyen könnyebb számodra. De a „te" mindenkit magában foglal körülötted. A mi királysága az a hely, ahol mindenből választasz, és abból, hogy hogyan működik ez neked és mindenki másnak körülötted, nem pedig az én királyságából. Folyamatosan próbálunk „magunknak választani", ami azt jelenti, hogy mindenki más ellen választasz, hogy magadnak válassz.

Moleküláris demanifesztáció

A tudomány azt állítja, hogy ha megfigyelünk egy molekulát, akkor megváltozik az alakja és a struktúrája attól, hogy megfigyeljük.

Úgyhogy amikor a figyelmünket valami olyasmire fordítjuk, vagy eldöntjük, hogy egy bizonyos módon kell lennie, azzal hatással vagyunk rá. A molekuláris demanifesztáció egy kézrátétes Access Consciousness testkezelés, ami nem teremtetté teszi a molekuláris struktúráját a dolgoknak, hogy azok megszűnjenek létezni. Ez egy módja annak, hogy eltüntessünk dolgokat.

A **De-molekuláris manifesztáció** arra utal, hogy létrehozol valamit valahol, ahol eddig még nem létezett. Megkéred a molekuláit valaminek, hogy változtassák meg a struktúrájukat, és váljanak valamivé, amivé te szeretnéd, hogy váljanak. A *manifesztáció azt a módot jelenti, ahogyan valami megjelenik, nem pedig a tényt, hogy megjelenik. Nem manifesztálsz új molekulákat, hanem megkéred a molekulákat, hogy változzanak, és így mássá válnak annak a lehetőségei, hogy mi tud manifesztálódni.*

MTVSS

Az MTVSS (Molecular Terminal Valence Sloughing System) egy nagyon eredményes kézrátétes kezelése az Access Consciousnessnek. Az MTVSS lebontja azt a csökkenést, korosodást és szétesést, amit a test kémiai és molekuláris struktúráinak a vegyértékváltó rendszerei okoznak.

Helyzeti FEPASOP-ok

Ahhoz, hogy fel tudj venni bármilyen fix nézőpontot, le kell kapcsolnod az éberségedet. A helyzeti FEPASOP-ok (fogyatékossá tévő, entrópikus, paralizáló, sorvasztó, pusztító) olyan pozíciók, amit bármivel kapcsolatban felveszel, és elkezded fogyatékossá tenni magad azzal kapcsolatban, hogy mi jöhet létre. Entrópiát hozol létre, ami annak a káoszát hozza létre, ami addig rend volt. Paralízist hozol léte, ahol képtelen vagy működni. Sorvadást hozol létre, amelyben elkezded lebontani a struktúrákat, hogy ne lehessenek generatívak. Azután pusztulást teremtesz. Ez az öt elem jelenik meg valahányszor felveszel egy pozíciót bármivel kapcsolatban.

A **helyzeti FEPASOP-ok** azok, amiket minden felvett fix nézőponttal teremtesz. Ez a valóság azt mondja, hogy csak akkor van igazad, és akkor nem tévedsz, ha megvan a megfelelő fix nézőpontod és ennyi. Úgyhogy az egész életedet azzal töltöd, hogy próbálod megtalálni a megfelelő fix nézőpontot és a helyes pozíciót. Ily módon be tudsz illeszkedni, haszonra tudsz szert tenni, nyerni tudsz, és nem veszítesz. Azután pedig minden rendben lesz. Kivéve, hogy ez része mindennek, amiről tudod, hogy nem működik az életedben és nem működik itt neked.

Fogyatékossá tevés – Humanoidként fogyatékossá teszed magad a fajért, mert tudod, hogy gyorsabb vagy az összes embernél, gyorsabb, mint mindenki más körülötted, éberebb vagy és mókásabb is. Aki normális, az fogyatékossá teszi magát azzal, hogy az egyik kezét és az egyik lábát maga mögé köti. Nem te, mert te két kezedet és két lábadat kötöd magad mögé, betapasztod a szádat, és még így is mindenkit lekörözöl. Ez az a fogyatékossá tevés, amit akkor csinálsz, amikor felveszel egy pozíciót vagy nézőpontot. Ennyire kell magad fogyatékossá tenni ahhoz, hogy az emberi faj része lehess.

Entrópia – Amikor fogod azt, ami rendezett az életedben (azzal, hogy önmagad vagy) és kaotikussá teszed, próbálsz azzá válni, amivé mások akarják, hogy válj, azt gondolván, hogy valaki ezáltal egyszer majd elfogad, lát téged, szeret téged és gondoskodik rólad. Nem fog. Entrópia az is, amikor a dolgok szétesnek, és idővel elmúlnak. Ezért múlik el a tested is idővel, ezért esnek szét a kapcsolataid is idővel (hacsak nem teszel beléjük hatalmas mennyiségű energiát).

Paralízis – Amikor azt gondolod, hogy nincs más választási lehetőséged. Mindent kizársz, ami más, mint az általad felvett pozíció.

Sorvadás(atrophia) – Amikor elengeded a dolgokat, amikben jó vagy, mert senki nem gondolja, hogy ez egy jó dolog. Atrophia az izmok elcsökevényesedése és haszontalanná válása is. Láttál már olyan embereket, akiknek rengeteg fix nézőpontja van? Az ő mentális képességeik is elkezdenek elcsökevényesedni és haszontalanná válni. Az teremtés és generálás örömére való képességük is elcsökevényesedik és nemlétezővé válik.

Pusztítás – Amikor hibaként tekintesz önmagadra. Mindannyian tudjuk, mi a pusztítás. Amikor az energiádat magad ellen használod, hogy pusztítani tudj inkább.

Alapvetően behatárolsz és definiálsz, és az egész folyamat alatt elkerülöd a választást és a kérdést. Felveszed ezeket a pozíciókat és nézőpontokat, és végül mindenben, ami valójában lényként vagy, összeszűkülést, pusztítást és hátrányt hozol létre. Ha van valami az életedben, amivel nem vagy boldog, és nem változik, akkor érdemes megkérdezned: Mennyi helyzeti FEPASOP-om van, ami ezt létezésben tartja?

Kontrollon kívül

Kontrollon kívül lenni nem azt jelenti, hogy kontrollálatlannak lenni. *Kontrollálatlannak lenni azt jelenti, hogy ellenállsz és reagálsz a kontrollra, különösen arra a kontrollra, aminek az alapja az ítélkezés, ahol erőszakot és felsőbbrendűséget alkalmazol, hogy megállítsd magad és másokat. Amikor kontrollon kívül vagy, akkor teljes éberségben vagy. Nem próbálod meg kontrollálni azt, ahogyan a dolgok generálódnak, senki és semmi nem állít meg, és te sem állítasz meg és kontrollálsz senki mást.*

Kvantumösszefonódások

A kvantumösszefonódás egy tudományos fogalom, ami egy molekulát ír le jelen időben, helyen és dimenzióban vagy valóságban, ami rezonál egy molekulával egy másik időben, térben, helyen, dimenzióban és valóságban. Ezek azok a látszólag véletlenszerű, kaotikus módok, amelyeken az univerzum teljesíti azt, amit kérsz, és amely lényegében az univerzum kreatív, generatív elemeivel való kapcsolatod. Ha nem lennének kvantumösszefonódásaid, nem lennél pszichikusan éber, nem lenne intuíciód, vagy az a képességed, hogy hallod valakinek a gondolatait.

Titkos szándékok

A mögöttes szándék egy olyan formátum, amit követned kell. A titkos szándékok olyan döntések, amiket mi hozunk, vagy olyan következtetések, amelyekre az életünk formátumával kapcsolatban jutunk, amire nem vagyunk éberek többé, mert eldöntöttük, hogy titokban kell őket tartanunk. Lehet, hogy ezeket a döntéseket az életed korábbi pontján hoztad, de az is gyakori, hogy előző életekben. Bármi, amit eldöntöttél, és most nem tudod felidézni, egy titkos szándék. Ez reakciót hoz létre az akció helyett, reakciót választás helyett, választ kérdés helyett, és következtetést lehetőségek helyett.

Szex és nem szex

A befogadás alsó harmonikusa a szex és nem szex. Ez nem azt jelenti, hogy közösülés vagy nem közösülés. A szex azt jelenti, hogy kihúzod megad, kiteszed, amid van, jól nézel ki és jóban vagy magaddal. A nem szex egy kizáráson alapuló univerzum, ahol azt érzed: „Nem is létezem," „Nem akarom, hogy bárki rám nézzen", „Nem akarok magam köré senkit soha". Az emberek a nézőpontjaikat a szexről és nem szexről arra használják, hogy korlátozzák a befogadásukat.

Háromszoros sorozatrendszerek

A háromszoros soroszatrendszerek egy Access Consciousness processz, ami csillapítja a jelenlegi vagy múltbeli traumákat, amelyeket az adott személy újra meg újra lejátszik, és látszólag sosem képes kikeveredni belőle. A háromszoros sorozatrendszerek lebontja ezt a vissza-visszatérő folyamatot, hogy túl tudjanak lépni rajta.

Wedgie (beszólás)

A könyvben említett „beszólások" az angol „wedgie" (meggatyázás) szónak felelnek meg. A gatyázás az, amikor elkapod valakinek a fehérneműjét, és olyan magasra húzod, hogy kényelmetlenséget teremt. Az energetikai gatyázás egy olyan kérdés, amit ha felteszel, kényelmetlenséget teremt valakinek az univerzumában. Amikor bedobsz egy ilyen beszólást („gatyázást"), azt jelenti, hogy megvárod, hogy létrejöjjön egy nyílás, majd bedobod a kérdést, mint egy bombát, és továbbállsz. Körülbelül hat-nyolc hét, mire beérik a dolog, ekkor lesz az, hogy az illető feltesz egy olyan kérdést, ami már tényleg kérdés. Ekkor már lehetségessé válik a változás – de nem előbb.

Zéró összegű trauma

A zéró összegű trauma egy kézrátétes Access Consciousness testkezelés, ami lebontja a testen keletkezett trauma hatásait. Amikor az emberek többször egymás után traumatikus dolgon mennek keresztül, hozzászoknak a fájdalomhoz, amiben élnek. A test idomul a fájdalomnak ehhez az új fokához, mintha ez lenne a normális. A zéró összegű trauma kiold minden olyan dolgot, ami ezt a traumát a helyén tartja.

www.ingramcontent.com/pod-product-compliance
Lightning Source LLC
Chambersburg PA
CBHW011953150426
43198CB00019B/2922